U0139948

历史之眼
主 编：姜 进

THE KISS OF LAMOURETTE
REFLECTIONS IN CULTURAL HISTORY

拉莫莱特之吻

有关文化史的思考

〔美〕罗伯特·达恩顿——著

萧知纬——译

 上海教育出版社

中文版序

　　谨向有兴趣翻阅《拉莫莱特之吻》的中国读者致以衷心问候。之所以表达问候与谢意，是因为他们对一位美国作者怎样看待欧洲史及其相关研究领域抱有强烈的好奇心，我为此心怀激赏。欧洲历史及其相关主题对他们显得遥远而陌生，我希望这本书将这些主题更真切地带到读者眼前，尽管我们之间存在着文化上的差异。

　　写下这些话的时候，正值我因新冠病毒隔离在家。在这场疫病大流行期间，世界上几乎每个人都经历了某种形式的隔离。这一经历使我们中的许多人将交流视为人类状况的一个基本面相。原则上，我们是知道我们是以自我为中心的生物，但隔离使我们意识到这是我们强加给自己的限制。我们能进入另种思维方式吗？我们能理解他者本身吗？

　　这些问题贯穿了《拉莫莱特之吻》。与1990年该书初版时相比，书中讨论的问题与似乎与今天更为关联。今天，我们所有人都在努力摆脱束缚。中国人首先为我们指明了方向，我希望我们能在地球的这一边向他们学习。除了眼前的问题，我们还面临着相互沟通的普遍困难。翻译打开了另一种思维模式的大门，让我们跨越异文化的巨大鸿沟，将作者和读者联系在一起。

　　因此，在我的研究领域，我希望这本书有助于保持世界人民交流渠道的开放与通畅。

罗伯特·达恩顿

2020年5月

目　录

导　论

　　每个人都有自己的幻想。我的幻想是从现实回到历史中去,跟里普·范·温克莱①从历史回到现实的梦正相反。随着身子往椅子里越陷越深,我手中的书本渐觉沉重,人在不知不觉中迷糊过去,然后被一个香吻弄醒,发现自己正身处法国大革命高潮时的巴黎。这吻时而是死亡之吻,时而是爱之吻,它蕴含了一些些爱,一些些像拉莫莱特之吻那样的迷失在过往激情中的爱。

　　死亡之吻来自噩梦。当时法国军部的一位名叫福隆·德·杜埃的官员被民众抓了起来。那会儿巴士底狱已经陷落,大街上的人们听到传言,说有人阴谋要把大家饿死来扑灭暴乱。福隆被指为阴谋者之一。暴民们将他掀翻在地,拖到一家名叫德维尔的旅馆前,把他吊在灯柱上。他的身体在空中晃了几下,绳子就断了。人们又把他吊上去,绳子又断了。如此反复三次他才断气。他死后,有人一手揪住他的身体,将他的头割了下来,还撬开他的嘴往里面塞麦秸秆。据说福隆曾说过"让那些饥民吃草啊",这与王后那句"让他们吃蛋糕啊"可谓相映成趣。他是否真的说过这话已经无所谓,反正他那颗头颅是因为这个缘故被插在长矛上游街示众的。

　　不久之后,福隆的女婿、巴黎王室总督贝蒂耶·德·索维尼在一辆驶往巴黎郊外的马车里,被一伙同样群情激愤的暴民拦截下来,拖到那

---

① 里普·范·温克莱,美国文学中的一个经典人物,他一觉醒来发现世界已经变了。——译者注

家德维尔旅馆前的广场。此刻,这个地方已经成了所有人心目中的生死场。在那里,找活干的人等着被人雇佣;也是在那里,大名鼎鼎的巴黎刽子手桑松表演他的绝活。对桑松,大家可是敬畏有加。以前他的专职就是在王室的官方刑台上对人犯裂肤断骨,绞颈穿喉。大革命后,官方刑台这一暴力剧场被废除了,死刑改用断头机执行。但贝蒂耶被拖到这儿的时候,断头机的鼓吹者吉约坦大夫正坐在国民议会里为宪法一类的大事费神,断头机也要等到 1792 年 8 月 21 日才开始使用。而在 1789 年7 月 23 日这天,生杀予夺的大权是掌握在一伙暴民手中的。

　　押送贝蒂耶去生死场的这伙暴民在途中遇上了前面一伙人,正在将福隆割下的头游街示众。这两伙人汇成一股汹涌澎湃的人潮,贝蒂耶就像一叶扁舟,在人潮所形成的波浪中上下沉浮。透过无数晃动的长矛,贝蒂耶满怀惊恐地看到岳父的头颅,越来越近,直到碰到他的脸。人群狂叫着:"亲吻老爸! 亲吻老爸!"

　　安彤·阿尊·拉莫莱特就是因为代表这种死亡之吻而在历史上留下一道轻轻的划痕。他所体现的那种温情和他的名字一样曼妙,使18 世纪显得如同梦幻一般。尤其重要的是,拉莫莱特是一位神甫,而且是拥护宪法的主教。他曾宣誓效忠 1791 年宪法,并且在 1792 年的立法院里作为罗纳-卢瓦尔省的代表。在大革命早期,他替米拉波写下不少演讲稿,这些讲演的主题是呼吁设立一个管理教会的机构,将教会的土地没收,神职人员由选举产生;还有,王位继承人必须经过一段时间培训。拉莫莱特思路开阔,他的很多想法有些来自阅读启蒙思想家的著作,有些得益于他在大革命前参加的拉扎利特学会里的讨论。拉莫莱特长于身体力行,短于深刻思想,在立法院里他也只会慷慨陈词,而不大会玩政治。

　　就是这么一个从神父变身为哲学家又变身为革命家和主教的人,像丘比特一样扑棱着翅膀飞进我的梦中。他让我想到了当年国民议会里的政治斗争。那是一场关系到法国未来命运的生死搏斗。1792 年 7 月 7 日是个黑云压城的历史瞬间。前方防线在入侵敌军的进攻之下土崩瓦解。拉法耶特为了推翻国民议会临阵脱逃，并很快叛变投敌。国王与王后正设局引狼入室，让奥地利打赢。如果奥军拿下巴黎，参与和支持大革命的人都将遭到血洗。后来公布的《不伦瑞克宣言》将这一点说得很清楚。可是在国民议会里左右舆论的布里索派①分子们给法国招来战事，却不设法去打赢这场战争。本该去组织军事反攻，可他们却同政敌雅各宾派纠缠个没完没了。更糟糕的是，他们还打算暗中同国王协商，想要接管几个政府部门。实际上，法国已经没有政府了，最后几个属于温和的斐扬②派的部长也将要在 7 月 10 日辞职，政府里已经没人管事了。与此同时，面包在涨价，巴黎有些街区的居民已经开始武装起来。好几个营的国民卫队正从外省涌入巴黎，准备夺取杜伊勒里宫推翻王室。一切犹如干柴烈火，一触即发，铺就了通往 8 月 10 号暴动和 9 月大屠杀的道路。　　　　　　　　　　　　　　　　　　　　　　　xiv

　　但 7 月 7 日这天，国民议会的代表们正你死我活地窝里斗。他们之间的裂痕之深已到了无法弥合的地步。反对派无法存在，因为站在对立立场上的人随时可能被指为叛国。君主立宪的尝试算是没戏了，议会里的争争吵吵把事情弄得越来越糟糕。就在大家唇枪舌剑、相互攻讦的当口，拉莫莱特站出来说话了。他提出一个解决分歧的办法，那就是爱，用博爱精神，视彼此为兄弟，弥合创伤，求同存异。单是拉莫莱特的名字本身听上去就很温情，代表们立刻响应。他们相互拥抱，亲吻，发誓要情同手足。国王也被请来了，发誓要同议员们站在一起。革命得到了挽救，

---

① 法国大革命中吉伦特派。——译者注
② 法国大革命中的一个政治派别。

祖国万岁,国王万岁!

拉莫莱特之吻究竟是什么性质呢?是中世纪爱情之吻的重申,旨在阻止内战?还是前浪漫主义时代的激情爆发?这类激情在塞代纳的戏剧和格勒兹的绘画中时常有所表现。抑或是灵魂深处爱欲战胜死亡的一次短暂凯旋?

我说不上来。徜徉在过去的世界里会常常碰上神秘的事情,从而对历史知识产生疑问。不是因为通常所说的无知,而是因为对逝者的生活世界深不可测的陌生感。从那个世界回来的史学家们有点像传教士,本来是去外国点化别人,结果仅是自己被别人给改造了,被他者的世界所同化。史学家的工作就是不时向公众絮叨一些没人要听的陈芝麻烂谷子,就像进入古代的领航员,我们能同古人对话,却不能让今人倾听。在那些摩登男女的眼里我们枯燥乏味,迂腐老朽。

有一天,我走到百老汇大街和 43 街的交接口时,这些令人晕眩的想法突然涌入我的头脑,于是我决定写这本书。我刚刚同《纽约时报》的编辑见过面。法国大革命 200 周年纪念日快要到了,他要我写一篇文章,简明扼要地讲一下何以法国人对那场 200 年前的疾风骤雨到现在还纠缠不休,吵不清楚究竟该庆祝什么。我觉得这是一个探究事件表面下各种暗流的好机会。历史拒绝被定格在过去,而是蔓延至今,并不断冲击和挑战我们对过去的一些僵化看法。

但是我不想根据当代政治重写那段历史。我给充满困惑的大学生们讲法国大革命已经讲了 20 年了,现在想帮助一般读者了解法国大革命。美国人对两百多年前发生在欧洲的事一无所知。然而像法国大革命这样的事件,历史上并不多,它既改变了人类生存状况,也改变了历史进程。作为一名研究法国大革命的美国公民,我觉得应该向我的同胞们说道说道这场革命为什么那么重要。(见第一章)

编辑在我的软磨硬泡之下同意了。我可以写一篇讲历史的文章,真的是讲历史而不是当下。当然不能太深奥了,要适合《纽约时报》读者的水平。编辑限我六千字,告诉我不能用太生僻的词汇。

　　我以为我很明白。25 年前我曾经为《纽约时报》撰稿,专门写警察局的事。我知道每篇报道都要按照一个 12 岁女孩的阅读水平来写(见第五章)。这就是让人感到晕眩的地方。我穿过时代广场,沉浸在回忆中。想到我写过那么多有关暴乱和谋杀的报道,我笑了。我能把法国大革命像一篇报道那样写出来吗? 我能写出故事来吗?

　　几个星期之后邮差把答案送来了。我那篇六千字的稿子给退了回来,编辑嫌我把它写得太复杂,对读者的期待太高。我这是咎由自取。但自嘲之后我由失望渐感悲哀。难道我们这些职业历史学家就无法跟一般读者沟通吗? 我们是不是过于画地为牢,把自己关闭在书斋里,脱离那些对过去充满好奇心的普通公民?

　　这当然是我们的错,至少我们有相当的责任。学院式的历史研究看重专著,使得历史边缘化,结果是教授们写的书只有其他教授看,书评也是发表在只有专业人士才看的期刊上(见第六章)。我们写东西是为了让同行们认可,别人根本没法看懂。我也一定染上了这个毛病,不然,我写的有关法国大革命的文章怎么会连《纽约时报》的编辑都不认可? 何况我还曾经是他们专门报道治安方面的新闻记者。

　　但是怎样才能让一般公众对我们写的东西感兴趣呢? 我想到一句我很喜欢的格言。1964 年我当记者时,在曼哈顿警察局对面有个被昵称为"小破屋"的记者站,这句格言就刻在那满是涂鸦的墙上:"适合刊载皆新闻。"把生活中的事件编成故事,再把这些故事发表出来,这个过程的核心就是找到那个文化上得体与否的度。喧嚣繁闹的现实生活之"足",必须适应叙述规范和编辑室要求之"履"。我放弃记者生涯而去研究历史以后,发现自己对文化上的得体与不得体一类问题极有兴趣。我研究出版和新闻业,用现在行内流行的时髦说法就是传播和媒体。

xvi

xvii   然而很明显,我还是没弄明白这些问题。我应该知道我写的历史课讲稿是不适合在《纽约时报》上刊登的。或许时报的编辑负有一定责任,我当然不是说他个人(他大概和我们一样品位高雅),而是说他所代表的新闻传媒体制。在把文化弄得尽量通俗化这一点上,编辑、电影导演、电视片制片人和出版商们之间是否存在某种不谋而合? 整个文化产业是否就是以便利消费为组织原则的?

这本书试图探索这些问题。我不是针对某些个人,因为问题的根子是制度,而不是媒体大亨们合谋的结果。我承认,在我们这个时代,从广告到包装总统,传媒本身成了公共生活的核心内容。所以有时真觉得,掌握媒体的人是我们这个世界的主宰,在幕后操纵着一切。但是我提醒我自己,尽管历史学家们很少研究这一领域,媒体系统本身也有历史。在法国大革命期间,新闻还是一个国家事务中刚刚崛起的力量,但它影响历史事件的能力已经举足轻重。当时的革命者们很清楚这一点,所以他们才在游行的时候扛着印刷机,还在革命后的日历中专门设立了一个公众舆论日。

所以,简单地说,这本书既讲历史,又讲媒体和媒体的历史。本书有四个目的:第一,是要显示过去如何作为暗流存在于当下(第一部分);第二,是要通过个案来分析媒体的作用(第二部分);第三,借本书的写作过程来昭示媒体研究中的历史向度(第三部分);第四,在这些讨论的基础上探讨宏观历史以及与历史相关的其他人文领域(第四和第五部分)。

xviii

我这样一讲好像这本书真有个统一的主题似的。其实收在这里的文章都是不同时期针对不同需要写下的。我也没有为了这本书而对它们做大动干戈的修改。前边的六篇本来也不是给学术杂志和学者们写的,是针对受过良好教育的一般读者,而不是 12 岁的女孩。假想那些编辑、制片人和其他经营媒体的人的左边是作者的话,那他们的右边就是这些读者。我的文章所要探讨的正是这些作者和读者之间的文化中介及其运作过程。我在同文化产业打交道的过程中有些体会,栽跟头的事很多。这些经验对我很有启发,如果别人想知道怎样从办案人员那里套出新闻,怎样编造电视剧本或摸准编辑室的路数,我这本书至少有点可读性。

后面的九篇文章是学术性的,但是我希望它们也能让受过良好教育的一般读者感兴趣。尽管我看不到这些读者是谁,就像我看不到月亮的另一半,但我绝不低估他/她们。读者应该得到更丰盛的精神食粮,可媒体只提供简易快餐。所以我斗胆给他/她们奉上一份没掺水、没偷工减料的学术晚宴。

就当这些文章是讲历史吧,属于没有注脚的历史,至少没有很多注脚。只有几篇提到档案文献中的发现,而大部分都是关于社会、文化和思想史中的林林总总和风云变幻。所以,它们属于评述,属于演绎,属于历史报告文学。有什么不可以呢?为什么历史不该跟命案一样有趣? xix 我想让读者知道我们这一行的人都在干什么,也想让他们知道,很多貌似过时的史学争论所代表的其实是一种力求接触人类最大多数的努力。想想有多少人已经消失在过去,他们在人数上远比如今生存于地球之上的后代为多。最令人激动、最有创意的历史研究应该挖掘出事件背后我们的前人所经历和体验的人类的生存状况。这类研究有过不同的名字:心态史、社会观念史、历史人类学,或文化史(这是我的偏好)。不管什么标签儿,目的是一个,即理解生活的意义:不是去徒劳地寻找对这一伟大的哲学之谜的终极答案,而是从几个世纪前人们的日常生活和思想观念中去探求和了解前人对此问题的回答。

这本书里不断提到的世纪是 18 世纪。也许它并不比 17 或 19 世纪更值得我们关注,我们也不应该将时间人为地划成 100 年一段,但我偏巧是生活在 18 和 20 这两个世纪,所以我想用它们来阐述过去与现在之间的相互渗透。

最后,18世纪是想象的源泉,为各种梦幻提供了用之不竭的材料:爱、欢乐、信念、梦魇、性欲、死亡、希望、恐惧——所有这一切都以各种各样的色彩和质感呈现出来。从蓬巴杜到无套裤汉,谁能抵御拉莫莱特之吻的诱惑?它在邀请我们参与一出发生在过去、永远不再的人间喜剧。

但是想象怎么能是历史呢?这本书不是要告诉读者在研究过去时该怎样感古人之所感,想古人之所想,它也不去讨论叙述与事实之间的哲学关系。本书要讲的内容围绕着我自己经历过的两个感悟展开。在叙述过程中,我会从一个题目跳到另一个题目,杂乱无章,了无头绪。但从某种意义上说,这也正反映了历史现实的真实情况。

第一个感悟是我在新泽西州的纽瓦克当记者时体会到的。那就是,新闻并不等于发生过的事情,而是记者根据发生过的事情写出来的故事。这个道理按说应该很明白,可是每天都有人把报纸看成是事实的文库,而不是故事的集成。这些人里既包括职业史学家,也包括其他行业里的顶尖人物,他们都没有认识到这个浅显的道理。

根据我自己从事新闻工作的经验,我觉得新闻本质上应该属于叙述学的范围。受文学理论家们的启发,我开始到处看到可说可道的故事,无论是宗教祷告文,还是交警指挥交通的手势。但是如果你把所有的行为都看成是文本,并且把文本当成是可以解构的东西,那你就会掉入理论的迷宫,陷在文字游戏中不能自拔。

1981年5月,我几乎就处在这样一种状态。当时我在波兰,有了第二个感悟(见第二章)。如果你跟一个波兰团结工会的码头工人说,历史研究中日期不重要,事件更微不足道,他绝对不会同意你,而且会反驳说,波兰官方钦定的劳动节是5月1日,它跟5月3日民众庆典有着天壤之别。后者纪念的是1791年的宪法及其带来的自由。那一年,波兰人还抵制了分裂祖国的企图。华沙有一个教堂,里面有一块军人纪念

碑,上面没有任何说明,只刻下了时间和地点:卡廷,1940。根据波兰的
官方历史,①德国在1941年入侵苏联时路过卡廷,将波兰的一个士官团 xxi
全体军官全部屠杀。而德国人则说,这场大屠杀早于一年之前就已发
生,他们在卡廷看到的只是巨大的埋人坑。如果这件事发生的时间是
1940年,那就一定是苏联人干的。而这件事确实是1940年发生的,也确
实是苏联人干的。

　　对波兰人来说,1940年和1941年这两个日期之间的不同非同小可,
生死攸关。面对他们对历史的理解,历史学家们只能双膝下跪,就像威
利·布朗德在华沙犹太人碑墓前的表现那样。面对重大事件,像战争和
革命,我们该有怎样的科学精确?面对那些名不见经传、默默无闻的生
命,我们的学术该怎样才算老到?

　　历史学家要进入已逝的世界,光靠方法理论那一套是不行的,还需
要大胆想象,放下成见,不拘泥于定式思维。我们可以对未来抱着怀疑
的态度,但面对往昔我们不能不感到谦卑。并不是我要鼓吹神秘主义或
古人崇拜,我也不否认符号学与叙事学的重要性。但我坚信,要理解发
生在过去的那些生死往事,我们必须郑重其事。怎样才算对得起古人
呢?一旦我觉得自己把过去的事儿都弄明白了,并为此洋洋自得、沾沾
自喜,那我希望会有意外发现能让我重新冷静下来。拉莫莱特之吻提醒
我们的就是历史的这种复杂性。

于新泽西,普林斯顿

1989年5月

----

① 1989年2月波兰政府同团结工会进行新一轮的磋商。政府方面改变了以前的立场,
　 指责苏联对这次大屠杀负有责任。

xxii

第 1 部分

大潮下的暗流

第一章　拉莫莱特之吻①

　　法国大革命的革命性究竟表现在什么地方呢？如今全世界都在庆祝法国两百年前的事变，谁都知道巴黎市民攻占巴士底狱结束了封建制度，给人类带来了《人权宣言》。我眼下问这个问题可能显得十分离谱。但事实是，围绕法国大革命两百周年纪念而展开的庆典活动是一回事，而两个世纪之前实际发生的却是另一回事。

　　历史学家们早就说过，1789 年 7 月 14 日这一天，巴士底狱几乎是空的。很多人也指出，法国大革命"废除"封建制之前，封建制度就已经不存在了。至于人权，宣言发布之后不到五年，法国就陷于全面的血色恐怖，并无人权可言。那么，是不是说，一旦我们用冷静的头脑去审视这场革命，就会发现这场事变除了极度的暴力和空洞的宣言之外一无是处呢？已故英国历史学家阿尔弗雷德·科班一向不赞成断头台和喊口号，他评述法国大革命时一直喜欢说那不过是个"神话"。

　　也许有人会说，神话的力量可以改天换地，它可以有实实在在的能量，就像法国人为了庆祝大革命 100 周年于 1889 年建造的埃菲尔铁塔一样实实在在。没准法国也会在 1989 年再花上几百万建碑造塔，成立各种各样的研究中心，用当代形式纪念两百年前的那场政治风暴。但是，那场风暴到底是怎么一回事呢？

　　时代精神在 1789 年选择用砂浆与砖头来表达自己，而不是用语言词汇。它作为一股能量，体现了要在 1789 年夏天坍塌的旧统治的废墟

①　本文首刊于 *The New York Review of Books*（January 19, 1989: 3 – 10）。

上建造新世界的意志。这股能量充斥在法国大革命的各个方面，不仅是积极参与革命的弄潮儿纷纷要驾驭这股能量并使之为己所用，即便是普通百姓的日常生活也被彻底改变了。

在日常生活中破旧立新，在抽象概念上说说并不难，但真正身体力行就是另外一回事了。我们习惯了这个世界以一定的方式存在，若不是亲身经历大事变，比如死亡、离婚这类事情，我们会把很多东西都当成是天经地义的，觉得它们就像头上的屋顶或脚下的土地一样牢靠，不大会想象世界会有别样的存在方式。

生活中死亡、离婚这类冲击波不过让个人的生活脱轨、乱套，但很少会给社会带来破坏。而1789年，法国人面对的是整个社会秩序的崩坏，这个秩序就是后代人所说的王朝政治。他们要在旧王朝的废墟上建立起新的秩序，经历的是破而后立的现实。当时各种可能都风云际会，吉凶皆在未知，法国社会或走向乌托邦，或陷入极端专制。

不错，法国以前也经历过天翻地覆式的变化，比如14世纪的黑死病和16世纪的宗教战争，但这些都不能跟1789年的革命相比，革命的理念在14—16世纪根本就不存在。如果你在18世纪流行的字典中寻找"革命"一词，你会看到这个字的词根是从动词"旋转"而来，字典上的例句是："星体和星球运行回到出发点。"

法国人在1789年以前没有多少政治词汇，因为政治只局限在凡尔赛宫里，在国王那遥远的宫邸里。一旦普通百姓参与政治、选举国民议会代表（这已经很接近全民普选）、在街头造反，他们便感到需要恰当的词汇来描述他们的所作所为，于是就有了全新的概念范畴，像"左""右""革命"等。"左""右"的说法就源自国民议会的座席格局，可以说是经验在先，概念在后。但经验是什么呢？

虽然只有少数积极分子参加了雅各宾俱乐部，但是所有的人都被革命风暴所触及，因为革命浪潮席卷了整个社会，创造了新的时空概念。

根据 1793 年启用、1805 年废止的革命历法,时间是从 1792 年 9 月 22 日开始的,那一天旧王朝宣告结束,同时也是共和元年的第一天。

经由正式投票表决,革命者将时间分为他们认为合理并且自然的单位:一个星期 10 天,一个月三个星期,一年 12 个月,最后剩下五天成为爱国假日——无套裤汉日,第三等级代表了公德准则:有贤有能、勤劳聪明、知恩图报。

普通日子也有了新的名称,而且不乏数学上的合理性。每一天都对应农业生活的某些方面,以便取代基督教日历中的圣人纪念日。如,以前 11 月 22 日是圣茜希拉纪念日,现在改成萝卜日;11 月 25 日曾经是圣凯瑟琳纪念日,现在成了猪日;11 月 30 日曾是圣安德鲁纪念日,现在则是拾穗日。新年历上的名称使时间显得更符合季节的自然节奏,比如 1989 年 1 月 1 日应该是共和 197 年的第 12 月的雪月。雪月紧跟雾月和霜月之后,但在雨月和风月之前。

同样,采用公制体系也是为了用理性和自然法则来组织空间。根据 1795 年的一项法令,一米的长度应该是从北极到赤道的地面子午线弧度的千万分之一。当然,一般公民不一定了解这样的定义,也不是很快就能习惯用"米"或"克"来度量东西,更不喜欢新历法的星期算法,因为以前是每七天就休息一天,现在是 10 天。但即便人们旧习难移,通过改变对事物的称谓,给当时人们的思想观念上留下了革命的印记。

因为原有的街名多含有国王、王后和圣人的名字,巴黎有一千四百多条大街都在革命期间被改了名。路易十五广场变成了革命广场,很多人就是在那儿命丧断头台的,后来为了淡化这段血腥历史的记忆,才有了今天的名称——协和广场。圣劳伦特教堂变成了姻缘殿;巴黎圣母院变成了大礼堂;有三十多个城镇用马拉的名字命名;有六千多个城镇都试图通过改变名称同过去划清界限;蒙莫朗西这样的人名变成埃米尔,圣马洛变成维克图瓦·蒙塔格纳德,或者库朗热变成库·桑·屈洛蒂斯,因为他们觉得名字中带有圣什么的,很是迷信。

革命者也纷纷给自己改名。在 1793 到 1794 年期间,像"路易"这样的名字自然是不合时宜的了,所以叫路易的人纷纷改成布鲁图斯或斯巴达克斯。法国的一些常见姓氏,比如勒鲁瓦或莱维克,都变成了拉罗或莱博特。孩子们的名字也都五花八门,有的与自然有关,有的与时事有关。当时的外交部长皮埃尔·亨利·勒布朗让给自己的女儿取名萨威·让·莉。

此外,皇后蜂现在叫卧床蜂,国际象棋的棋子也改了名称,因为革命者不想看到国王、皇后、武士和主教这一类的词汇。扑克牌里的 J、Q、K 也改称为博爱、平等、自由。革命者们要改变一切,从陶瓦罐到家具、法典、宗教,甚至法国地图。此前,法国地图是按照传统省份划分的,很不规则,现在各区域大小相当,整齐划一,名字也取自附近的山脉与河流。

在 1789 年以前,法国就像一件百衲衣,不同部分之间既冲突又交叉,财政、司法、行政、经济、宗教各行其是。在 1789 年以后,这些碎片被组合成一个新的整体,那就是法兰西民族国家。国庆节、三色旗、国歌、烈士、军队、战争,路易十四和他的继承人没能做到的事情,一场革命将它们一蹴而就。革命将四分五裂的法国整合为一个民族国家,并且称霸欧洲。在这一过程中,革命释放了一股新的能量,那就是民族主义。在以后的两百年里,民族主义激励了千千万万的人们,推翻了一个又一个政府。

当然,民族国家并没有能将一切都推倒重来。尽管革命委员会大力推行,法语还是没能普及,大部分法国人仍继续讲着彼此都听不懂的各种方言。但是,革命推翻了横亘在公民与国家之间的各种中间机构,使公共生活发生了根本性的改变。

不仅如此,革命的结果把公共领域扩大到私人生活空间,深入到人际关系中最基本的层面。在法语中,关系亲昵的人之间讲话用的冠词同正式场合用的冠词是不一样的,尽管今天的人们往往不遵守这些规则,但过去在王朝时代是尊卑有别,绝对不能乱用的。父母对孩子可以用昵称,但孩子对父母则一定要用尊称。上级对下级、人类对动物、情人之间有了初吻之后或在床上,都可以用昵称。法国登山运动员攀登到一定高度时,彼此之间也会从正式的尊称换为昵称,以示人与人之间在大自然面前的平等。

法国大革命想让所有的人都以昵称相称。下面是法国南部塔恩省这个贫穷山区在共和二年雾月 24 日,也就是 1793 年 11 月 14 日通过的一个决议:

> 鉴于至高无上的平等原则,尊卑贵贱之分实属不当。从今以后,自由法国的语言里不得再用显示高下的冠词,所有公民一律以昵称相称。

1794 年,无套裤汉的代表向国民议会请愿,要求废除尊称。他们说,这样就可以在人与人的交往中"减少傲慢、歧视和摆谱,而增加彼此之间的亲近、团结和平等"。这在今天听来有点儿可笑,可当时的革命者们是非常严肃的,他们要建立的新社会必须基于新的社会关系基础上。

于是,他们重起炉灶,清除一切旧制度遗留下来的不平等痕迹。以前,人们写信落款时要写上"您最谦卑的奴仆",现在则一律是"再见,兄弟们";称呼上也从原来的"先生""女士"换成"男公民""女公民"。同样,服饰也跟着发生改变。

服装常常是政治气候的晴雨表。当时巴黎的一个区革命空气十分浓厚,民兵们为了表明是来自这个区,专门给自己穿的长裤起了个名字,叫革命裤。其实直到 19 世纪,工人们很少穿长裤,倒是船员们喜欢穿这种衣服。革命领袖罗伯斯庇尔自己反而总是穿着旧制度的制服:背心马甲,油头假发。但是1793年以后直到现在,传单、招贴画和陶瓦罐上出现的革命人物的标准形象却都是穿着长裤和开领衫,配以短外套、皮靴和自由帽,头发也自然地披散在肩膀上。

革命前的女性服装开胸很低,配以鱼骨裙,发式也千奇百怪,至少贵族妇女们是这样。当时有一种发式盘得有一米高,上面按不同主题加以修饰,或是果盘,或是花篮,甚至是动物园。有一种宫廷发式被弄成田园风景的浮雕,上面有池塘、猎鸭人、转动的风车、骑着骡子去赶集的农夫,还有一个教士同农夫的老婆调情。

1789年以后,服饰方面的改革自下而上,头发平了,裙子瘦了,颈线高了,鞋跟儿低了。再后来,大恐怖时期过去后,雾月政变废除了大革命高潮时期的激进道德观,像塔利安夫人这样的交际花重又穿起袒胸露背的衣服,在舞场上翩翩风流;假发也跟着复辟了,当时一般时髦的女士每天换一个假发套,而塔利安夫人一天就换30个。

革命高潮时期,即1792年年中到1794年年中,奉行勤俭朴素、清正廉洁的道德准则不单单是一种时髦,而且是政治文化的核心内容。这里面虽然有禁欲的因素,但却不同于19世纪在美国流行的那种星期天说教。对革命者来说,禁欲是为了养精蓄锐,以便更好地为祖国而战,为自由、平等、博爱而战。

同时,对新的道德准则的崇尚也导致了家庭生活的革命化。受卢梭的影响,革命者们宣扬母爱的神圣性、哺乳的重要性,认为生孩子是公民的义务,独身主义是不爱国的表现。爱国者们游行时扛着的一幅标语上写着:"女公民们,为祖国而生儿育女吧!"连当时的陶器上都涂写着"生儿育女就在此刻!"这样的口号。

公安委员会上最激进的思想家圣鞠斯特在笔记中写道:"儿童与公民都属于祖国,必须受统一教育。如果母亲哺乳孩子,那么孩子五岁以前还算是她的。但五岁后孩子就终身属于共和国了。"

如果谁觉得这些话有希特勒的味道，那就是违背历史了。当时随着教会权威的崩溃，革命者要给家庭生活找到新的道德基础，他们借助国家权力推行旧时代无法想象的法令。离婚变得容易了，私生子也受法律保护了，长子继承的特权也被废除了。既然《人权宣言》声称人生来就该自由平等，难道大家不该从同一起跑线上开始吗？通过对财产的平等继承，革命限制了家长专制，废除了奴隶制，而且给清教徒和犹太人以充分的人权。　　　　　　　　　　　　　　　　　　　　　　　　*11*

　　当然，大革命期间的立法也有很多漏洞和自相矛盾的地方。尽管风月法令在措辞上很决绝，要对反革命的财产予以没收，但它离社会主义还差得远。到拿破仑时代，大革命期间有关家庭生活的那些最为民主的立法都遭到了废弃。然而，革命变法的大趋势还是明显的，那就是国家取代了教会成为主宰私人生活的最高权威，而国家的合法性则建立在人民当家作主的理念之上。

　　百姓作主、公民自由、法律面前人人平等，这些词汇我们如今说起来如同家常便饭，但在 1789 年简直无法想象这些词汇有何等的冲击力！我们很难理解旧时代的人何以会接受人与人之间的不平等，并且不觉得这有什么不好，把这视为天经地义。生活在旧时代的法国人，自由意味着特权，即我有别人没有的特殊权利。作为上帝在人间的代理人，只有国王可以发号施令，将特权赐予他人。国王的权威既有世俗的层面，又有精神的层面。所以，被国王抚摸过的病人会奇迹般地痊愈。

　　18 世纪启蒙运动的哲学家们一直都在挑战这些观念。格拉布街上流传出来的那些段子、传单，早已将王室的神圣光环戏弄得黯淡无光。但最后将旧时代的思想框架彻底打破的还是实际的暴力行动，这是　　*12*
我们难以想象的那种推倒偶像、摧枯拉朽的革命暴力。

　　不错，我们今天的生活中每天都有车祸和抢劫发生。但同先人相比,我们的日常生活中很少能看到暴力。在18世纪,巴黎的路人经常会看见从塞纳河里捞出来倒挂在岸边的尸体。由于看惯了刽子手举在空中的人头,熟睹了罪犯被当众肢解,巴黎人知道什么是"死相"。当他们每次从城里走过,鞋子上都免不了会沾到地面上的血迹。

下面是路易·塞巴斯蒂安·梅西耶在大革命爆发前几年写下的一段描述巴黎屠宰场的文字:

> 屠宰场都设在市中心,周围的街面上血流成河,脚踩上去黏糊糊的,把鞋子染得鲜红。走着走着,你不时会听见哀号惨叫。屠夫们把麋鹿掀翻在地,把鹿角捆扎起来,先用一把大榔头将鹿的头颅敲碎,再用一柄长刀深深地戳进其咽喉,浓血冒着热气喷涌而出。然后,一只沾满血迹的胳膊伸进鹿体,将内脏掏出,挂起来等着人来买。有的时候,如果头一榔头没能把鹿打死,而只是将其打昏的话,那牲畜就会挣断绳索,狂奔急跳,撞上谁谁倒霉。那些屠夫也都不是善茬儿,他们一个个相貌狰狞,赤膊粗颈,眼睛血腥,腿脚肮脏。腰间的围裙血迹斑斑,手中提着大棒,七个不服,八个不忿。长年杀生使他们面带杀气,性情暴烈。屠宰场附近的街道弥漫着腥臊的气味。肥硕丰腴而又俗不可耐的妓女在大庭广众之下卖弄风骚,而嗜杀成性的屠夫们却会被她们弄得心荡神摇。

1750年发生过一场暴乱,起因是巴黎的劳工阶层居住区里风传一个说法,说警察在暗中绑架穷人的孩子供血统高贵的王子进行血浴。这种暴乱可以说是"民情激愤",也即是说,某些集体想象中的原始激情受到激发而喷泻出来。

如果这场革命只与《人权宣言》相关,那倒不失为一件美事。可是,大革命是在暴力的襁褓中诞生的,并通过暴力手段改变世界。攻克巴士底狱的人们不仅是摧毁了一个专制王权的象征,在这个过程当中他们还打死打伤 150 个人。在抓到监狱长以后,暴民们将其头颅割下,叉在长矛上在巴黎游行。

一星期以后,巴黎市内面包价格疯涨,再加上流言四起,说有人阴谋要将大家饿死。这引起民情鼎沸。一伙暴民将陆军部的一位叫福隆·德·杜埃的官员处以私刑,并将他的头割下来,举在空中游街。福隆的嘴里被塞满了稻草,表示他是要饿死民众的阴谋策划者之一。暴民们又将福隆的女婿贝蒂耶·德·索维尔也抓了起来,押着他和福隆的头一起游街,一路上喝令他"亲吻老爸,亲吻老爸"。暴民们在德维尔饭店大门前对贝蒂耶处以极刑,把他的心脏挖出来,抛向市政府的方向。然后,他们把两颗头并在一起继续游行。行刑场地的墙上刻着:叛国者的下场!

后来成为左翼活动家的格拉库斯·巴贝夫,在给妻子的信中描述了当时的集体癫狂状态。他记述了人群看到刚砍下的头颅被叉在长矛上举到空中示众时发出一阵阵狂呼的情景。 *14*

　　啊,那种狂欢让我恶心。我既觉得满足又觉得失望,善与恶在那一刻都表现得淋漓尽致。我能理解平民百姓要求伸张正义的愿望,对此我没意见。但是一定要采取如此残酷的手段吗?五花八门的处罚方式有损于我们的道德原则。灌水、车裂、刑讯、五马分尸、皮鞭、火刑柱、绞刑架、刽子手,这些东西居然大行其道,这是迟早要遭报应的。

如果我们有关法国大革命的故事只讲到 1789 年的年底就好了。如今的法国政府所要纪念的法国大革命就是以 1789 年为限的。但有一些历史学家认为,法国大革命并没有在 1789 年结束,而是延续到了下个世纪。不管这个事件的终点在哪里，它肯定是跨越了 1794 年的。所以，我们不能回避那场恐怖。

这场由公安委员会和革命法庭所导演的大恐怖，其发生有很多原因。如果有人觉得这种事情可以用量化的方法来衡量，并以死了多少人来算的话，那么，按照 20 世纪的标准，在这场大恐怖中丧生的人并不算多，总共才死了 17 000 人。法国一半的省份加起来有总共不到 25 个公开执行的死刑，另有六个省份连一个死刑判决都没有。71% 的死刑发生在内战波及的地区。上断头台的人当中有四分之三是造反闹事的，都是在手持凶器的情况下被逮捕的，他们当中有 85% 的人是平民。有些人把法国大革命解释为一场不同阶级之间的冲突，是资产阶级和贵族之间的斗法。但这个数字让这些人很难自圆其说。在大恐怖期间，一旦某人被视为人民的敌人，"贵族"的大帽子就会被扣到头上。

但是这些数字让人觉得毛骨悚然。为了谴责一个人，就否认他的个性，往活生生的人身上硬套一个抽象概念，这骨子里是很不人道的。大恐怖确实很恐怖，给刚刚降生的现代历史留下创伤。

关于大恐怖，史学界基本上有个定论。那就是，当时的极端是因为 1793—1794 年期间的特殊形势所迫。当时的巴黎外部面临侵略者大军压境，内部又有反革命分子里应外合，面包价格涨得离谱，巴黎市民群情激愤。旺代爆发了内战，里昂、马赛和波尔多市都在闹暴动，而国民议会因为派系斗争处在瘫痪状态，无法力挽狂澜。这个解释大致说得通，但它却没法解释大恐怖的后期。那时，入侵的敌军已被击退，但屠戮却在增加。

作为一个美国历史学家，坐在自己舒服的书房里去谴责法国人的暴力倾向，未免有点儿站着说话不腰疼的味道。他更不应该为自己同胞的相对温良恭俭让而沾沾自喜。因为美国革命是在完全不同的条件下发生的。但怎么解释 1792 年 9 月的那场屠杀呢？在那次血雨腥风中有一千多人命丧黄泉,被杀的人当中很多是关在监狱里的妓女和小偷一类的囚犯。

我们无法确切地知道那到底是怎么一回事,因为当时的文献都已经毁于 1871 年巴黎公社期间的那场战火。但是皮埃尔·卡隆对幸存下来的证据作过客观冷静的分析,认为这场屠杀带有仪式性特点。一群无套裤汉,包括前面提到的梅西耶描写过的那帮屠夫,风闻反革命分子正在图谋叛乱,他们冲进几所监狱,想要把这股反革命势力消灭在萌芽之中。他们在阿巴耶监狱临时组织了一个群众法庭,犯人们被一个个押解到庭,当场被起诉审判,当场判决。判决的依据完全取决于犯人的表现,那些矢口否认的得到无罪释放,吞吞吐吐的被当成是心里有鬼。斯坦尼斯拉·迈亚尔曾领导革命群众攻克巴士底狱,现在,他担当起了公诉人的角色。观众席上那些人不久前还在大街上闹事,现在坐在长板凳上,替斯坦尼斯拉·迈亚尔叫好喝彩。如果哪个囚犯被判无罪,大家就上去拥抱他/她,热泪盈眶地向他/她道贺,还要抬着他/她到大街上兴高采烈地去游一圈。如果哪个囚犯被判有罪,大家就一拥而上,将他/她一顿乱刀乱棍打死。被剥光衣服的尸体要么给扔到一起,要么就被碎尸万段,插在杆子上游街示众。

从始至终,这些大开杀戒的人一心想的是清除所有反革命分子,好像这场革命运动释放出一股潜藏在民间的末世迷狂,而杀人的人在演出一场世俗版本的末日审判。但是谁也说不清楚 1792 年 9 月那段时间里,人们是照着哪个剧本上演剧目的。我们可能永远都无法理解这类暴力,也无法理解其他那些"群情激愤"的时刻,但它们却决定了革命进程。1789 年初夏农民们经历的大恐慌,7 月 14 日和 10 月五六日的大暴动以及那些"革命日"(这包括 1792 年 8 月 10 日、1793 年 5 月 31 日、1794 年 7 月 24 日和 1795 年 4 月 1 日),都是这方面的例子。在所有这些历史时刻,老百姓既要面包也要鲜血,但是历史学家从未很好地理解

16

群众当中的嗜血冲动。

这股嗜血冲动是实实在在的存在，它不会因为我们视而不见而消失。所以，如果我们要真正理解法国大革命，也必须考虑到这个层面。也许有人会说，法国大革命过程中的暴力是不得已而为之，因为旧制度不会将政权拱手相让，新政权如果不铲除反革命势力也难以为继。大革命期间，几乎所有来自革命方面的暴力行动都是防范性的。从 1789 年 6 月直到 1799 年 11 月波拿巴夺取政权为止，反革命分子一直图谋推翻新政权，革命者不得不采取极端手段以求自保。1791 年的宗教分裂和 1792 年的战争之后，革命阵营内部的任何反对派声音都可能被指为背叛革命，大家无法在正常的政治原则下达成一致。

简而言之，法国大革命那十年里，可以说大部分恶性暴力事件都是因为环境所迫才发生的。但我们只能说"大部分"，而不能说是所有暴力事件。1792 年 9 月发生的那场滥杀无辜就不能说是环境所致。那场暴力事件至今仍是个谜，让人百思不得其解。在找不出其他具体解释的情况下，我们很可能倾向于给它一个大而无当的说法，比如原罪啊，力比多能量大爆发啊，辩证逻辑啊等。就我个人而言，坦白地说，我也弄不明白革命暴力的终极原因何在，但是我想它的作用和后果是非常清楚的。那就是，革命暴力为建设一个新世界扫清了障碍，它把旧制度的规章制度顷刻之间就砸了个稀巴烂。这种力量让人觉得一切都可以做，从而释放出乌托邦的能量。

这种改天换地、无所不能的精神状态是革命过程当中具有正面作用的亢奋。这种情绪状态不仅限于大街上表现末世迷狂的老百姓，也会传染到立法议会里的那些律师和文人们。1792 年 7 月 7 日，让劳里地区立法院代表拉莫莱特对同事们说，我们所有的麻烦都源于同一个根源，即宗派主义，要解决这个局面，大家必须精诚团结，情同手足。此语一出，刚刚还在针锋相对、你死我活的议员们纷纷从座位上站立起来，相互拥抱亲吻,他们之间势不两立的政争就被这突如其来的兄弟之爱化解得烟消云散。

历史学家们对所谓的"拉莫莱特之吻"一笑了之,因为他们知道,就　　*18*
在这场和解之后不到一个月,8 月 10 日的那场流血暴动导致了立法议会的解体。在这样残酷的现实面前,那些慷慨陈词,呼吁自由、平等和博爱的议员们显得多么幼稚!

但我们切不要自以为比古人高明,这会使我们误读历史。法国大革命所倡导的三个基本原则,即自由、平等和博爱,博爱的观念最让人耳目一新。1792 年,博爱思想像飓风一样席卷巴黎。从今天的角度看去,我们很难想象它何以有这般强大的感召力,因为我们的世界是按照另外一套原则运作的,如终身聘任制啊、税后收入啊、商务收入与支出啊、上下级别之间的等级关系。我们对自己的定位也要么是雇主,要么是雇员;要么是老师,要么是学生,总之是在一个巨大的社会关系的网络系统中找自己的位置。法国大革命在它最革命的时刻就是要扫荡这一切社会身份界分,把"四海之内皆兄弟"的思想以立法形式确立起来。也许它在这方面的实践并不比基督教更成功,但它对社会价值观的巨大影响改变了历史进程。

我们应当怎样理解历史上这些疯狂的时刻,理解当时人们的义无反顾、勇敢决绝?怎样理解古人那种无所不能的信念呢?对他们来说,这个世界就好像是一张白纸,可以任人涂写最新最美的文字?可惜这样的时刻如白驹过隙,转瞬即逝。人们不能总是处在亢奋状态。慢慢地,焦虑开始取代了激情。事情总要有人做,边境总要有人守,谁是贵族、谁是爱国者也要有人去甄别。界限开始出现,世界又变得壁垒森严,鸿沟道道。

对比今天,我们大都不觉得生活尽善尽美,但却听天由命,随波逐流。法国大革命那种"敢教日月换新天"的精神已经在记忆中褪色,消

失在遥远的过去。它的昙花一现被两百年的距离过滤得黯然失色,使我
们都不大相信它曾经那样光彩照人。这场大革命标新立异的地方实在
太多。全体人民起而改造自己的生存环境,这在今天看来似乎是不可思
议的事情,因为这跟我们所奉行的循规蹈矩、按部就班的理念是如此背
道而驰。

　　我们有没有经历过什么震撼性的事件,其冲击力打破了生活四平八
稳的常规状态?想想约翰·肯尼迪、罗伯特·肯尼迪、马丁·路德·金
的被刺事件。我们经历过这些事件的人都能准确地记得每次事发当时
我们在哪里,在干什么。当时,我们都突然停下手中的事情,被一种黑云
压城的感觉所笼罩。那感觉让我们彼此之间缩短了距离。虽然很短暂,
但在这样的时刻,我们不再用平时那套君君臣臣的眼光看待彼此,而是
敞开灵魂,平等相待,用共同的人性相互拥抱。就像登山运动员爬到顶
峰时感到对日常尘世的超越,彼此间的关系升华成生死与共的兄弟
情谊。

　　我想,法国大革命有过一系列这样的时刻。那一件件石破天惊的事
变把人们变得非常本原。正是由于礼崩乐坏,人们才另起炉灶,憧憬一
个新世界。这个新世界不仅仅包括弘扬自由和平等的宪法,还包括身体
力行新的价值观中最难做到的一条,即"四海之内皆兄弟"的博爱思想。

　　这个博爱的思想观念来自法国大革命,而不是自以为高人一等的历
史学家。危难之秋往往呈现出底线现实,但若不是历史本身呈现给我们
这个底线现实,再聪明的历史学家也不会想到它们的存在。这里,我要
说的是危难之秋的另一个功能,那就是,它不只呈现底线现实,而且导致
对现实的重建。在这样的历史时刻,人们打破常规思维和习惯做法,按
照生活应该是怎样的理想原则重新组合生活秩序。

　　一面要习习相因、墨守成规,视传统礼法为天经地义;一面要改天换
地、标新立异。这两股力量在1789—1799年期间进行了一场殊死斗

争。这不是说别的力量就不存在,比如你也可以说资产阶级同封建主义 **20** 之间也有过一场较量,其间江山易手、贫富换位之类的事情也不计其数。但是所有这些其他冲突都是在一个大前提下展开的,那就是,人类生存条件是可以改变的,不是一成不变的。平民百姓可以创造历史,而不是消极被动地受历史支配。

在过去两百多年里,人类为改善自己的生存状态进行过各种各样的尝试。有些尝试成事不足,败事有余,这使得我们对于那些标榜要改造社会的努力是否真的会造福人类抱怀疑态度。回眸历史,当初英国诗人华兹华斯似乎用法国大革命的先例警告过世人,要小心专制集权。他用"血色月亮"的意象向人们发出呼号,但却无人理睬。结果,后来不断有人被关进集中营。

也许吧!但太多的马后炮会歪曲 1789 年和 1793—1794 年间那段历史,而法国大革命的战士们只是一群非常时期的普通人。危难之际,乱世之秋,他们临危承命、除旧布新。他们用以改造当时社会的新原则至今仍是反对暴政和弘扬正义的旗帜。自由、平等、博爱,这些才是法国大革命的真谛。

第二章　波兰要自由①

1980 年 8 月，波兰格但斯克地区罢工的工人们聚在一起，总结跟政府斗争的成功经验。话题不仅包括怎样扩大工会组织这类具体问题，而且包括如何重新书写历史。正如一位名叫布罗尼斯瓦夫·盖雷梅克的学者解释的："这些工人想知道波兰是怎么弄到今天这步田地的，想知道事实的真相和来龙去脉。"盖雷梅克是研究中世纪史的专家，打从团结工会在格但斯克造船厂起事那天起，他就一直给工人们出谋划策，起了很关键的作用。

当今波兰的一大特点就是对历史知识的饥渴。我说的是对真实历史，而不是官方版本历史的求知欲。格但斯克罢工开始后，克拉科夫市官方报纸曾极尽诬蔑罢工工人之能事。但如今，这份报纸有一个连载专栏版面，叫"波兰历史上的盲点"。现在所有的城市都把市内最长的街道改名叫"五三"街，以纪念 1791 年的宪法。5 月 3 日这天的盛大庆典使官方钦定的传统五一节黯然失色。二战以前，5 月 3 日本来就是波兰的国庆日。今年政府将它恢复为国庆日，引起新一轮关于宪法、民主和主权的讨论。当初是因为俄国的入侵才导致 1791 年宪法的无疾而终。波兰在 18 世纪经历了三次被瓜分的危机，俄国人的入侵引发了第二次瓜分危机。所以，这些关于历史的讨论其实是针对现实的。

---

① 本文写于 1981 年 5 月，在拜访波兰之后。当时的波兰团结工会在同政府的斗争中占据上风。那个时候，波兰人害怕苏联入侵镇压刚获得的自由。但实际上沃依切赫·雅鲁泽尔斯基将军领导的波兰当局早已经为发生在 1981 年 12 月份的镇压在做准备了。

波兰国庆日那天,华沙游行的人们扛着一块标语,上面写着"绝不要塔戈维查的悲剧重演"。在波兰,塔戈维查是个大家所熟知的典故。1792 年,一帮波兰贵族引狼入室,把俄国人请了进来,塔戈维查这个词指的就是这件事。波兰农村地区的团结工会在最近的一次游行中,扛出另一幅纪念塔德乌什·科希丘什科的标语牌。科希丘什科被视为波兰的民族英雄,因为他在 1794 年领导了一场起义,试图阻止波兰分裂。显然,扛着这幅标语牌的农民们对自己国家 18 世纪的历史了然于心。在接受采访的时候,扛标语的人说,几个星期以前,他们村里的人去参加了一个游行。去的时候,他们故意把镰刀做成砍刀的样子,这是因为,当年他们的先人聚集到科希丘什科的旗帜下起义的时候就是这样做的。

去年 8 月,举行罢工的工人们似乎心里面也想着 18 世纪的历史。在危机的高潮时刻,一名政府官员在电视上警告大家悬崖勒马,否则,"18 世纪的悲剧就会重演"。与此同时,主教维辛斯基也站在神像前对信徒们说:"切不要忘记,我们波兰人历经 125 年的浴血奋斗所重新获得的自由。"

这样的话在波兰可不是说着玩的。我在 1981 年 5 月曾在那个国家待过两个星期,亲眼看到波兰人既关注历史,又忧虑现实。他们无法把过去跟现在分离开来,也不能满足于历史教科书对过去的叙述。因为政府设下种种戒律,很多过去发生的事情都不能写进书里。但这些被官方排斥在史书之外的历史却阴魂不散,只要政府一天不敢直面过去,不放弃对其他公共空间的限制,这些被压制的历史就一天不会真正成为过去时。

波兰人对待 18 世纪国家几次分裂的态度让我们看到,为什么对他们来说历史与现实之间有如此密切的关联。在波兰,历史是现实生活的一部分。对他们来说,一部波兰民族史就是抵抗东西方分裂势力瓜分波

23

兰的历史，从古至今一直如此。

作为一个弱小国家，波兰没有自然形成的边疆。俄国在 1772 年、普鲁士在 1793 年、奥地利在 1795 年都曾对波兰进行过瓜分。在 19 世纪，只是因为若干有名的诗人和影响力很大的教堂，波兰才作为一个文化载体幸存下来。《凡尔赛和约》将波兰恢复为一个主权国家，但在 1920 年它又差点被布尔什维克俄国给吞并了。1939 年，苏联和德国秘密签订《莫洛托夫-里宾特洛甫条约》[①]，所以二战在格但斯克一家邮局一爆发，波兰就被苏德一分为二，各得其一。波兰人觉得无所归属，他们的文化与宗教接近西方，但是苏联却将波兰拴在东方。在四分五裂的欧洲，波兰的地理位置最让人有觊觎之心。

但是波兰人已决心不让历史重演。在华沙有一个最流行的笑话，很适用于过去两百年的历史。这个笑话说：如果俄国从东边打来，德国从西边打来，我们先去跟谁交战？答案是：先拒德后抗俄，前者是义不容辞，后者是求之不得。他们常问美国人的问题是：你们为什么在雅尔塔出卖我们？对波兰人来说，列强对波兰的分裂行为在雅尔塔会议上达到了登峰造极的地步。

波兰人对历史着迷不仅仅是因为它不断重演，而且因为它莫衷一是。官方历史体现党的意志，但非官方的历史大都涉及禁忌的题目。华沙历史博物馆里每天都放一部电影，表现德国军队为了报复 1944 年的起义，将这座城市变成废墟。官方历史说，是苏联红军突破维斯瓦河东岸防线，伸出救援之手，解波兰民众于倒悬。但民间流行的口述历史则说，苏联人其实暗中纵容德国瓦屠戮波兰抵抗分子，这样等到苏联人来了就没人闹事了。这个说法在西方已被普遍接受，但在冷战时期的波兰绝对是异端邪说。唯一的例外是《莫洛托夫-里宾特洛甫条约》。自从

24

① 即《苏德互不侵犯条约》。——译者注

格但斯克大罢工以来,有关此事的历史讨论一直不绝于耳。

越接近当代,敏感的话题就越多。离历史博物馆只有几条街远,团结工会下属的摄影家工会组织了一个展览,题名为"1956、1968、1970、1976、1980"。展览的作品包括很多这些年代里民众起义的镜头。这些起义深刻地反映了战后波兰从哥穆尔卡当政,到盖莱克专权,再到卡尼亚时代的历史。对于习惯了在电视上看到街头暴力的美国人来说,这些照片看上去简直小儿科,不过就是些面目模糊的人在同样模糊的城市背景下扔几块石头或逃避警察追捕。但波兰人对这些照片可是百看不厌。展览期间人们蜂拥而至,在这些照片面前目不转睛,流连忘返。对他们来说,反映历史空白点的东西是多多益善。

有人在盖莱克和其他政治局委员的肖像下面写下"罪魁"两字。来客意见簿上满是这类评语。有一条说:"下一次来几张表现卡廷的。"在卡廷森林,曾有四千多名波兰军官被集体屠杀。这件事是当今波兰当局最大的禁忌。按照官方历史的说法,德国人于1941年将这些被俘波兰军官集体屠杀。但根据人们私下的议论,这件事是俄国人干的。

哪个版本可信呢? 波兰人为此争论不休。纳粹公布的死亡者名单中有多少能够被核实? 秘密流传的《卡廷森林大死亡》又有多可信? 这本书是美国人扎沃德尼的专著,讲的就是这件事。事实是,死难者们和家人断了音信是1940年而不是1941年,这难道不能说明问题吗? 大部分波兰人已经有自己的结论。一位政府的导游带着美国游客到处转,来到一个教堂时他指着墙上大大小小的纪念牌说:"卡廷。"美国游客当然不懂。导游便暗示道:"看日子,看日子。"然后就默不作声了。牌子上写着:"卡廷,1940。"

对于那些不曾经历过官方与非官方历史之间反差的人来说,日期引起的强烈情感反应似乎很难理解。5月3日可以让人热泪盈眶,1940可以让人咬牙切齿,因为这些日子本不该在历史中存在。1970年,格但斯克大罢工遭到镇压,政府对这件事至今讳莫如深。但在 1980 年的大罢工中,罢工的工人迫使政府同意他们在造船厂的大门口修建一座巨大的纪念碑,悼念当年在镇压中死去的人们。纪念碑巍峨耸立,碑顶上的一根钢柱在末端化成三个绞在一起的十字架,碑的底座周围每天都堆满了鲜花。

在波兰,哪里有历史留下的创伤,哪里就有鲜花。六百万波兰人死于二战,那是全国五分之一的人口。没有一个家庭毫发无损,很多幸存者都知道亲人们死在哪儿和怎么死的。他们在亲人遇难的地方洒下鲜花,在纪念地下抵抗运动烈士的标志牌上系上红白两色的绸带缅怀他们,在教堂里和大街上点起蜡烛寄托哀思。波兰人怎么可能忘记过去呢? 他们每天都在与历史打照面。

官方历史对波兰的多灾多难有个解释,那就是,这一切都是因为德国军队的惨无人道。但即便是在波兰,对德国人的仇恨也是有限度的。波兰人知道德国总理维利·勃兰特曾在华沙的贫民区双膝下跪,泪流满面,然而人们却不能公开讨论苏联人在卡廷犯下的滔天罪行。

官方历史与非官方历史之间的矛盾也可以在人们的行为中体现出来。人们给历史上为捍卫波兰统一而献身的民族英雄献上鲜花,也给在二战中死去的波兰人献花。科希丘什科纪念碑、民族诗人亚当·米茨凯维奇塑像和克拉科夫广场,到处都有鲜花。有一个名叫约瑟夫·毕苏斯基的人在克拉科夫的沃维尔大教堂里有个牌位,在他的牌位下面堆积的鲜花最多。来这里的人在他的牌位周围点上蜡烛,并用孩子们留下来的校徽把他的牌位装饰起来。这是因为他曾领导了 1919 年刚刚诞生的波兰抗击俄国侵略。但官方历史里对毕苏斯基只字未提。

在华沙,最神圣的地方大概就是无名战士之墓。团结工会的示威游行往往在这里结束,外国首脑人物的来访也往往从这里开始。但是献到这里的花圈可不一定是意味着同情苏联,因为战死的士兵中不乏当初跟随毕苏斯基抗击苏联的人。所以,每逢苏联大使们到这里向亡灵献花,波兰人都感到特别得意。

他们也特别喜欢那些背离官方历史的灰色地段。官方历史说1905 年的华沙民兵起义是为了声援俄国革命,但波兰大学里的学生们会告诉你,这些人是为了抵制俄国才铤而走险的。19 世纪,波兰一直被俄国占领,连大学里面都不能用波兰语讲课。团结工会的成员们在大街上游行时,把国歌中那句"上帝保佑波兰永远自由"改成"上帝保佑波兰获得自由"。其实他们用不着改国歌的歌词,因为国歌的主旋律是根据《波兰决不灭亡》写成的,而这支进行曲的主题就是解放波兰,其典故出自 1797 年的一段往事。当时,波兰将军东布罗夫斯基率领一个波兰军团驻防在意大利,波兰的爱国者们殷切期盼他能脱离拿破仑,同他们一起抗击分裂波兰的侵略者。这支曲子就是在这样的背景下写出来的。

波兰官方好像对某些历史人物,如科希丘什科、东布罗夫斯基和毕苏斯基作了些让步。这都是些在非官方历史中占有重要地位的人物。比如,在一部讲第一次世界大战以后波兰获得独立的影片里,仪表堂堂的毕苏斯基是主角,政府对此未加干预。至于老百姓要缅怀铁杆反共的瓦迪斯瓦夫·西科尔斯基,政府也是睁一眼闭一眼。西科尔斯基曾在二战期间领导抵抗运动,其骨灰将由英国运回波兰,在瓦维尔大教堂下葬。

这种对歌曲、旗帜、墓地的钟情可能预示着反苏民族主义的高涨,与19 世纪的反沙皇、反普鲁士和反奥匈帝国的民族主义运动遥相呼应。对历史的迷恋显然反映了复苏的民族主义意识。这种意识在目前流行的口号中表达得最为清楚:"波兰要独立!"但是团结工会的领导人们不像 19 世纪的诗人和将军们那样大声疾呼。莱赫·瓦文萨不是痛骂政府,而是拿政府开涮,说他要让盖莱克也每周工作 40 小时,下班后排队买面包。波兰人厌倦了官方历史的"假、大、空",他们要实事求是的历史,不要陈词滥调;要实话实说,不要冠冕堂皇。时下流行的一个笑话说:"美国独立战争期间,有两个波兰将军,科希丘什科和普拉斯基,帮了美国人的大忙。现在,美国人也该还给我们两个：通用汽车和通用电气。"①

　　这种通过民间笑话和行为所表达出来的大众性的历史,对职业历史学家意味着什么呢？波兰并不缺少出色的职业历史学家,至于有没有足够的纸张印他们的著作另当别论。我们也不能把他们在去年8月以前写的东西都一概视为宣传。一位克拉科夫的老学者说,他们那一代人是心系巴黎而不是莫斯科,但他们在写作上不能不用曲笔,不像如今的后辈那样可以直抒胸臆。比如,在民族英烈传的条目中,他们不能把死于卡廷的那些军官的卒年写成1940,因为那样会得罪苏联人;但也不能写成1941,因为那违背历史。所以他们就写成"死于1939年以后",这么写谁看了都会明白是什么意思。

　　老一代的人生活在斯大林时代不敢轻易造次,写好的东西先要自己仔细检查然后才敢交出去。公开演讲时也得嘴上留神。尽管所有在大学里工作的人也都参加了团结工会,但史学家们觉得,大家有时仍然把他们看成是官方历史的代言人。所以,他们很庆幸可以在5月3日那天大讲自由和宪法。

　　年轻的史学家们好像比较敢于讲话。但他们也担心隔墙有耳,也要求采访他们的人不要使用他们的真实姓名。多仑的一位年轻教授在接受采访之前先把收音机打开,目的是要干扰窃听。他在晚餐的饭桌上摆满了各种应时蔬菜(市场上除了蔬菜也没别的可买),然后讲了一个流传很久的笑话。他说:"我们波兰人就像红萝卜,外边是红的,里边是白的。"接下来他就开始把官方历史批评得体无完肤,还讲他的学生们如何

———————————————

① 在英文里"将军"和"通用"都是 general,所以这里有俏皮的含义。——译者注

体会官方与民间历史之间的矛盾与冲突。

从孩提时代起,他们在学校里听到的故事和父母在家里讲给他们的就不一样。起先他们往往不大相信父母的话。但或迟或早他们会读到地下刊物,那里面的东西每每印证从父母那里听来的故事。他们可能会在半地下的"飞行大学"修些课程,现在又能在团结工会设立的图书馆里读到很多未经审查的书。因此,他们的历史教育经历了三个阶段:先是口述历史,然后是如饥似渴地阅读地下出版物,再然后是正式的史学训练。这样一个过程使得他们有一种兰克式的对历史事实的执着,他们要知道历史的本来面目。①

同时,一些大学教授正在通过为团结工会出谋划策来直接参与创造历史。去年4月,瓦文萨决定取消大罢工。这个决定既听取了工会运动右翼阵营布罗尼斯瓦夫·盖雷梅克的建议,也听取了左翼阵营卡罗尔·莫泽莱夫斯基的忠告。这两个人都是中世纪史的专家。尽管工会的执行委员会抵制这个决定,瓦文萨迫使他们接受了这个低调策略,团结工会第一次退却。莫泽莱夫斯基也回到弗罗茨瓦夫继续教书,他的学生们连续几个小时向他提问有关民主、政治体制和决策过程的问题。他离开讲堂时留意到后面墙上贴着一个条幅,上面写着美国《独立宣言》开头的几句话。

尽管很多历史学家为团结工会出谋划策,但他们不把自己看成是运动的导师。实际上他们对发生的事变并无心理准备,对劳工阶级中存在那么多的积怨和不满深感震惊。和别人一样,他们也自觉地投身到工运中去,并且常常惊诧地发现,劳工阶级会从民间传统那里吸收那么多的历史知识。有一位教授向团结工会的学习小组讲述德国和苏联签订的

① 兰克是德国19世纪的历史学家,倡导历史写作必须以史实为据,影响深远。——译者注

秘密协约,听众中有一个工人跟他较真,说这个协议不该叫《苏德互不侵犯条约》,而应该叫《莫洛托夫-里宾特洛甫条约》,因为是他们两人签的。可见波兰人如今对历史是如何一丝不苟、实事求是。

30　　如果你问一个波兰历史学家该如何看待去年8月以来的事变,他们会承认自己对此毫无思想准备。很多人都觉得这是一场革命、一场不流血的光荣革命,是波兰人的1688。[①] 也有人觉得这比历史上的科希丘什科事件还了不起,因为科希丘什科只是领导了一场起义,而这是一场革命,是一场自下而上的反政府的革命。

　　如果这场运动算得上是革命的话,它并不符合常见的革命模式。马克思主义中根本就没有工人阶级起而反抗无产阶级政府一说。而美国式的政治社会学好像太学究气,解释不了波兰人的反政府情绪。尽管盖莱克治下波兰经济也曾有过一个虚假膨胀,但当前的经济危机里看不到J曲线。其他那些有关引发革命的理论,像相对贫困说、社会僵死说、特权固定说、期望落差说、改革失败说或阶级斗争说,也都不适用。有的波兰人会说,政府里的官僚们已形成一个阶级,他们垄断着生产方式。但这种说法带有明显的嘲讽味道,是波兰人用马克思主义的老生常谈来"以子之矛攻子之盾"。他们对马克思主义关于知识分子异化的理论也很不感冒,因为这场运动是由普通工人们发动的,知识分子落在后面,如今得迎头赶上。

　　按大多数人的说法,团结工会运动经历了三个阶段。第一阶段,它从格但斯克造船厂开始,然后扩展到全体工人阶层。第二阶段,运动波及占人口30%的农民阶层。在波兰,全国80%的土地由农民们以独立小农场的方式耕作。现阶段,也就是第三阶段,工会运动已渗透到党内基层,党员们也搞匿名投票和公开竞选,这与共产党的传统大相径庭。这

---

① 英国1688年的政变史称"光荣革命"。此处指的即是这件史实。——译者注

个第三阶段可能是最危险的,如果它导致党内持不同政见者在7月召开　　31
的党代会上挑战高层领导,那就更不得了。如果发生政权崩溃,经济崩
盘,苏联人就很可能会介入。如此,去年8月到今年7月的事变就会是
一场革命的预演,或者是一场流血战争的序幕。

　　我遇到的波兰人没有谁相信会发生这种悲剧。在他们看来苏联干
预只是华盛顿方面的多虑,如此神经兮兮于事无补,它只会迫使团结工
会走温和路线,也可能推波助澜,弄成怕什么来什么的结局。华沙的一
个作家把苏联干预说称之为"魏因伯格尔风疹"——也就是说,这只是
美国国防部的杞人忧天。尽管历史上波兰人多次吃过俄国人的亏,他们
倒是能镇定自若地面对俄国。说不定正是因为有过那样一个历史,波兰
人反倒能做到该怎么着就怎么着,而犯不上成天担心天空中会出现米格
战斗机。

　　如果有人问波兰人,他们过去几个月里所经历的最重要的事件是什
么,大部分波兰人会说1981年5月14日教皇遇刺是最重大的历史事
件。约翰·保罗二世比所有其他波兰公众人物都更受尊敬。这件事发
生以后,几乎全国的人都涌进了散布各地的教堂。5月14日华沙圣约翰
教堂的午夜弥撒人满为患,简直无立锥之地。进不去教堂的人群只好挤
在教堂两边的大街上。里面的仪式通过高音喇叭向外面广播。当主持
人要求教堂里的人跪下祈祷时,下跪的动作由里向外像波涛一般漫涌到
街头,放眼望去竟看不到这股波浪的尽头。主教维辛斯基的去世也曾经
导致类似的场面,5月31日,超过25万的悼念者参加了在华沙胜利广场
为他举行的追悼仪式。

　　波兰人对天主教的狂热很让当局难堪。19世纪,波兰作为一个国
家四分五裂,只有靠教会来承载统一的民族文化。在20世纪,波兰人的　　32
国家情怀也因主权丧失而转移为对宗教的热情,这使得天主教具有了一
种维护主权的含义。1979年教皇访问波兰时,这一情怀的转移得到了

酣畅淋漓的表现。波兰人自己认为,他们的革命就是从那时开始的。如今,这种情怀已经在团结工会的组织中制度化了。

团结工会与教会有不可分割的联系。工会的旗帜在欢迎教皇的弥撒上迎风招展,而工会组织的游行中也总是少不了十字架。当法庭宣布农民工会合法时,工会领导的第一个动作就是跪在地上吻十字架。格但斯克的罢工工人与政府对峙期间,神甫们在造船厂接受忏悔,主持弥撒。在维辛斯基的主持下,教会力主温和路线。当政府在群众眼里已丧失合法性的情况下,教会站在团结工会一面,使其在群众眼里具有合法性。

如今,只有教会和团结工会对全国人民具有号召力。波兰3 500万人口中有95%是天主教徒。根据最近的统计,有1 000万人参加了团结工会,而乡村团结工会正方兴未艾。到今年夏天结束时,团结工会将举行第一次全体代表大会。届时,工会将基本上包括全国所有的在业人员,也包括很多共产党员。

波兰人所理解的"革命"指的就是这种老百姓全面倒戈,"背弃"国家,完全投入到曾被视为非法的工会运动。但他们并不十分清楚团结工会的含义。虽然有保护工人委员会(KOR)和其他不同政见团体的影响,团结工会没有统一的意识形态,没有明确的可以取代现存秩序的政治蓝图,甚至没有哪怕是泛泛的改革计划。唯一支撑团结工会的就是全国百姓对当局的普遍仇恨。没人说得准这样一个运动能持续多久,但是眼下它体现了社会与国家之间的离心离德已达到了极不正常的程度。

没准这就是为什么历史至关重要的原因。《克拉科夫报》的编辑欧马歇·沙莫夫斯基说,他的刊物正在发表一个专栏系列,叫"波兰历史上的盲点",目的是寻求民族团结,不让政治玩弄历史。波兰要独立首先要重新掌握自己的历史。所以他们要摒弃官方历史,发掘被掩埋的真实。

兰克式对历史事实的执着在波兰恰逢其时,但在西欧其他国家则显得落伍过时。这在西欧已是陈年往事,这里的先锋史学家们很久之前即已遗弃了兰克的范式,研究长时段的"结构"与"局势"运动。该范式来自年鉴学派,它宣布"事件史"已死——用巴黎高等研究实践院第六部前主任雅克·勒高夫的话来说,是一具我们必须继续斩杀的尸体。

可是如果你跟一个波兰人说历史事件无所谓,外交与政治不过是表面文章,要去研究结构性的变化,而不要去费脑子记什么日子,他会跟你急。因为从波兰人的角度来看,1940 年和 1941 年之间的差别生死攸关,里宾特洛甫和莫洛托夫签订的秘密协议也非同小可,波兰的历史就在于一系列意义重大的日子:1772、1793、1795、1830、1863、1919—1920、1939、1944—1945、1956、1968、1970 和 1980。对波兰人来说,去年 8 月以来的事件彻底改变了他们的国家。而对于我们这些人来说,历史显现出它大有可为的一面。历史研究应该返璞归真,提供镜鉴,塑造民心民气。在波兰,这样的民心民气不但决定如何书写过去,而且决定如何书写未来。

第 2 部分

传　媒

第三章　见仁见智的电影《丹东》①

1983年9月,休假归来的法国人面临的是个多事之秋。法国国力日见式微,但国际上军备竞赛正在升级。中东危机加剧,国内问题重重。密特朗总统在爱丽舍宫召集各部部长,商讨如何解决历史危机——不是现实中的历史危机,而是学校里历史课的危机,即法国孩子们的普遍"史盲"。毫无疑问,密特朗有很多其他需要操心的事情,但他把选民们缺乏历史知识看成是当务之急。如果一个公民把路易十三和路易十四张冠李戴,把第二共和国和第三共和国混为一谈,把罗伯斯庇尔和丹东视为同道,那还有什么公民性可言呢?

密特朗可能没有提到安杰伊·瓦伊达那部引起很大争议的电影,但他十有八九脑子里面想到了这部名叫《丹东》的电影。1983年1月,这部电影正式上映之前,密特朗曾在一个为私人举办的预映上看过这部影片,并表达过他的反感。这部影片在给国民议会的议员们放映后,曾引起支持密特朗的左翼社会主义者和共产党人的极大愤怒。那以后的半年里,左翼知识分子们在报刊上大声疾呼还历史以本来面目,改善中小 学课程设置。

左翼分子看了瓦伊达的影片怒不可遏,而右翼分子则弹冠相庆。右翼代表人物米歇尔·波尼亚托夫斯基情不自禁地说:"多谢啦,瓦伊达先生!"国民议会里的社会主义者代表皮埃尔·若克斯则痛斥《丹东》歪曲历史,说这部电影纯属捏造,不是历史!最糟糕的是,由于中小学课程改

---

① 本文曾发表在 *The New York Review of Books* (February 16 1984: 19‑24)。

革,法国的孩子们历史知识贫乏,会以为电影讲的就是真事。孩子们不可能通过电影里的描写而对历史上的丹东有真正的了解。国民议会的社会主义党主席路易·梅尔马也对此表示了忧虑:

> 历史教育真是今不如昔。我们那一代人从小学就开始学习有关历史的基本知识,而今天的学生们对历史都缺少了解。这部影片有误导之嫌,我要大声呼吁,学校里应该恢复历史课,这对一个民族和文明来说都至关重大。

看过《丹东》一片的美国观众可能会觉得法国人的反应未免小题大做。我们知道法国人对历史很认真,容不得谁对法国大革命说三道四。但法国的社会主义者何以会对电影版的丹东与罗伯斯庇尔之争如此接受不了?电影里面对丹东的描写不是挺正面的吗?丹东对大恐怖的抵制难道不就是抵制专制主义的预演吗?瓦伊达不也是团结工会的英雄吗?他的片子按说是应该得到法国左翼温和派欢迎的啊,因为这些人一向倡导社会主义,在密特朗竞选期间他们的广告牌上画的是一朵从拳头里绽露出来的玫瑰花。

目前,这部电影也漂洋过海到美国来上映,我们也不妨就这些问题作些思考,因为它们有助于我们了解欧洲左翼的精神世界。这些知识分子们往往陷入自己编造的迷思里面而不能自拔,即便巴黎与华沙之间互有良好愿望,有些事情也常常走板儿。

《丹东》一片的拍摄牵扯到法国和波兰两个国家的首都,像一个现代版的《双城记》。瓦伊达以前拍的电影曾受到团结工会的批评,所以这次想拍一部历史片。他以为用两个世纪以前的巴黎作故事背景会比较安全,会避免波兰警察对言论自由的干预。影片一开始是一些表现1793 年年底巴黎市区悲惨景象的镜头。丹东从他的乡下庄园赶到巴黎,想阻止大恐怖的扩大化。这场大恐怖起源于 1792 年 8 月那场推翻王朝的革命,在当时的事件中,丹东曾扮演重要角色。在接下来的进程中,他的日子越来越不好过。革命阵营内部的温和派与罗伯斯庇尔为首的公安委员会的强硬派势不两立。这部影片讲的就是丹东如何无法阻止滥杀,最后在 1794 年 4 月 5 日连自己的命也搭上了。

　　为了把这样一个复杂的故事压缩到一部影片里,瓦伊达不得不对史料剪裁取舍。他的影片参考了一部由波兰演员斯坦尼斯拉娃·基比斯瓦卡编剧的波兰话剧。这出戏把罗伯斯庇尔作为百姓的代言人予以讴歌,成为 20 世纪 30 年代波兰左派的重要文化旗帜。在把这出话剧搬上银幕的过程中,瓦伊达请来一位名叫让-克劳斯·加里埃尔的法国剧作家主笔剧本改编。在全片的 2 400 万法郎制作费中,有法国文化部赞助的 300 万。演员的阵容也由一半法国人一半波兰人组成,各讲自己的母语,再由配音的人去想办法让观众觉得自然(在美国上映的版本,声道是法语,字幕是英语,但波兰演员的口型却只跟波兰语的发音一致)。结果是,《丹东》一片既十分法国化,也十分波兰化。密特朗政府故意让《丹东》一片有半官方色彩,好像法国的社会党人有意要把波兰的团结工会运动与自己的革命传统①挂起钩来。这样一个意识形态的大杂烩免不了会导致理解上的歧义,令评论家们众说纷纭。

　　瓦伊达自己首先排除对影片作简单化的解释,一而再再而三地对法国新闻界强调,这不是一部借古讽今的影片。他对法国《世界报》说:"我务必强调,丹东绝不是瓦文萨,而罗伯斯庇尔也绝不是雅鲁泽尔斯基。"在接受《晨报》采访时他也说,如果一定要借古喻今,那也应该找其

40

---

①　有关此传统的最新论述,参阅 *Nouvelle Histoire de la France contemporaine* published by Le Seuil。系列的第二卷译本由剑桥大学出版社出版: *The Jacobin Republic*, *1792 - 1794*, by Marc Bouloistau。

他的历史时期,团结工会运动,严格说来算不上是一场革命,至少不是法国大革命意义上的革命。

没错,人们可以从瓦文萨和雅鲁泽尔斯基之间的冲突当中,找出某些类似丹东和罗伯斯庇尔之间的对立。罗伯斯庇尔一丝不苟的劲头和刻板的教条主义,让人想起雅鲁泽尔斯基将军的呆板生硬和冥顽不化;而丹东那种热爱生活的风格和与人交往中的亲和力,也与瓦文萨遥相呼应。但是瓦伊达不想让他的电影落入俗套,不想把故事写成人性与制度之间的冲突。相反,他在影片中涉及了很多有损丹东形象的细节。如果说让法国电影明星热拉尔·德帕尔迪厄扮演丹东是为了美化瓦文萨的话,那么,如今在波兰政府企图往瓦文萨脸上抹黑、说他贪污团结工会公款的情况下,影片里表现丹东的腐化行为很难说是明智之举。

事实上,丹东和罗伯斯庇尔代表了两种不同的革命路线,而电影是偏向丹东路线的。瓦伊达对《晨报》记者说:"罗伯斯庇尔代表的是东方国家那一套,而丹东代表的是西方世界。丹东的生活态度和立场同我们很接近。他们两人之间的冲突正是我们今天所经历的现实的翻版。"德帕尔迪厄的精彩表演使得丹东在影片中很吸引人,也很抢戏。但他强调丹东耽于享乐的一面,反映了资产阶级的集体通病。比如丹东和罗伯斯庇尔吃晚饭那场戏,这本是要讨论他们之间的政治分歧,结果丹东却酩酊大醉。而后来在 1794 年三四月间发生那场危机时,他面对恐怖扩大化束手无策,似乎也是暗喻西方世界未能在 1981 年对团结工会伸出援助之手。

但是,这部影片的多义性使得人们无法对它做出确切的解读。因为大家无法把当初的波兰舞台剧原作和后来改编的电影剧本之间进行比较,谁也说不清楚导演对丹东路线究竟肯定到什么程度。然而,影片同史实有出入的地方却是显而易见的。从波兰观众的角度看,有三处出入最为突出。

　　一是,影片一开始,一个象征纯洁的小男孩光着身子站在浴缸里,一边由姐姐给他洗澡,一边一字一句地背诵《人权宣言》。遇到背不出来的地方,他就乖乖地把手伸出来,让姐姐打一下。姐姐与其说是在给弟弟洗澡,不如说是在给他洗脑。她这样做是为了讨好爸爸的一个房客,这个房客就是罗伯斯庇尔。二是,这以后不久,罗伯斯庇尔下令让秘密警察中的打手们把卡米耶·德穆兰的铺子给砸了,就因为德穆兰在这里出版印刷一份深得人心的刊物《老科德利埃报》。当时丹东和他的人试图阻止大恐怖,这份刊物大力为之宣传。电影镜头先是表现孩子看到这个场面时脸上痛苦的表情,然后便不厌其详地表现印刷所被洗劫的细节。这两个情节都不曾在历史上发生,基比斯瓦卡的舞台剧里也没有。但对波兰观众来说,不管他们知不知道这些细节是电影的杜撰,都会把这理解为对波兰思想控制的影射。

　　第三个细节更是赤裸裸地影射斯大林式的思想管制。电影中有一段罗伯斯庇尔披着恺撒长袍的镜头。他在画家大卫的画室里,让大卫为他画像。其间,罗伯斯庇尔停下画像的事,对革命法庭上负责丹东一案的法官大发其火,因为后者不肯违背法律程序乱来。接下来,他把目光转向一幅巨大的油画草稿,这是大卫尚未完成的那幅传世之作《1789年6月20日网球场宣誓》。罗伯斯庇尔注意到,画上那些宣誓的人当中有刚刚画上去的法布尔·戴格朗蒂纳的头像,当时,戴格朗蒂纳和丹东一样锒铛入狱,听候审判。罗伯斯庇尔让大卫把他的像给抹了,大卫不同意,争辩说戴格朗蒂纳是当时球场宣誓的人员之一。但在罗伯斯庇尔的坚持下,戴格朗蒂纳还是被从画面上给抹去了。这个细节让人联想起很多被斯大林从史书中抹去的历史人物。然而,电影里的这个细节在历史上并没有根据。网球场宣誓时戴格朗蒂纳并不在场,因为1789年的时候他还没有被选为议会副会长。瓦伊达一门心思要鞭挞斯大林对历史的篡改,结果他自己也篡改了历史。

瓦伊达的波兰观众不大可能连法布尔·戴格朗蒂纳这种小人物的生平细节都知道得一清二楚，但他们对历史可是很有见解的，因为波兰人的民族意识与历史戚戚相关。从一开始，团结工会就把现实的解放与历史的解放紧紧连在一起。波兰当局曾经向民众灌输对政府有利的历史观，特别是从罗伯斯庇尔到布尔什维克的历史脉络。现在格但斯克造船厂的工人们要把历史的党义色彩剥掉，实事求是地面对过去，不管是1940年苏联人在卡廷对波兰军官的集体屠杀，还是18世纪欧洲列强对波兰的瓜分，都要秉笔直书。

电影《丹东》1981年在船厂开机。瓦伊达的早期电影作品都显示出他与其同胞们共有的对过去的情感。1970年拍摄的《战后的大地》，一次民众起义和一场戏中戏勾连，纪念了1410年坦能堡战役中波兰对条顿武士的胜利；1977年他执拍的《大理石人》，讲述了作为电影制片人的他，尝试从斯大林式的铺天盖地的宣传中发掘出真正的无产阶级英雄的故事；熟悉这个主题的观众也许会在瓦伊达的对罗伯斯皮尔神话的详细查究中看到类似的蛛丝马迹。

当然，要真想知道波兰观众怎么理解《丹东》，那就得作大量采访，还不能有警察干预。但是，因为团结工会遭受压制，这部影片的很多细节变得格外意味深长。电影中有一个法国大革命期间巴黎大街上人们排长队买面包的镜头。银幕上的人物对当时公安委员会的牢骚跟现实中波兰人对华沙军人专制的不满异曲而同工。丹东蔑视革命法庭，大声疾呼："人民只有一个敌人，那就是政府！"这其实就是瓦文萨演讲的翻版。罗伯斯庇尔要实行大恐怖的理由是民主需要专制来保证，这与雅鲁泽尔斯基的话如出一辙。正如《世界报》前驻华沙记者贝纳尔·盖塔在看过这部影片以后说的那样："这部影片让波兰人，包括过去几年在波兰生活过的外国人，能产生共鸣的地方数不胜数。"

共鸣的基础不只是领会隐喻或理解双关。波兰人早就学会了在心照不宣和变相抗议中生活。他们憎恶的官方六点新闻教会了他们如何从屏幕形象中明察秋毫,在播音稿的字里行间读出潜台词。所以,看懂电影《丹东》的曲笔根本就不算一回事。对影片的这种集体共鸣体现了广大群众对政府压制的极大不满和反抗。

尽管这部电影在叙事上也给了罗伯斯庇尔若干辉煌时刻,但镜头画面往往暗中挖他的墙脚。比如他向执政官们大讲大恐怖与公共道德的必要性时,一个特写镜头落在他那双锃亮的皮鞋上;他巧舌如簧达到高潮时,他的双脚也在底下动作多多。这里的暗喻是,罗伯斯庇尔长袖善舞,而非真正的民众代言人。作为对比,法庭上的丹东就像一头笼子里的狮子,面对听众慷慨陈词。

如果说罗伯斯庇尔在辩论那场戏中赢得了观众一定好感的话,那么,这些好感都被他后来草菅人命的行为给抵消了。导演在镜头画面上直接展现了铡刀落在丹东的脖子上,鲜血喷涌到刑台下面的麦草上,刽子手拎起丹东的头颅向看客们展示。影片在此处用了一系列逆光仰角镜头,画面在丹东的头颅上驻足流连,让观众感到晕眩恶心。接下来,镜头切到卧榻里汗如雨下的罗伯斯庇尔。影片一开始的那个小男孩此刻已经学会背诵《人权宣言》,但他咿咿呀呀的背书声完全淹没在充满不和谐音的背景音乐中。影片就在这里结束。

尽管没有太多的宣传和评论文章,《丹东》在波兰上映后是场场爆满。虽然谁也说不准观众究竟是怎样解读这部影片的,但是看过这部电影的人肯定会更加憎恶波兰政府。在法国,大家也对这部影片翘首以待。导演瓦伊达一时名声大噪。团结工会在法国深获人心,刚当选的法国社会党也急于想把这部影片作为纪念法国大革命200周年的前奏。

然而,《丹东》带给法国人,特别是左翼人士一个尴尬局面。本来法国的社会党人和共产党人就貌合神离,都觉得自己是法国大革命的合法

继承人。现在,共产党人严厉谴责这部影片,他们的《人道报》评论员说
这部影片是反革命的。社会党也不甘落后,菲利普·博歇在《世界报》
上说,这部影片歪曲革命进程中一切美好的东西。皮埃尔·若克斯还补
充说:"瓦伊达的历史不是我们的历史。"

　　若克斯所说的"我们的历史",严格说来是反映法国左派立场的历
史。从19世纪开始,经过像米什莱、饶勒斯、马蒂厄、勒费弗尔这样几代
杰出历史学家著书立说、传道授业,反映左派立场的历史在法国深入人
心。为了使学生们成为合格的公民,老派的教师们逼学生们死记硬背很
多史实。孩子们在小学里就通过袖珍版的拉维斯系列教材熟读编年史,
这套教材把史学名著用通俗易懂的形式加以改写。然后,在初中阶段孩
子们还要更系统地学习历史。

　　等到五年级(初中二年级结束时),13岁的孩子们已学过野蛮入侵
那段历史,进入了现代阶段,也就是16到18世纪。再接下来是高中阶
段,16岁的孩子们要花一年的时间学习了解法国大革命和法兰西帝国
的来龙去脉。高中最后一年,孩子们18岁,还要不时重温这段历史内
容。法国大革命是全部历史课中最重要的内容。等到学生们上大学时,
人人都熟知1789—1799年的历史,特别是1793—1794年期间的严峻危
机。尽管教科书各不相同,主题却大同小异:大恐怖期间,法兰西共和
国抗击并战胜了封建欧洲的联合势力。

　　在这样一个陈述中,丹东占有重要地位。当然,这不是9月大屠杀
时的丹东,而是保土卫国、抵抗侵法欧洲联军时期的丹东。1891年巴黎
大学创立了法国大革命研究所,第一个就任主任之职的历史学家是阿尔
方斯·奥拉尔,是他最先把丹东抬高到举足轻重的历史地位。但奥拉尔
的学生和继任阿尔贝·马蒂厄一反奥拉尔的做法,要把丹东拉下神坛。
他说丹东出卖革命,而罗伯斯庇尔才是真正的英雄。是罗伯斯庇尔高瞻

远瞩,坚定地站在平民一边,使得法国走上社会革命的道路。

马蒂厄笔下的罗伯斯庇尔完美地体现了列宁主义原则和无产阶级专政的思想。马蒂厄的两个传人乔治·勒费弗尔和阿尔贝·索布尔都是马克思主义者,所以都要维护罗伯斯庇尔的这一形象,并把这个形象变成有关法国大革命和一切革命的正统叙述。这一叙述暗示,革命的一般规律都是从阶级斗争开始,最后到社会主义。法国只是因为发生了1794 年的 7 月政变,导致罗伯斯庇尔下台,所以才没有走上社会主义之路。

这一正统叙述至今在东欧国家的历史课堂上阴魂不散,所以瓦伊达在电影里替丹东翻案颇有反潮流的精神。但是在法国就不大有人买他的账。如今大部分历史学家都承认,丹东在财务上经不起查核。1789 年他只是个名不见经传的律师,至少背负了 4.3 万里拉的债务。而到了 1791 年,他不但还清了所有债务,还买了一幢价值 8 万里拉的豪宅。在此期间既不见他业务上有大起色,也不见有其他合法收入来源。十有八九是他在执法过程中大饱私囊。当然,政治家不一定要卖国才能肥己。1792 年 8 月 10 日推翻王朝之后,丹东确实领导了抗击侵略的卫国战争,他的塑像仍然作为爱国的象征屹立在丹东广场,不妨说是瓦伊达的铁人。

尽管罗伯斯庇尔在史书中的地位举足轻重,但他在法国人民的心目中完全不能跟丹东相比。路易斯·梅尔马在《世界报》上说:"罗伯斯庇尔虽然在历史上扮演了重要角色,但他作为一个人并不讨人喜欢。巴黎没有一条大街是用他的名字命名的。"但让·马塞纳克不同意这种说法。他在《人道报》上阐述了共产党人的观点,他说:

> 我住在圣德尼,这是法国唯一有罗伯斯庇尔雕像的城市。
> 我要买三枝红玫瑰放在他的塑像下,因为他一直是我的路标。

而瓦伊达则是彻底没有方向感。

这些不同派别之间的唇枪舌剑说明，法国大革命依然在现实政治斗争中被当作一个武器在使用，谁掌握它谁就占优势，谁就可以自称是革命的真正传人。法国大革命确立了法国政治中的基本范畴，左右之分就是其中之一，其缘起就是大革命期间国民公会的座位划分。如今国民议会的政客们都知道他们可以靠玩弄"左"或"右"这些标签来达到政治目的。就像当初的罗伯斯庇尔一样，他们也是通过大讲民众的权益来对左派釜底抽薪。

1983 年 1 月《丹东》上映的时候，左翼社会党人正处在很被动的状态。密特朗政府改变了初衷，把竞选时许诺给选民的那些大胆改革措施都一一束之高阁，而采取了接近雷蒙·巴尔或玛格丽特·撒切尔的经济政策。这些权宜之计的做法一如当年丹东所作的妥协。而共产党人对这些妥协措施的攻讦也让人联想起当年的罗伯斯庇尔。当年，罗伯斯庇尔同代表民意的无套裤汉站在一起，对议会内的温和派口诛笔伐。如今，为了证明自己在意识形态上的纯洁性，社会党人开始一窝蜂地捍卫有关法国大革命的正统，忙不迭地一致谴责《丹东》一片中的非正统倾向。这真是一幅罕见的景象：政客们一个个忽然变得像中学老师，滔滔不绝地大讲历史。谁批瓦伊达批得狠，批得积极，谁就更能表明自己忠于法国大革命的传统，就会在政治上得分。

任何一个受过老式教育的人都会对瓦伊达的电影说三道四。他们怪瓦伊达的影片没有表现当时的环境因素，比如旺代的内战、外省的叛乱、巴黎市内反革命分子的颠覆阴谋和侵法联盟的大军压境。抽去这些背景内容去描写大恐怖，当然会凸显过分和过激。他们还说，瓦伊达的影片忽略了罗伯斯庇尔也曾反对过雅克·勒内·埃贝尔所代表的极"左"路线。漏掉了这一细节，影片中公安委员会上左派分子对他的抵制就显得没来由,也使得罗伯斯庇尔要置丹东于死地的政治动机难以理解。实际上,清除了雅克·勒内·埃贝尔之后,罗伯斯庇尔需要维持同无套裤汉的联盟,以防止革命向右转。他们抱怨瓦伊达的电影根本就没有表现无套裤汉,也没有几个镜头是表现普通百姓的,忘记了法国大革命是一场民众起义,而不是几个资产阶级议会代表之间的决斗。(事实上,瓦伊达曾计划在波兰的克拉科夫拍摄一些群众场面,但波兰政府对大型群众聚会十分审慎,没有批准。)

还不仅于此,批评瓦伊达的人还对他影片的其他历史细节吹毛求疵。他们说瓦伊达影片里的圣鞠斯特戴着耳环,上蹿下跳像个现代嬉皮士,不符合正统史书中的"死亡天使"形象。影片里有一个镜头,表现他在罗伯斯庇尔的住处将帽子愤怒地丢在火里。但在历史上,他这一怒不可遏的行为是发生在公安委员会的一场辩论上。影片中人们称罗伯斯庇尔为马克西姆连、丹东为乔治,但是大革命期间,即便在推行昵称以后,人们也很少用小名相互称呼。

反感瓦伊达的人对这部影片横挑鼻子竖挑眼,实际上并非因为影片细节失真,而是因为这些细节贬低了革命领袖们的光辉形象,使他们没有了史书所赋予的英雄气概。比耀·瓦伦纳胡子拉碴,德穆兰太优柔寡断,而丹东则是常醉不醒。在正统史书中,演员沃伊切赫·普斯佐尼亚克所扮演的罗伯斯庇尔是法国大革命中的核心人物,但在电影里他显得冷漠、神经质,缺少人情味,因而也最不讨人喜欢。但拥护罗伯斯庇尔的人觉得他为大众谋利益,殚精竭虑、运筹帷幄,又能将理论付诸实践,体现了一种现代知识分子的入世精神,所以应该被奉为楷模。

法国社会党的领袖们就把自己看成是这样的现代知识分子。密特朗喜欢别人把他看成一个文化人,炫耀他床头有一本米什莱写的有关法国大革命的著作。他当政后不久的一个重要任命就是,让法国大革命史研究专家克劳德·芒塞隆就任文化助理一职,负责筹备法国大革命

200 年的盛大庆典,也庆祝法国社会党在 1988 年的总统竞选中大获全胜。政府发言人马克斯·加罗以前也是一个历史教授,写了一本罗伯斯庇尔的传记,读上去很像是马蒂厄版本添加了弗洛伊德佐料。

社会党的这些头面人物都认为知识分子参政是天经地义的事情。事实上,米歇尔·福柯在一系列颇有影响的著作中一再阐述,权力与知识互为表里,相得益彰,至少在某种意义上是这样。① 也就是因为这些原因,在幕后策划赞助《丹东》一片的法国前戏剧导演、现任法国文化部长杰克·朗才决定,对付经济萧条的办法之一是在巴黎搞一个知识分子的盛会。所以,去年冬天一大群文人墨客聚会巴黎,唾液横飞地鼓噪了两天。散会时,这帮文人自以为他们的摇唇鼓舌提高了法国人民的民气。至于是否提高了国民生产总值则另当别论。但是民气还是继续跌落。所以到了夏天,政府又向左翼知识分子发出呼吁,请求支持。尽管如此,情形仍不见好转。上次党代会开会时,一位代表起而指责党内领导人,并引述罗伯斯庇尔说过的一段杀气腾腾的话。

在一个打着 1794 年烙印的政治文化中,诸如此类耸人听闻的言论顺理成章。所以,有关《丹东》的争议表面上是讲史实准确与否,实际上则是瞄着星星打月亮,因为史实问题早在第三共和国的小学课本中就解决了。但是,政治家们强调史实,这跟本阵营内部知识分子的学术追求是不一致的。对这些先锋派知识分子来说,小学课本那种历史早就过时了,史实这类概念就跟"自由""实证"一样已被先锋派知识分子视为陈腐落后,福柯一类的文学批评家早就用"话语"代替了"事实",至于年鉴学派的那帮时髦历史学家早已经不再研究政治和事件,而要去关注结构和心态。

---

① 例如, Michel Foucault, *Power/Knowledge: Selected Interviews and Other Writings, 1972 – 1977*, edited by Collin Gordon (New York, 1980)。

　　早在《丹东》上映之前，新旧史学之间的对垒就已经在两个研究法国大革命专家之间针锋相对的辩论中略见端倪。阿尔贝·索布尔是个共产党人，索邦大学的教授，属于马蒂厄的嫡系真传。弗朗索瓦·孚雷以前是共产党人，现在是社会科学高等研究院的研究人员，年鉴学派的掌门人之一，他认为从马蒂厄到勒费弗尔以来的传统都是为了推行斯大林主义而编造的神话。

　　20世纪70年代的这场口水战在左翼阵营内部搞得沸沸扬扬，直到社会党和共产党联手把密特朗选上台才告一段落。1982年秋，索布尔逝世。他的葬礼在左翼人士奉为圣地的巴黎公墓举行。很多手持红玫瑰、身穿黑套装的共产党员都来参加，情形至为哀恸。似乎索布尔的仙逝象征着革命精神的寿终正寝了。一个多世纪以来，这种精神一直激励着法国人民。

　　如果说，有关法国大革命的叙述如今又有了新的版本，那么，这些新版本多是出自社会科学高等研究院。现任所长孚雷试图从争夺政治话语权的角度重新审视法国大革命。① 在为数不多的几篇称赞《丹东》的文章中，他对瓦伊达颠覆罗伯斯庇尔的神话予以肯定，并指出这一神话与斯大林主义的关联。

　　专家们在那儿喋喋不休，对历史问题公说公有理、婆说婆有理，可中小学生们还得做作业和通过高中毕业考试。他们不能像父母一代人那样靠死记硬背过关，因为历史课已经从课程表上消失了。经过一系列脱胎换骨的"现代化"改革，历史课被并入人文科学，不再单独立项。法国孩子们不用再对自己国家的历史有系统的了解。他们的学习以主题为核心，比如城市社会的特点啊、不同农民群体之间的比较啊、生态系统，等等。结果，他们长于叙述技巧，却短于基本知识，以至弄不清罗伯斯庇

───────────────

① 参阅 François Furet, *Penser la Révolution française*（Paris, 1978）。

尔和丹东之间究竟有什么不同。

　　所以,政客们在讨论《丹东》一片时遇到一个两难之境。一方面他们要借助传统历史对史实的注重来衡量影片的描写是否真实可信,而另一方面,这种传统历史已经被他们摒弃,他们的子孙也从没念过。结果他们没了尺度。这可谓是咎由自取,因为是他们自己找了瓦伊达这样一个彻头彻尾的左翼英雄来弘扬法国大革命,没想到瓦伊达却否定了这场革命。这世界是怎么了? 社会党人只有摇头叹气,对瓦伊达的离经叛道感到极大失望。他们没有想到,对影片的这种反应恰恰说明,他们还没有冲出自己制造的神话的藩篱。

　　为了摆脱这种困境,法国的政客们老调重弹,又要搞教育改革了。一群史学界头面人物已经碰过头,并提出一系列课程改革的建议。密特朗总统受了米什莱的建议,要把历史放在新课程体系的核心地位上,而且是那种强调史实、帮助人们辨明忠奸是非的历史。

　　然而,实事求是不是一件简单的事情。法国人曾崇尚传统史学,并且吃了"修正"史学的亏,这可能会导致他们在教育领域抵制搞太超前的东西。但有关《丹东》一片的争议表明,事实自己不会讲话。这部影片横看成岭侧成峰,华沙巴黎各不同。其中见仁见智充分说明文本的意义是由语境决定的,有关法国大革命也还有说不完的话。这场论争看上去像是不会伤筋动骨的太极拳,但你来我往之中自有真义在。罗伯斯庇尔和丹东的灵魂仍是欧洲左派的梦魇。从 1984 年这部影片开始发行放映,到 1989 法国大革命 200 周年,这期间的一系列唇枪舌剑值得我们深思。

第四章　电视：一封给电视制片人的公开信①

亲爱的先生：

我承认我是常春藤大学里的教授，但我并不觉得自己傲慢。您让我审阅讲述拿破仑和约瑟芬故事的电视剧本，我欣然接受了。我认为看看好莱坞怎样表现我研究的这段历史会很有意思。再说我的研究也包括大众文化史，而您给了我一个参与塑造大众文化并将其播放给上百万美国人的机会。所以听到您的电话，我就像听见了号角，立刻放下手中写了一半的专著，觉得这是个好机会，我要用自己的专业知识帮助大众对历史有更好的理解。再说，教授也和别人一样贪财，我也想通过给好莱坞做事赚点外快。

因为您提醒过我这是一部写历史的戏，我没指望所有对话都有史可查，也尽量避免吹毛求疵。尽管我把期待值已经降到最低，但在剧本的第一页上我还是读到了下面的段落：

> **特写**：落地的人头，微微张开的嘴巴显露出惊愕，切削得齐刷刷的血管和筋骨上面滴着血，眼皮还不时抽动一下。幕后传来暴民们越来越高的叫喊声。

---

① 这是一封写给电视广播公司的审阅意见书。当时他们让我看一部剧本，电视台要根据这个剧本拍一部在全国播放的历史剧。但是这里发表的不是我当初写的审阅意见书的原文，因为当初并没有打算日后发表，现在也决定不提是哪家公司、哪些雇员或具体制片人的名字了。

我不否认，法国大革命期间充满了腥风血雨，也确实有人命丧断头

54　台。但被处死的人都是反革命分子，被捕时人赃俱在。并且当时新的共
和国面对欧洲封建联盟的绞杀，危在旦夕。但你的剧作者却故意把银幕
形象搞得如此血腥，也不知道他读过历史没有，反正他编造的很多细节
都没有历史依据。

比如，拿破仑指挥第一次意大利战役期间，在约瑟芬来看望他的路
上，所乘的马车在加尔达湖遇上奥地利人的枪林弹雨，但她却奇迹般地
毫毛未损。要说剧作家想渲染这种扣人心弦的事也属正常，但他却胡编
乱造。他不写奥地利人的枪弹打死了约瑟芬的一匹马和一名卫兵，却编
出了奥地利士兵"劫辇"的情节。

一个奥地利人猛地拉开车门，让约瑟芬吓得呆若木鸡。他
看是个女人坐在里面有些意外，便停了下来。这时，约瑟芬的
卫兵马尔尚从后面用刺刀抹了这个士兵的脖子。士兵身体转
动，扭曲，扑倒在车里，血从他的脖颈里喷射到约瑟芬的衣
服上。

剧作者好像以为再现真实的历史会让观众打瞌睡，所以要吊吊观众
的胃口，于是就把约瑟芬从马车里抛到尸横遍野的战场上，让她在夜幕
里依偎在马尔尚的身边。马尔尚只是个虚构人物，历史上本来就有朱诺
将军兵不血刃、飞骑救美的故事，但剧作者觉得不够刺激。现在的剧本
里写约瑟芬和马尔尚听到一些歹徒在搜刮死者财物，发现还活着的伤兵
就将其打死取乐。有一大段镜头表现一个歹徒砸碎一个死人的头，另一
个歹徒把刺刀捅进一个无助的伤兵身体。约瑟芬差点儿要叫出来，但她
匍匐在地上。

约瑟芬的视角： 镜头定位在尸体上。一个腐烂的尸体。

她的手触到一张残缺不全的脸。

像这样的描写和表现，成人们固然不会打瞌睡，小孩子们也肯定看得目不转睛，但教室里的历史可不是这样的。

我不是说这个剧本除了暴力就没别的了，它还有很多性描写。这个我本来也想到了。因为约瑟芬成为拿破仑的情妇那段时间，正是人们对革命初期清教道德感到逆反的时候。上流社会的女性们确实打扮得花枝招展，逢场作戏、找情郎、钓金龟婿不一而足；下层妇女则被物价上涨和食物短缺弄得焦头烂额。但剧本除了在开头部分写到她们围观断头台并发出阵阵性高潮般的叫喊以外，根本不涉及下层妇女的生活细节。我对您的剧作者简直佩服得五体投地。他能编出各种情节让约瑟芬赤身裸体，并让我们看到她云雨之后娇弱无力的样子。（剧作者每每在写到跟性爱有关的地方，格外喜欢用法语，也都拼写正确。但跟性无关的法语词汇他则常常写错。当然电视节目犯不上在这些地方费心思。）

你的剧作者可能一写到床上戏就不知道该让人物说什么，所以他把最露骨的性爱场面给安排到次要角色身上。比如写到波拿巴的爱情戏，他的对话就只有：

我爱你，我爱你，我爱你。你爱我吗？

词不逮意的地方剧作者便用形象来暗示，哪怕是"犹抱琵琶半遮面"的一星半点。比如下面这个镜头：

女仆衣不蔽体，站在门廊里。

剧本最精彩的地方莫过于拿破仑16岁妹妹波利娜的那段戏。意大利战役期间,她喜欢上一个拿破仑手下的军官,名叫夏勒-维克多·勒克莱尔。剧本是这样写的:

56　　　　……她几乎是当众强奸他。她的手一面解开他的军服扣子,一面上下抚摸他的剑鞘,用牙轻咬他的耳垂时,眼里露出难耐的色欲。

接下来,她把他拖到一个屏风后面。这是米兰的一个豪华饭店,里面熙熙攘攘坐满了食客。也不知为什么,饭店里会有一个屏风给他们提供方便。总之,两个人在后面颠鸾倒凤,忘乎所以,结果不小心将屏风碰倒,来了个大曝光:

波利娜和勒克莱尔的特写: 他们衣衫凌乱,波利娜的乳房露在外面,勒克莱尔的裤子褪到膝盖部位,两人可谓春光尽泄,狼狈不堪。

看来今后写历史的人得跟春宫文学写手们学着点,没准这么一来家庭生活会变得更有声有色,孩子们也会对历史感兴趣了。管它细节真实不真实!尽管历史上的罗伯斯庇尔是个小个子,但为了同矮胖的拿破仑形成视觉上的对照,我就要挑个高个子演员!至于拿破仑,我就要他拿出白兰地广告上的造型来!历史上的拿破仑是个营长,但我就让他当连长!历史上的拿破仑锒铛入狱是罗伯斯庇尔倒台以后的事,他拒不受命,不去指挥旺代省平叛战役更是以后的事,但我在戏里就偏要让罗伯斯庇尔以抗命之罪逮捕他!历史上的罗伯斯庇尔不过是公安委员会的12个成员之一,公安委员会也只负责处理与战事和政治有关的事务,断头台上的事基本上是由治安委员会和革命法庭决定的，但在戏里我就要把罗伯斯庇尔写成一个希特勒，让所有的邪恶与滥杀无辜都出自其手！

过去40年里，新潮历史学家们都觉得以事件为基础的历史太肤浅。但没有了史实的根基，你如何抵制电视上对历史漫无边际的戏说呢？不管怎么说，拿破仑也是出身世家啊！而剧本把他描写成一个肮脏邋遢、满嘴脏话的农民，这实在让我坐立不安。为了给观众一点儿拿破仑家庭生活的细节，剧本写了一段路易·波拿巴在家里做家务的细节。镜头表现他往口袋里装萝卜；他的弟弟杰罗密满院子里追着一只公鸡；而他们的母亲、名满天下的梅尔夫人手疾眼快，一把抓住这只鸡，并将它的脖子扭断，嘴里还喊着：

　　虎儿无犬母，看大将军波拿巴的老妈如何手到命除！

这个场景很生动没错，不过历史上根本没这回事！此外，拿破仑跟罗伯斯庇尔的冲突对立，他同塔列朗的狭路相逢，以及塔列朗跟司汤达夫人的恩恩怨怨，这些皆属子虚乌有。但是在这个剧本的作者看来，这些事历史上有没有发生根本无所谓，反正这是戏说的历史。

可不知为什么，这些无中生有的胡编乱造令我感到很忧虑。我内心深处好像有个声音在呐喊，法国大革命应该得到如实的表现，美国公众不该受到这种愚弄，他们的电视节目应该对拿破仑时代有更准确的描写，历史不该被戏说这一套所糟蹋。这个内心深处的声音来源于我的职业良心，来源于前电视文化时代的教育，也来源于列奥波德·冯·兰克的谆谆教诲。

一旦放弃实事求是，历史写作就成了无本之木，就会像您让我看的这个电视剧剧本那样离谱。您的作者对革命政治的处理就是一个很好的例子。他不去写派系斗争、宫闱阴谋，因为他觉得这些对观众来说太

复杂,只能用作故事背景。这个我能理解。他写的是爱情故事,而不是
课堂演讲。但为什么不可以把背景写得准确些呢? 剧本引用了拿破仑
那句名言——"不费吹灰之力"。这句话是他在 1795 年 10 月 5 日指挥
若定、神炮救局之后说过的。作者唯恐观众没听到,后来又重复了一遍,
这也就罢了。因为这句话本来也不过是维多利亚时代托马斯·卡莱尔
弄出来的英语翻译。但是剧作者把波拿巴炮轰的目标写成是罗伯斯庇
尔阵营的人,这就张冠李戴了。这么一来,剧作者不费吹灰之力就把历
史给歪曲了。事实上,波拿巴炮轰的是保皇党那帮人,他们是罗伯斯庇
尔的死敌。波拿巴是站在左翼而不是右翼立场上捍卫雅各宾政权的。
当时革命刚刚经过"热月政变",已经进入督政府的共和时期。但剧本
却把这个过程写成是罗伯斯庇尔被推翻之后马上就是执政府,这完全是
胡编乱造。剧本里写巴拉斯狞笑着把手枪对准大势已去的罗伯斯庇尔,
接下来是开监放人。如此一来,巴拉斯被描写成执政府中的强人,完全
忽视了在这之前发生过的热月政变。好像一旦罗伯斯庇尔上了断头台,
雅各宾主义也就随之寿终正寝了,而上流社会又可以声色犬马,肉林
酒池。

　　如果我说法国大革命是一场触及全民族的暴风骤雨,但愿没有人觉
得我是在哗众取宠。在这场政治风暴中普通百姓揭竿而起,横扫剥削成
性的贵族、推翻集权专制的王室,打倒僵顽不化的教堂。这是穷人和富
人、农民和地主、佃户和望族之间的一场较量。其间各种矛盾盘根错节,
犬牙交错,分歧重重,悖论无数。但是在人权、自由、平等和博爱这些共
同的目标下,革命者们团结一致,不屈不挠。在我看来,他们的斗争和业
绩事有事在、可歌可泣,应该永载史册,使其流芳百世。

　　可是你的作者却避重就轻。他根本不管谁左谁右、谁革命、谁反革
命,忘记了对当时的人来说这些都是生死攸关的问题。作者把复杂的历
史现实变成模糊的故事背景,法国大革命被简化成一堆音像元素,变成

一系列俯拍的镜头角度和群众叫喊的画外音。作者对革命的这种理解大概是通过读狄更斯的《双城记》得来的，并且以为可以用通俗电视剧的套路，加以演绎。这样做的结果只能是肥皂剧革命除了性与暴力之外实在是空洞无物。

虽然我尽量不吹毛求疵，看来还是免不了带有学究气。作为一个历史学家，我同意历史写作需要想象和创意，过去的定案完全可以重写或翻案。但这绝不意味着任意胡来，想怎么写就怎么写。不能因为有"话语"一说就玩世不恭，无视史实，放弃艰苦细致的史料工作。一旦把"话语"理论应用到历史写作上，不但写不好，反倒会写得更烂。对于拥有巨大电视观众的国家来说，最烂的历史写作莫过于那些用历史作题材的电视剧。

你忠实的罗伯特·达恩顿

第五章　新闻业：适合刊载皆新闻①

研究思想史的人少不了从社会科学的研究中寻找灵感或启发。就

---

① 本文最初发表在 *Daedalus*（Spring 1975：175－194）。我在这里要特别感谢 Robert Merton。1973—1974 年，我们俩都在斯坦福大学的行为科学研究中心做研究员。那段时间我们之间的谈话内容对这篇文章很有帮助。我还要谢谢我的弟弟，我离开《纽约时报》之后，他去了那里工作，并升到了市府新闻编辑的位置上。他认真阅读了本文并提出了建设性的意见。当然，他对本文的内容不负任何责任。

因为这篇文章不是作为正式的社会学研究写的，我没有附上参考书目。事实上，我写这篇文章时，还没来得及读那些研究新闻的社会学著作。等我后来读这些书时才发现，我想反思的很多问题已经有人把它们说得很透彻。大部分研究新闻的学术性著作都集中在一个问题上，即，以客观公正为己任的记者们怎样对待报纸的政治倾向性。这类研究的例子，可以参考以下书目：

Warren Breed,"Social Control in the Newsroom：A Functional Analysis," *Social Forces* 33（May 1955）：326－335.

Walter Gieber,"Two Communicators of the News：A Study of the Roles of Sources and Reporters," *Social Forces* 39（October 1960）：76－83；and "News Is What Newspapermen Make It," in *People, Society, and Mass Communication*, edited by L. A. Dexter and D.M.White（New York,1964）,173－180.

R. W. Stark,"Policy and the Pros：An Organizational Analysis of a Metropolitan Newspaper," *Berkeley Journal of Sociology* 7（1962）：11－31.

D.R.Bowers,"A Report on Activity by Publishers in Directing Newsroom Decisions," *Journalism Quarterly* 44（Spring 1967）：43－52.

R.C. Flegel and S.H. Chaffee,"Influence of Editors,Readers,and Personal Opinions on Reporters," *Journalism Quarterly* 48（Winter 1971）：645－651.

Gaye Tuchman,"Objectivity as Strategic Ritual：An Examination of Newsmen's Notions of Objectivity," *American Journal of Sociology* 77（January 1972）：660－679；and "Making News by Doing Work：Routinizing the Unexpected," *American Journal of* （转下页）

拿我自己来说吧，每当我研究法国大革命的思想起源感到焦头烂额时，就去看看社会学、人类学或政治学方面的书籍，希望从中受到些启示，找到通向过去的钥匙。但希望归希望，实际上社会科学那一套从来没有帮我解决过具体问题。

（接上页）*Sociology* 79（July 1973）：110 - 131.

Lee Sigelman，"Reporting the News：An Organizational Analysis，"*American Journal of Sociology* 79（July 1973）：132 - 149.

　　研究新闻与政治的关系虽然重要，但除了个别记者以外，政治偏见并不直接反映在新闻写作当中。但是大部分报道却都触及社会和文化的某些方面，我还没有看到有人对这方面加以研究。在我看来，今后的新闻学研究可以继续沿着 Helen MacGill Hughes 早年在 *News and the Human Interest Story*（Chicago：1940）开辟的方向进行。她的研究有历史感，视野开阔。我这篇文章发表之后，Michael Schudson 出版了 *Discovering the News: A Social History of American Newspapers*（Basic Books，1981），算是填补了这方面研究的一个空白。

　　对新闻写作的社会学研究可以借鉴对其他领域所做的社会学研究。记者出身的社会学家 Robert E.Park 和他的真传弟子 Everett C.Hughes 都是"芝加哥学派"的领军人物。我发现，受到这两个人影响的那些新闻社会学研究对于分析我自己的经验特别有帮助。尤其是 Everett C.Hughes 写的 *Men and Their Work*（Glencoe，111，1958）和 *The Sociological Bye: Selected Papers*（Chicago and New York，1971）对我格外有启发。另外，*The American Journal of Sociology* 1952 年 3 月号（57 卷第 5 期）专门从社会学角度讨论职场的那些文章，Robert Merton、George Reader 和 Patricia Kendall 三人合编的 *The Student-Physician: Introductory Studies in the Sociology of Medical Education*（Cambridge，Mass，1957），还有 John Van Maanen，"Observations on the Making of Policemen"（*Human Organization* 32，Winter 1973，407 - 419）都是这方面的好例子。

　　其他还有一些讨论大众文化的文章著述，也对我多有启示。这包括 Robert Mandrou，*De la culture populaire aux 17ᵉ et 18ᵉ siècles*（Paris，1964）；J. P. Seguin，*Nouvelles àsensation: Canards du XIXe siècle*（Paris，1959）；Marc Soriano，*Les Contes de Perrault，culture savante et tradition populaire*（Paris，1968）；E.P. Thompson，*The Making of the English Working Class*，2nd ed.（New York：1966）；还有 Richard D. Altick，*The English Common Reader: A Social History of the Mass Reading Public*（Chicago，1957）。研究童谣和民间故事的文章和著述有 Iona and Peter Opie，*The Oxford Dictionary of Nursery Rhymes*（Oxford，1966）和 Paul Delarue，*The Borzoi Book of French Folk Tales*（New York，1956）。后者还附有原始版本的儿童故事。我特别要推荐"Where are You Going My Pretty Maid？"和"Little Red Riding Hood"这两个故事。

　　当然啦,这得怪我自己愚钝。但有时,我怀疑搞社会科学的人是生活在另外一个世界里面。在这个世界里,一切都中规中矩,合辙合谱,没有走板离谱的事。但是这个世界不但跟千奇百怪的过去相去甚远,也跟五花八门的现实风马牛不相及。对于这一点,我读了伊蒂埃尔·德·苏拉·玻尔和欧文·舒尔曼合写的那篇论文之后,更加坚信不疑。当时,我想找些有关传播学理论的东西来读,因为传播学如今异军突起,已成为社会科学领域里最引人注目的一个学科。我读的那篇文章的题目是"记者的奇思异想、他的读者及新闻写作",发表在《公众舆论季刊》上。这篇文章引起我对自己早年当记者的经验作了一些反思,我现在把它们写出来,希望这些反思有助于大家从社会学的角度理解媒体。

　　玻尔和舒尔曼的文章要探讨的是新闻写作过程中的"沟通"问题。他们做了一个实验,把一群学新闻的学生分成四组,给每一组学生一些事实材料,这些事实材料都是从旧报纸上整理出来的,有好事也有坏事。然后,每个学生把这些事实材料编写成故事,并列出他想象中的读者都是些什么样的人。这些想象的读者是学生们写作时心目中的阅读对象。接下来,主持实验的人对学生们进行个别问询,再根据这些问询把学生们想象中的读者分成两组:一组是学生们觉得不大会相信他们的读者,叫怀疑型读者;一组是学生们觉得会相信他们的读者,叫认同型读者。最后,实验者们核对学生们所写的新闻故事的准确性。结果不出所料,故事的准确性和学生心目中想象的读者有一个对应关系。如果作者心目中想象的是认同型读者,那他写好事就写的丁是丁、卯是卯,而写坏事则写得马马虎虎。反过来,如果作者心目中的读者是怀疑型的话,那他写坏事就会一丝不苟,而写好事则囫囵吞枣。

　　玻尔和舒尔曼发明了一套方法,可以测量出新闻写作中可能会导致歪曲事实的那些因素。在事实材料变成新闻故事的过程中,他们发现了一些具有数学般精确的规律。他们的研究同当年传播学中讨论得很热烈的问题休戚相关，诸如回馈、噪声和变量等。如今，新生代已经摒弃了曾经颇为流行的旧范式。那时，大家头脑简单，对传播过程的理解是单向的，只想到如何把"信息"传送到收受的一方。现在我们关注的不再是单义的信息，而是多义的形象了。

这个实验的逻辑好像是无懈可击的。但是，回想我在《纽约时报》工作的经验，当时我心目中唯一的读者形象就是12岁左右的女孩。记者们认定，报社编辑期待他们把故事按12岁女孩的标准来写。有人以为这个女孩真的在《纽约时报》的时装大全里出现过，其实她只是我们心目中的一个想象。我曾问我自己：为什么是12岁？为什么非得是女孩？她对纽约市南区贫民住宅的改造计划会有何看法？当然我知道她只是报社记者们的一个虚拟，作用是提醒自己要把文章写得尽量简洁明了。

记者写东西从来不考虑社会科学研究中假想的读者。我们写出来的东西只有记者之间彼此看。传播学理论把我们报社的同仁视为写作中的参考系，而我们自己则视彼此为职场中的竞争对手。别人对我们的报道不会比我们的同行读得更起劲，因为干新闻的人需要博闻，他写的东西每天都面对同行们横挑鼻子竖挑眼的审视。要想让同行瞧得起，就得拿出真本事来。

报社的内部组织结构

报社里的等级制度在建筑布局上就能体现出来。大编辑们从中心办公室发号施令，负责国际、国内和本市新闻的小编辑们各有一摊，他们的办公室都是在角落里，使用的书桌、文件柜等也和大编辑的不一样。接下来是一排一排的记者办公桌，分成四个部分，同小编辑之间用矮墙隔开。报社的记者区最醒目的是大牌记者的办公区，像霍莫·比加特、彼得·基斯、麦坎迪斯·菲利浦斯都有几排助手席。助手的办公桌与大牌记者相邻，座位比较靠前，为的是发稿期临近时可以随叫随到。接下来是一帮中年资深记者，他们已建立了自己的声誉，什么样的新闻都能写得得心应手。最后，年轻记者的办公区总是安排在最不起眼的地方，越年轻位置就越不起眼。有时，一个记者的责任范围也会决定他/她的桌子摆在哪儿。负责体育、船运、"文化"和"社会"新闻的记者有自己的角落，负责校对的办公桌总是摆在容易看到的地方。对明眼人来说，这种布局体现出来的身份等级制度跟报纸的标题排版一样醒目。①

　　负责本市新闻的编辑坐在自己的办公室里就可以把本部门的人一览无余，只有他能通观全体，明察秋毫。至于一般雇员只能看到自己的一隅。所以他要想知道自己干得怎么样，就得看老板给他派什么活，因为这对干记者的来说是最为关键的。如果一个记者连续几个星期都给派了美差，那他的办公桌一定会很快就搬到离老板近一点的地方。相反，要是一个记者老是不出成绩，那他就不会挪窝儿。没准儿还会给派到布鲁克林区。要么就是去写社会新闻，或者负责谁都不愿去的西区站。西区站以前是一个专门写警务报道的，现在划归新泽西州管辖了。记者们就像看地图一样，能从报社的布局上看出来谁干得好，谁干得差，并从中捉摸出自己在报社的位置和前景。

　　一旦捉摸出这套身份等级制度的含义，你就得赶快学会怎么写出好的新闻稿来。可你怎么才能知道自己写的东西够水平呢？我刚去《纽约时报》工作时写了一篇新闻人物特写，颇受"本市新闻"栏目助理编辑的好评，第二天就被派了个到外地采访的抢手美差。这是一个小城市，市

---

① 自从我 1964 年离开《纽约时报》以后，报社里的布局和人员配置情况已经发生了完全的变化。当然，我这里的描述也不适用别的报社，因为他们都有他们自己的组织特色和机构文化。

警察局里有一半的警官因偷用缴获的赃物而被法办。我找到一个肯接受采访的警察，这篇报道也上了报纸第二版的头条，引起很多关注。第三天我去康奈尔大学报道校庆。虽然能坐上校长的私人飞机回纽约让我有些自鸣得意，但编辑对我的报道却不十分满意。我交上去的稿子有750个字，发出来时只有500字。后来我又被派到西点，去报道一个跟城市规划有关的盛会。来开会的人为了想让自己的名字见报，纷纷巴结我，让我感觉很好，但我绞尽脑汁也想不出这为时两天的会议有什么可写的。我勉强掉出一个500字的稿子，结果没被采用。接下来的那个星期我就没活干了，只能去写讣告文。

所以，拿到什么样的采访任务，写出的文章是否受到编辑删减，怎么才能给报道的人物或事件找到合适的角度，这些经验都作为甜头或苦头反馈回来，影响作者如何写作。跟许多别的报纸不一样，在《纽约时报》当记者发豆腐块儿文章很容易，所以记者们往往为自己的稿子能通过编审，不加改动地就在头版头条发出来而感到得意。而驻外记者每天都会收到一份内部通报，上面显示他们写的报道哪些被其他报刊头版头条转载了，哪些留作内部参考了。这种信息暗示记者们在选取新闻事件时，应该如何选材，怎样取舍。别人的夸奖也起着导向作用。如果那些地位重要的编辑（比如像值夜班的市内新闻编辑）、大牌记者和自己领域里的同行能夸你几句，那导向的效果就更突出。负责市区新闻的编辑和报社的执行编辑有时会用拍拍你的肩膀、一张恭贺的纸条或邀你共进午餐这种方式表示对你工作的赞许。出版人每个月都给写出好报道的记者颁发奖金。这些事日积月累，就会导致一个记者在报社地位的变化。初出茅庐的记者可能最终会变成资深记者，要么就是调去报道全国新闻或世界新闻，这都是升迁的好路子。在报社混了多年的记者当中也包括一些日暮途穷的人：有的曾是驻外记者现在被召回赋闲，有的雄心勃勃要当编辑没当成而牢骚满腹。我常听人说，写报道是年轻人的事，40岁左右是事业如日中天的阶段，一旦过了这个阶段人就会变得老气横秋，觉得什么新闻都不过是那么回事。

65　　　当记者的写文章时少不了想要讨好编辑，因为编辑们在报社决定奖罚。但至于怎样才能写出最能讨好编辑的报道，却没有一定之规。报社里主事的人每天都是通过内部的有线广播派活。比如说，他可能在广播里说："请负责市内新闻的琼斯到我办公室来。"琼斯来了以后，编辑可能会跟他说："布鲁克林区的凯湾纳俱乐部有个午餐会，届时会宣布今年的募捐计划和本年度优秀人物奖的得主。给他们几个豆腐块吧，咱们最近有一段时间没报道过布鲁克林区的事了。再说，募捐是那儿的一件大事。"为了让琼斯充分重视并努力写好这个报道，编辑可能会强调这个任务的重要性，同时，他还会暗示这篇报道的题眼是什么。琼斯乘地铁去布鲁克林区时，可能连开篇该用什么样的句子都想好了——"凯湾纳俱乐部在昨天的午餐会上宣布，今年的募捐活动募集了多少多少钱，破历史新高"。但琼斯到了布鲁克林区，采访了这个俱乐部的负责人，跟大家一起吃午餐，听那些没完没了的发言，结果发现实际募捐募来的款数只有区区 30 万块，而获得本年度优秀人物奖提名的人是一个富有公益心的花店老板。他回到报社，值夜班的编辑会问他："这故事的卖点在哪儿啊？"他知道凭这么一个平淡无奇的故事是没法跟值夜班编辑夸大其词的，但他又不想让编辑觉得他这一个白天没干成什么事。于是他就实话实说，讲出募捐一事乏善可陈，但提到花店老板是个有意思的人物。如此一来，值班编辑就会说："那你就写花店老板吧，别超过 200 个字。"这样，琼斯回到自己的桌子前开始撰故事："昨天，布鲁克林区凯湾纳俱乐部给这个区的树神安东尼·伊佐颁发了本年度优秀人物奖，表扬他为美化市

66　　　容所做的贡献。俱乐部同时宣布，今年的慈善募捐募到 30 万，略少于去年。俱乐部主席迈克尔·考利斯觉得这跟本区居高不下的失业率有关。"这样一个小小豆腐块报道最多只会登在报纸第二版的角落里，登出

来以后也不会有任何人跟琼斯提起它,更不会有布鲁克林区的读者来信,这样的经验会弄得琼斯很沮丧。而跟他邻桌的同事史密斯那篇讲垃圾回收的文章写得有声有色,给登在第二版的显赫位置上了。琼斯可以自我安慰,盼着下次会有个好题目。再说,那篇讲花店老板的报道里用了个蔚然成风的暗喻,巧妙地点了题,说不定负责市内新闻的编辑已经注意到了。史密斯肯定也在那儿击节赞叹呢。但琼斯也知道这么个报道肯定没有给负责派活的编辑和值夜班的编辑留下太好印象,前者在什么是题眼的问题上跟琼斯思路不一致,后者根本就没把这篇报道当回事。其他编辑们肯定也都觉得这篇报道不过是个应景之作。

如果是一个重要的采访或者是一篇篇幅较长的文章,编辑会走到琼斯的办公桌前,在众目睽睽之下同他悄声谋划怎么写这个报道。琼斯找到一些知情人,但写出的稿子跟编辑的思路完全不一样。因为所有送到报社校对那里的稿子也会同时送一份到编辑那里,编辑看了初稿以后很不愉快,用有线广播将琼斯召到办公室。然后,琼斯又在众目睽睽之下,深一脚浅一脚地从编辑的办公室回到自己的办公桌,重写这篇稿子。他最终写出的稿子是在编辑要他写的和自己想写的两者之间的一个折中。当然,琼斯明白,如果他第一次就写得让编辑满意的话,就会给编辑留下更好的印象。他可不喜欢在自己的办公桌和编辑办公室之间走钢丝。那些嫉妒他的同行们都巴不得他会栽跟头。

跟别人一样,面对来自同事们的压力,记者们的承受能力因人而异。但是没人会喜欢被编辑找去训话的那种感觉,特别是那些有些资历的记者尤其反感这种事。他们都学精了,一旦看到编辑像是要找人的样子便假装去喝水,要么就藏到厕所里。琼斯一听到有线喇叭里的广播说“琼斯,到市府新闻部来!”心里就能感觉到同事们在想什么。“但愿他弄个破差事,要么就让他把好差事给搞砸了。”这些恶毒的愿望能否如愿,第二天的报纸版面自有答案。当编辑的有时为了让手下的人干得更卖力气,会采取二桃杀三士的手段,鼓励竞争,恩威并施。编辑会对琼斯说:"看见史密斯怎么写那篇有关垃圾的报道没有?我们需要去芝加哥办事处补缺的人就得这么写。你得加油啊!"两天以后,琼斯就在业绩上把史密斯给超了。对于记者来说,拿到什么样的采访任务和发表多少稿子,这个过程中既有看得见摸得着的因果关系,也有琢磨不定的偶然因素,这意味着除了极少数的明星记者,报社里谁也不敢高枕无忧。

　　长年累月的不安全感滋生不满情绪。尽管大家都争着讨编辑的好,记者们普遍对编辑怀有敌意,有时也会用同仁之间的团结一致来对抗编辑们的二桃杀三士。记者们常用恶作剧和玩笑来表达记者和编辑之间的隔膜。(我记得有一次去厕所,看到一个记者表演编辑们小便的样子,拿他们开涮,其他在场的记者都开怀大笑。)很多记者都会对编辑们极尽冷嘲热讽之能事,特别是那些心怀不满的老记者们就会如此。因为编辑们从前也都是干记者出身,他们卖身投靠管理阶层,日渐远离最为基层记者所珍惜的现实。这种弥漫于记者当中的反管理层的情绪弄得没人敢公开巴结编辑,以致有些记者们觉得他们写东西是给自己看或给同行们看,而不是给编辑们看的。

　　有一件事记者们最齐心。那就是,他们都特别反感为了讨好编辑而把报道加以削足适履的处理。编辑们往往把自己看成是出点子的人,他们决定把记者派到哪里去,指望记者们顺藤摸瓜,然后带着写好的东西回来。而记者们觉得编辑们既玩弄现实又玩弄记者。在记者们看来,当编辑的最在乎的莫过于自己仕途上的飞黄腾达,他们会弄出些花里胡哨的点子,让手下的记者去抬轿子吹喇叭。编辑君临记者之上,就如同出版商君临编辑之上一样,都会导致新闻写作中的偏颇,这已经被许多研究过报业的学者所强调。但是记者们对逢迎文章的深恶痛绝起着一个平衡作用。比如,有一次《纽约时报》城市部的一个助理编辑要他的记者写一篇有关环境污染的报道。起因是有一天他儿子边走边吃冰淇淋,但走了几条街以后冰淇淋就脏得不能吃了，只好丢到垃圾桶里。记者按照这个创意依样画葫芦，还添油加醋地编了一段，说这个小孩子把脏了的冰淇淋往垃圾桶里一扔，却没扔准，掉在了外面，可他还是大摇大摆地走了。编辑没把这最后一句删掉，还对这篇报道很得意。这样的报道可能会提高这个编辑在报社的地位，但写这篇报道的记者在同事们心目中的地位却会一落千丈，成为别的记者的前车之鉴。

　　记者们的写作标准使他们和文字编辑合不来。文字编辑是报业里的另类，他们默默无闻，认真敬业，可能比大部分记者都更古怪，但也更学识渊博。他们的职责是把住语言文字这一关，按《纽约时报》的写作规则对号入座，照章办事。他们当中也有从文字编辑到总编辑的等级之分。总编辑决定谁干什么，谁负责定稿。定稿的人做过最后润色之后，稿子才会送到助理编辑那里。我在《纽约时报》工作那会儿，当助理编辑的是斯奥多·伯恩斯坦。文字编辑们显然把自己视为报社里的二等公民。从他们的角度看来，他们每天替记者们改正语法错误和白字别字，但后者却对他们很不屑。有一个记者对我解释说：我们和文字编辑之间就像在斗法，他们总是要把文章中那些有声有色的句子和说法给阉割掉，而我们则总是想方设法暗度陈仓。文字编辑们显然把每一篇文章都看成是源源不断的稿子流水线中的一篇，所以需要标准化。而对记者们来说，每一篇文章都是独一无二的创作。无论是引经据典，还是高谈阔论，这些比较有个性色彩的东西让记者们觉得是自己才华的表现，但文字编辑们往往本能地要对它们施以大刀阔斧。记者在跟编辑和文字编辑较劲的过程中，文章的开头部分往往是首当其冲的牺牲品。记者们一般不十分在乎文章内容遭到删减或没有登在显著版面上，因为这些都可以归之于环境因素。但是文章的开头写得好坏与否最反映一个记者的职业素质，故他们对开头的改动也最敏感。哪怕别人只是调动一下次序也会让他们的自尊心大受伤害。记者们对文章第一行的些微改动都会受不了,但他们对后面的改动却不大在乎。写得糟糕的开篇句子会毁了一个记者的前程。我有个朋友,在一篇报道里写一个被烧伤的孩子,文章的头一句用"几近皮脆肉焦"来形容烧伤的程度,让编辑大为光火。我们都觉得,他后来十年被贬去干那些跑腿打杂的活,就是因为这么一个写得不好的开篇句子。

　　记者内部也分帮立派,这使同行之间的竞争和这种竞争所引发的不安全感多了一层屏护墙。这也会影响到他们的写作。年龄、生活方式和文化背景(比如 20 世纪 60 年代《纽约时报》的记者就分成市立学院派和哈佛派)都会决定谁跟谁拉帮,谁跟谁结伙。一块儿吃午饭,一块儿去酒吧,相互造访,这都是相互之间建立感情的方式。记者们相信自己小圈子里人的意见,该怎么写报道也倾向于听自己哥们姐们的意见。有一次,我圈里的一个记者要赶出一篇报道来,讲市政府福利政策上的变化。福利政策本来就是个云里雾里的东西,新的改变更让人摸不着头脑。我们四五个人仔细研究了手里的资料,想把这事弄明白。最后我们当中有一个人看出了门道,对大伙说:"这新政策的意思其实就是要暂停执行福利政策。"结果,"暂停执行"就成了这篇报道的开篇语,整个文章也以此为题眼。几乎每一篇文章都有个题眼,它或是来自报社同仁的建议,或是来自报社编辑。正如传播学中所讲的信息传播过程一样,题眼从发送到接收要经过许多步骤,有一个过程。如果我们把记者想象成信息发送者,那么他的信息在形成过程中先要受到自己同行的影响和工作单位环境的染色,然后才会跟读者见面。

　　一个机构本身的内部历史也会对记者的写作产生作用。尽管一个普通记者并不见得知道报社里领导之间那些错综复杂的关系,但上层的权力斗争和职位变换也会影响到他/她怎么写文章。很多报社内部都分成若干相对独立的部门,由负责本市新闻、国际新闻和国内新闻的编辑分别掌管。对上,他们听命于报纸的执行总编;对下,则各自手下有一帮助理编辑。执行总编跟其他的高层管理人员如商务经理等,在地位上平起平坐,但他们都臣服于出版人的最高权威。在《纽约时报》每个编辑都主管报纸的一个部分,所以每天的报纸版面总数里,总会有一定数量的版面给本市新闻编辑,一定数量的版面给国际新闻编辑,以此类推。当然,取决于被报道事件的重要程度,这个比例每天都会不一样。但总体上说,一个编辑能捍卫和扩大自己地盘的能力决定版面分配额。执行编辑办公室里每天下午四点钟的例会通常会决定每个编辑领地大小的变化,第二天报纸的内容也都是在这个例会上成型的。各个部门编辑每天都要在例会上汇报工作,天长日久,自然而然会有许多不言自明的东西。一个本事大的编辑会给他手下的记者们争来更多的版面,也会激励记者们挖掘题材的新闻性。

我当记者那段时间,城市部新来了一个编辑,叫罗森塔尔。在他的领导下,本市新闻经历了一场复兴运动。他来以前,《纽约时报》有关本市的新闻比较透彻和可靠,但也老套。罗森塔尔想把新闻搞得可读性强,能言人所未言,并要求手下的人手脚快些。谁能按他的要求做,谁就能拿到最好的采访任务。在报社里地位卑微的记者他也一视同仁。他的这些做法让资深记者们极为不满,因为他们按老一套写作已经习惯了,觉得分派好的采访任务应该论资排辈。他们不满罗森塔尔赶时髦、玩噱头、肤浅幼稚的做法,有人辞了职,有人见风使舵,也有人心怀不满,事不关己高高挂起。而刚出道的年轻记者们则乘机显露身手,支持罗森塔尔。罗森塔尔自己是来自布朗克斯区的一个穷孩子,从纽约市立学院毕业,靠勤劳苦干爬到《纽约时报》的上层。他的才华、干劲和激情不仅给他个人带来事业上的成功,也给《纽约时报》市府新闻部带来成绩。当然,才华、干劲和激情在传统体制里也是得到承认的,否则,他自己也不会爬得这么快。但是他当了编辑以后,抛弃论资排辈的老一套,而采取论功行赏的新原则。

他的这一标新立异的做法及其体现出来的价值观给报社带来巨大冲击和震荡,其效应远非任何社会学术语所能描述。虽然罗森塔尔打破了旧的升迁制度,但他并不去动那些资深记者。所以,明星记者仍然可以我行我素,而新来的记者也没有都站到他一边。结果,他不只弄得大家人人自危,连他自己也不觉得安全。面对众叛亲离,他大惑不解。这一切可能跟他过于在乎自己在其他编辑和高层管理人员心目中的地位有关。城市新闻部在他就任以后的头几个月,经历了一段艰难的过渡时期。大家都知道游戏规则在发生变化,但谁都不知道该怎么应对新的变化。采访任务的分配好像没个准谱,有的记者连续一个星期给派了好差事,而别人却一个一个被派去写讣告。但得到好差事的记者也可能一夜之间就失宠,被贬去写讣告文或者其他不重要的文章。所以,那段时间里,大家一听到报社里的有线广播叫人,就人心惶惶。但是,最终新的赏罚制度还是建立起来了。有提薪和提拔的诱惑,一批风华正茂、血气方刚的年轻人开始崭露头角,主宰乾坤,占据了各个部门的重要职位。如今,他们当中已经有人成为明星记者,有人进入了报社的高层管理。《纽约时报》雇用了一批新的编辑负责国际、国内、本市新闻和华盛顿市的新闻,而罗森塔尔自己则当上了总编。据说,《纽约时报》的这些变化是有人背后运动的结果。但是,报社经历了这场大刀阔斧的改革以后,确实气象一新。战后那一代老报人已经江郎才尽,新一代报人迫不及待地要改朝换代。机构内部的组织变化,包括权力重新分配、角色分工洗牌重来、游戏规则改写等,尽管我们不一定十分清楚幕后的政治运作,但这些变化都会影响到新闻写作。

二类参考系和公众

不管记者们怎样在心目中想象读者,他们一般跟大众接触很少,也几乎得不到大众的反馈。跟分门别类的杂志相比，报纸作为一种交流手段远不如杂志那样来得痛快，因为杂志的作者和读者都有共同兴趣爱好，属于同一个群体。我在学术杂志上发过文章，虽然读者人数不多，但收到的反响却远比刊发在《纽约时报》头版的文章得到的还多。论人数，《纽约时报》的读者应该不下50万，但即便是名记者，他一个星期也就是收到一两封读者来信而已。而名记者却寥若晨星。公众很少留意那些豆腐块文章，也根本不管是史密斯还是琼斯负责报道市政厅新闻。

　　按照传播学理论，不能把"大众"当成是没有个性的群体，所以，我们在这里用公共一词也不免空泛。在《纽约时报》管理层的眼里，纽约时报的读者是个五花八门的群体，包括家庭主妇、律师、教育工作者、犹太人、城市居民等，而各个组群都只看自己关心的版面，所以不存在一个抽象意义上什么都读的普通读者。由此出发，管理层鼓励记者们各有专攻，比如雇个医生专写跟医疗有关的新闻，把负责报道最高法院的记者送到法学院去进修，时不时开设些讲广告、建筑和民间音乐的专栏。研究新闻写作的社会学应该考证一下专栏的演变，以及涉及专门知识的专栏为何越办越多。报纸自己所做的市场研究也会很有用，因为这都是报纸为了扩大发行量，雇用专家出谋划策弄出来的资料。

　　报社内部注重专门化的倾向使得记者们为特定读者群写作。市政厅注意到史密斯取代了琼斯，而史密斯也希望市政厅能把他写的报道认真对待。肯尼迪当政期间，汤姆·维克负责报道跟白宫有关的新闻。他不但知道肯尼迪会认真读他写的报道，而且确切地知道总统会在什么时候和什么地方读他的报道。我听说，负责五角大楼的记者甚至知道，国防部长麦克纳马拉每天早上七点到八点这段时间，在上班路上读那些跟国防有关的报道。这些记者可以很容易就想象出，肯尼迪或麦克纳马拉读到他们文章时或眉头紧皱，或喜笑颜开的样子。国家首脑人物的反应对记者写作的影响远比泛泛的公众舆论要大。对于一个专栏记者来说，

74

在心理上，他头天下午写文章提纲时就会开始担心次日见报后的种种后果。他不能得罪他的采访对象，否则这些人以后就不会再搭理他，这样一来他的专栏要持续下去就会有问题。而写一般新闻的记者就不是那么怕得罪人，因为他们写的东西没那么专门，采访的对象也就不是那么固定。

　　我的印象是，记者们一般都很注意避免被采访对象拿捏，被弄得不能畅所欲言。据我的观察，政府里的线人跟记者打交道一般都很明显，政府发言人和负责公关的官员一般都是记者出身，他们往往摆出"咱们都是一家人"的姿态，私下谈话时也往往很坦率，表现出对官方的那一套不以为然的样子。他们靠同记者套近乎来影响一篇报道的角度和倾向性，但这种影响只限于对材料的技术处理和文章的总体印象，而不是那些实质性的东西。他们的影响最有效的时候一般是在文章成型之前那个阶段，因为在这个阶段记者们还在捉摸和寻找文章的题眼。如果一篇报道的开篇句子是"失业人数下降"而不是"通货膨胀指数上升"，那政府官员的公关工作就算大功告成了。有些官员把有新闻价值的信息囤积居奇，专门留给爱说好话的记者。但这种做法有时在效果上也会适得其反。根据我的经验，记者们很反感这种"见人下菜碟"的做法，碰上这种人他们会暂时放弃同行间的竞争，抱成团去跟人斗。所以，与其跟他们玩心眼、耍手段，还不如跟他们在多接触中建立良好关系。写特定领域的记者过了一年半载，都会莫名其妙地从他们的写作对象的角度看问题，对写作对象产生认同感和同情感。他们会觉得市长的工作很棘手，警察局长的压力很大，福利局的地方太小不利工作展开等。我在《纽约时报》工作时，伦敦记者站的站长亲英，巴黎站的站长则亲法。在报道英国进入欧洲共同体的事情上，两个人就针锋相对。《纽约时报》十分担心驻外记者的这种倾向性，怕他们驻哪儿就偏心哪儿，于是每三年就把他们来个大换班。在美国国内，负责报道犯罪与警务的资深记者也总是

75

76

同警察打得火热，警察总部的新闻发布会上总少不了他们的身影。有四个久经风雨的老记者常年泡在纽奥克警察总部，他们在那儿待的时间比大部分警察都长。警察局里有头有脸的人他们都认识。他们跟警官们一块儿喝酒、打牌，也从警察的角度看犯罪，所以从来不写警察暴力执法的事。

对于研究新闻写作的社会学家来说，记者同他们的报道对象之间有时如鱼水、有时如水火的关系值得认真分析。给记者提供报道材料的人是"公众"的一个重要组成部分。新闻报道处在一个闭路系统里面，被报道的人和读报的人是同一帮人。有时候，报道的写作在笔法上甚至要用曲笔。一个明眼人读完詹姆斯·雷斯顿写的有关中东问题的报道，立刻就知道这是总统在接受采访时透漏了信息，因为他的文章中有一句"高层人士表示关注"的话。据说，从前《曼彻斯特卫士报》的军事记者写出来的文章，只有国防部长和他的助理们能读得懂字里行间的意思，一般读者仅得其皮毛。记者跟被报道的对象认同，觉得自己属于他们的圈子，这导致对报道对象的同情和相互之间的依赖，所以记者们比较保守。人们常说，新闻工作者往往偏心自由派和民主党。作为选民，记者们可能确实偏左；但作为记者，在我看来他们一般都对意识形态抱有敌意，不喜欢作对行为，不相信大道理，也比较会看到事情错综复杂的一面。所以，他们对很多事情虽然不见得会支持和肯定，但却会采取理解的态度。他们对牧师和教授很不屑，觉得他们成事不足，败事有余，冥顽不化，脱离实际。所以，我是不大同意很多人的看法，说他们偏向自由派和左派。如果社会心理学能证明记者们确实倾向左翼，我会虚心认输。这并不等于说，报纸存心要做补天派。然而，所谓"皮之不存，毛将焉附""覆巢之下，安得完卵"，报业同政府有共同视角实属在所难免。

对于一个记者来说，他的读者除了上面这些人以外，还包括其他报纸的记者。这些同行的反应也有着特殊的参考作用。他知道，同行之间会因为争强好胜的心理把别的记者写的东西读得很认真。当然,负责写同一领域新闻的记者之间较劲儿最厉害。刚出道的记者虽然不断被编辑催着交稿,自己也急于出人头地,但他很快就会明白,这个行当里最要不得的就是用别人现成的东西。这样做的结果是今后再也没人搭理你了。在外面跑新闻的人少不了跟其他报纸的记者打交道,所有的报纸和新闻服务机构之间都既有相互竞争,也有资源共享。在这种情况下,吃独食是很犯忌的事。有些记者故意把某些独家新闻泄露给自家报纸的同事,让别人去写,而不是自己去写,怕的就是影响跟其他报纸同行之间的关系。有些时候,大家让一个人去跑腿儿、搞调研,其他人打牌。等这个人把资料弄回来了,念给全体听,然后每个人再去自己撺故事,要么就用电话把资料讲给自己报社里的人,再让专门写手去写。如果碰上部门领导严格要求的话,那当记者的就还得再打几轮电话,弄些可以引用的原话,或搞出些"色彩"和"角度"。但他万万不能自己主动去做这些额外工作。一旦有一个人要与众不同,出人头地,他会弄得大家都过得不舒服,更不要说还会把牌局给搅了。而打牌对当记者的来说是一件很要紧的事。曼哈顿警察局后面的老房子曾经是记者站,现在已经给拆了。当初那里的赌注经常是 50 块钱一注,参与赌博的人既有警察也有小偷。每当警察玩到山穷水尽的关键时刻,就会有人从市府新闻那边打电话来找他。记者一般宁可把写报道的事搁在一边,也不愿搅了牌局。由于他们彼此之间沆瀣一气,偷懒怠工,不知读者们少看了多少新闻。但遇有特殊事件发生,编辑部会特别强调报道的独特性、新颖性。做记者的如果文章写得不符合要求就会丢了饭碗。在这种情况下,为了保护自己,记者们会相互之间分享线索和细节。通常是,新闻发布会以后他们汇聚在一起,交头接耳,叽叽喳喳,目的是琢磨别人准备怎么写,好决定自己怎样才能不雷同。"你怎么看今天的新闻发布会啊?""我是一头雾水啊!""没什么新东西吧?""我没听出来!反腐化的话他以前也说过。""也许他的主题是文明执法吧？""对！你说着了，文明执法！"

由于报业的关停并转，它们之间的竞争已经不像以前那么激烈了。在那些只有一份报纸的城市里，记者们只需抢在电讯服务和电视报道之前出稿就行了；而电讯和电视的新闻报道在风格上同报纸很不一样，所以对报纸不构成实际意义上的竞争。但如果你负责报道某些重要领域的话，别的城市分管这一领域的记者肯定会看你写的东西。而他们怎么评价你写的东西会决定你在报社里的地位。对很多记者来说，能让同行们佩服比什么都值，更何况名声意味着更多的聘书。报社里负责雇人的通常是那些懂得尊重别人的记者，而一个记者在报社里的升迁也取决于他自己的工作单位怎么看他。《纽约时报》有终身聘任制，一旦有了业绩就可以被终身留用。但很多在市府新闻部干了一辈子的人都没有机会再得到提拔。所以，文章写得地道是干新闻这一行的重要考量。一个记者可以凭着文笔建功立业，也凭着文笔去赢得同行的尊重。

记者们也从亲朋好友那里获得反馈，这些人读报时都会认真找他的名字，过后可能会说："你写柯幽园那篇文章真棒啊！我上个星期去那儿了，那地方真是破败得不像话了。"要么就是："乔·纳麦斯真是那么招人烦吗？"你对诸如此类的话可能不像对同行的反应那样认真对待，但是这些反馈让你感到欣慰，显然，你写的东西有人在读。做母亲的可能是最不挑剔的读者，但她会给你提供安慰。没有像她这样的人，发表东西就像往无底深渊里丢进一块石头，你等啊等，但永远听不到回声。记者们也常常从特定读者群那里听到反响，比如在柯幽园里工作的读者或者某些橄榄球队队员。这些人对报纸文章的反应大多数时候都是不好的，但是记者们学会了不把他们的意见太放在心上。让记者们最吃不准的是"大众"对他们的报道会有怎样的反应。其实，这个"大众"可能并不是真正意义上的大众，而只是一些组群和个人的大杂烩。

简而言之，我认为玻尔和舒尔曼的假定是站不住脚的。他们以为，记者心目中预想的读者形象决定他们怎么写新闻。我怀疑记者们心里边并没有清楚的预想读者。如果有，也不是单一的，而是一大堆参考系：从报社的校对到各室的编辑、各部门的同行、被采访对象、被报道的人物、其他报纸的记者、朋友、家人、特殊利益群体等。在这些人里面，谁的意见更重要取决于具体记者，也取决于具体的报道。况且这些人的意见也往往莫衷一是，自相矛盾。当记者的可能会觉得没办法做到面面俱到，没办法做到让派活的编辑、城市新闻编辑、夜班编辑、校对和同事都感到满意的程度。大部分时候他只能尽量不去考虑这些因素，该干什么干什么。

物以类聚，人以群分

有些记者是在新闻学院学会写作的，玻尔和舒尔曼就是在新闻学院的学生中挑选实验对象的。大部分学生，包括研究生都是在实习阶段学会写新闻报道的。在报社里当校对期间，周围人的人生态度、价值观和职业良心对他们产生潜移默化的影响。他们从见习记者开始，慢慢学会怎样对待新闻事业和传播消息。

见习的学生记者目睹老记者霍莫·比加特为了要按期交稿而急得火上房的样子，又在他赶出稿子后替他跑腿，把清样送到编辑手里，再看到稿子第二天白纸黑字登出来。在这个过程中，见习记者就把新闻这一行的很多基本东西内在化了。所谓耳熟能详，在报社待久了光凭耳朵就能把握住编辑室的脉搏。慢慢地，他连说话都模仿纽约人，嗓门儿大，用记者们常用的口头语、骂脏话等。这些小技巧有助于跟同事们相处，也有助于和被采访的人拉近距离。比如，你如果要在电话中向一个警官了解情况，就得把话筒放得离自己的嘴巴很近，好让声音显得很高，还要脏

话连篇，否则你套不出他的话来。通过学习这些规矩，见习记者在价值
观上经受一次洗礼。我还清楚地记得，有一个做校对的见习生读到一篇
驻刚果记者寄来的电传稿，脸上露出十分不自在的表情。因为里面讲到
子弹如何嗖嗖地穿过旅馆房间，还用了一些让人毛骨悚然的语言。像这
样失态是不行的。有一个记者给我讲过一件事，使我至今不能忘怀。这
个人曾经目睹了阿尔及尔革命期间的许多惨烈战斗，但他从没提那些生
灵涂炭的事，却不厌其详地向我描述，有一次一条壁虎不知怎么卷到他
的风扇页板上，被铰得血肉横飞，溅满他一身，弄得他无法写作。记者们
讲话时，你不需要仔细品味就知道他要讲什么。他们要讲的是自己，而
不是被他们采访的人，就像历史教授们评点其他历史教授，而不是讲历
史上的腓特烈二世。① 那些当差役的新闻专业见习生只消几个星期就
会弄明白，迈克·贝尔格是怎样采访克莱尔·博斯·鲁斯的，罗森塔尔
是如何分析波兰局势的，达夫·哈尔贝斯坦是何以在报道越南方面胜过
戴叶姆斯的。事实上，《纽约时报》开辟了专门版面《时代谈话》，鼓励人
们对时报品头论足。所以，如果有人胆小，不敢直接去见汤姆·维克，这
个人可以读汤姆·维克写的东西，看他怎么现身说法，讲自己当初报道
肯尼迪被刺事件的。

　　跟别的行当一样，搞新闻的也有一套关于自己的神话。我不止一
次听说过杰米·麦克当劳的故事，说他当初如何在英国皇家空军的轰
炸机驾驶舱里报道空袭德国的军事行动。而他的太太凯蒂则是历史
上最了不起的电话接线员，因为她能让负责市府新闻的大牌记者迈
克·贝尔格跟纽约州长接通，哪怕州长的游艇正行驶在大西洋深处，
不想跟任何人通话，她也能把州长弄到电话上。报社里的人也爱传颂
艾德温·詹姆斯当上执行总编辑的传奇故事。在这个传说里，他走马

---

① 又译弗里德里希二世（1712—1786），普鲁士国王。——译者注

上任那天穿着一件皮大衣。来到报社第一件事就是直奔到一张牌桌前。坐在桌子周围的人已经打了一阵子，他到了以后把所有的人都给轰走了，接下来又一个个叫到办公室里训话。这一杀威棒十分有效，从此，大家就一直都很服他。记者们觉得他们应该向前辈看齐，但也知道他们永远也比不过那些传说中的笔杆子。就算以前写纽约的盖伊·塔列斯远不及后来的迈克·贝尔格，或者过去的总编罗森塔尔没有继任编辑艾德温·詹姆斯才华横溢，那也没有关系。崇拜死人是为了让活人把事情做得更好。我们写东西既要参考死人立下的标准，也要顾及报社里活人的意见。

　　记者们闲谈时也会讲到工作条件：在不发达国家打电话发电报很麻烦，在以色列和苏联有审查和差旅费方面的问题等。（我在这方面特迟钝，当初听别人讲报账上弄虚作假的种种笑话，根本就没听出门道。有一个故事说，一个加拿大的记者在报销单上写上乘雪橇的花费。另一个故事说，一个驻非洲的记者请了一帮同行到他的别墅里去过周末，然后给每人一张伪造的旅馆账单，好让他们回报社报销。我不过就是在伦敦期间去饭店吃饭点了一份鸡肉，就被上司训了一顿，说我这一顿饭把伦敦记者站给吃穷了。）有一个市府新闻记者告诉我，有一次他被派去报道一场大火，结果发现是一场虚惊，火根本没有烧起来。于是他就把这件事作为虚惊写出来。这么一来，一件没有发生的事被他点石成金弄成新闻了，成为他平生最得意的一件事。还有一个记者说，有一次他报道刚果的内战，跟伦敦记者站接通线路的时间比平时早了很多，当时他还没来得及把笔记再过一遍，但如果挂断就不容易再接上了，而在线上的每一分钟又都十分昂贵，所以他直接在线上就把文章完成了。在那一

刻，他觉得自己跨越了从新手到资深的界限。有些记者说，他们至少得在夜班岗位干改稿子的活干上一年以后，才能觉得自己可以胜任写作工作，因为干这个工作你必须既能写得快，又能写得清楚明了。另外还有

记者则说，如果他们能及时而又成功地报道一个重要事件，就会觉得对
自己有信心了。

　　记者们慢慢地都会对写作得心应手。不管是什么题目，也不管是在
什么样的困难条件下，他们都能在一小时之内把文章写出来。伦敦记者
站的工作人员都特别佩服米德尔顿。哪怕你是半夜三更叫醒他，告诉他
哪儿哪儿怎么了，他立马就可以出口成章，在电话上把报道给你写出来。
我们干新闻的有个不成文的行规，那就是不能错过时间期限。我在报社
工作时，有个和我邻桌的人几次错过时间期限。有一天，差不多下午四
点左右的时候，他有个重要采访任务，但出门以前他先从抽屉里拿出一
瓶藏在里面的烈酒，喝上一大杯。校稿的人十分了解他，他们一眼就能
看出记者眼神里对时间期限的压力感。校稿工作的性质要求校稿的人
广结善缘，因为他们在报社里没有固定的位置，既要同编辑和审稿人打
交道，也要和记者打交道。所以，能把报社里的身份等级制度弄明白得
越早越好，这样才能确定跟谁不跟谁。通过察言观色，他们树立起自己
的职业道德标准，那就是可靠、准确、快捷、机敏、吃苦耐劳、脚踏实地、要
强向上。做记者的对自己笔下的人和事好像有点儿看破红尘的态度，而
对自己又往往顾影自怜。他们有时会摆出为民请命的姿态，好像这个世
界上别人都是奸佞小人和无知傻帽，只有自己刚正不阿、明察秋毫。别
人都玩弄手段、弄虚作假，只有自己不肯同流合污，还要秉笔记录。我记
得一个在记者当中流传的笑话里，政客、广告商、公关人士都遭到奚落，
但说到记者时却把他们形容为"穿着风雨衣的家伙……"但我在《纽约
时报》从没见过风雨衣，记者们一般都是到布鲁克斯高档专卖店买行头。
这其实很说明问题，他们平时摆出很蔑视权贵财富的样子，实际上不一
定。但风雨衣体现了他们的自我形象。事实上他们有一整套形象，这些
形象从做见习生时就开始深入骨髓，并在日后影响到他们怎么写新闻
报道。

标准化和定型化

　　虽然做校对的可以通过好多途径被提拔为记者,但他一般都要在警察局蹲上一段时间。在《纽约时报》人们把这称之为试用期。等这段时间熬过了,他就应该什么都能写了。因为写警务的报道包含了新闻写作的基本元素,如果他能过警务报道这一关,那他写跟白宫有关的报道肯定没问题。至少记者们觉得这两者相似的地方很多。

　　1959 年夏天,我在《纽瓦克星象报》当记者时,被派到纽瓦克警察局蹲点。我去那儿上班的头一天,一位老记者带我四处转转,熟悉一下环境。最后,他带我来到一间大房子,里面挂满了照片。因为每逢死了人,警察总要去拍照,结果积年累月攒下了无数惨不忍睹、令人看后毛骨悚然的尸体照片。淹死的人最让人起鸡皮疙瘩,而警察们又特别喜欢向报社的新手记者炫耀这些照片。报社的记者也收藏很多照片,有些是从警察那里来的,包括被抓来的妓女们被迫搔首弄姿的照片。我回到记者接待室时,《镜报》的一个摄影记者给了我一张他拍的这种下流照片,还给我看他收藏的其他美女春宫图片,其中包括他未婚妻的照片。屋里有一个坐在椅子上的女记者身体向后仰着,两腿翘在桌子上,裙子都滑到了大腿根部。她问我是不是处男,逗得那帮玩牌的记者哈哈大笑,我的脸皮立马由绿变红。等这个“人帮仪式”结束了,大伙儿又回去继续玩牌,我则开始替大家跑腿。这意味着我要到楼上的一个办公室去收集警务报告。要想知道有没有大事,记者们得靠监听警察的电台或内线提供信息,但如果想找些离奇古怪的事,诸如人咬狗这种有潜在新闻价值的事件,他们就得看警务报告。我差不多每过一小时就从楼上拿来一些警务报告,念给记者室里那帮打牌的人听。碰上我觉得有新闻价值的地方,我就念得格外响亮。但我很快就发现,自己是天生没有新闻嗅觉。因为我觉得有新闻价值的东西，这些老家伙们往往会说这写不出什么故事来；而我觉得不重要的事情，却让他们一下子精神起来。我当然知道没新闻是好事，也知道只有出了事才有故事好写。但我过了好久才学会对一些新闻事件泰然处之。一开始，每逢听说哪儿哪儿死人了，或哪儿哪儿动刀子了，我就热血沸腾起来。结果发现，死人的事很多时候是心脏病致死，动刀子的事常常跟小偷小摸有关，要么就是家庭纠纷。这类事件多得不计其数，根本没有新闻价值。有一次，我自以为逮着了一个让人醒目的故事，里面吸引人的因素应有尽有：谋杀、强奸，还有乱伦。我直接跑到警察局的命案组去核实情况。那儿的一个探员看了看我写的初稿，露出一脸的不屑，说："小伙子，你没看见这里面都是些黑人吗？这有什么好写的！"案卷上清楚地标明，嫌犯和受害人都是黑人。但我那时不知道，这类事情如果发生在黑人当中就不算新闻。

受害人的社会地位越高，故事的新闻价值就越大。这一点在纽瓦克市得到充分的体现。有一年夏天，纽瓦克市发生了一起特大案件。一位漂亮富有的小姐突然在机场神秘失踪。一下子，整个东部的大牌记者都蜂拥到纽瓦克，写出一篇篇耸人听闻的报道。什么**"光天化日之下，未婚妻神秘失踪""老父痛伤爱女遭绑"**。与此同时，那些有关拦路抢劫、行凶强奸的报道，不管写得多么精彩，都得不到发表；而那些跟这件失踪案有关的文章，只要沾点边儿就能登报。我和一个同事合写了一篇长文，叫**《最后的芳踪》**，其实不过就是讲机场的建筑格局，再加上一点儿猜测，推想她能去哪儿了。我们的文章不过是循规蹈矩、照本宣科、毫无新意，结果，这么一篇敲边鼓的文章被多次转载，和那些有关此事的主要报道一起刊登。

重要新闻都按特定套路写，一股子陈芝麻烂谷子的陈腐味道。一般说来，市政新闻记者被领导派活以后，头一件事就是去资料室找相关报道的先例。这么一来，过去的人怎么写这类故事就不知不觉地影响了现在人的视角。从资料室出来，他可能会打几个电话，采访一些人，没准儿也走出办

公室查询一下。(我发现记者们大多不肯跑腿,钱都花在打电话上。)但是
他弄来的新材料必须符合既成的框架,而这框架是他从前人那里承袭来
的。如此一来,很多报道,不管是新闻还是特写,都如出一辙。除了社会学
家海伦·麦吉尔·休斯,研究美国新闻史的学者们都忽略了新闻写作中受
长期形成的文化规范制约的现象。法国的历史学家注意到,他们国家的新
闻传统存在一脉相承的现象。有一个讲父母谋害亲生儿子的故事,最初曾
刊登在 1618 年巴黎出版的一份小报上。后来,同一个故事经过几番改头
换面,又在 1848 年刊载在图鲁兹市的一份报纸上,30 年以后又登在安格里
梅市的报纸上。最后,又出现在当代阿尔及尔的报纸上。阿尔贝·加缪就
是在阿尔及尔读到这个故事的,并把它从存在主义的角度加以改写,于是
有了《局外人》和《误解》两本小说。① 过去三百多年里,尽管这个故事里的
人名、日子和地点各不相同,但故事的大轮廓却丝毫不差。

　　当然,要说新闻工作者的幻想是来自荣格和列维-斯特劳斯所说的
那种原始神话原型,那也是荒谬的。但是新闻写作中绝对有些定型的东
西,什么算事、什么不算事,这是由既存的成见决定的。这些成见影响新
闻写作。没有这些既成的观念范畴,就没法把经验加以条分缕析。怎样
把一份普通的资料简述变成一篇新闻报道,是需要训练的。这里面既要
有新闻眼光,也要有写作技巧,要能够把那些常用的意象、套语、角度、路
数等玩得得心应手。这些东西会在编辑和读者心目中激起一定的反应。
一个聪明的作者会用旧瓶装新酒,利用新旧之间的冲突张力来吸引读
者。先让读者狐疑"这体用之间般配吗"? 然后再老调重弹,让读者感
到释然。所以琼斯才那么洋洋得意,觉得自己开头的句子写得好。他先
讲大家熟悉的形象,即布鲁克林区的树。然后,就在读者纳闷为什么讲
树的时候,他抖了"包袱"——今儿个要说的事是本年度优秀人物奖。

---

① 　J.P.Seguin,*Nouvelles à sensation: Canards du XIXe siècle* (Paris,1959),187 - 190.

读者们这才恍然大悟，原来"一个花店老板得奖是因为他让城区里树木繁盛"。这种"恍然大悟"的效果最让记者们得意，因为这种感觉有点儿像穿一双很紧的靴子时，你使劲把脚往里蹬，蹬着蹬着，呼地一下过了那个坎儿，踏踏实实地踩了进去。如果一个作者没学好怎么用甩包袱这一招，或者他的思路跟读者相去太远，那么这种小手段就不会灵验。

有先入为主的框框，不一定意味着千篇一律。虽然写作风格很像，用的资料也都差不多，但写出来的东西还是多不相同。有的记者对某一类事情格外有兴趣。我们那一伙人里有两个女记者。其中之一常常给区里各派出所打电话，问有没有青少年性淫乱方面的事，她在报道这类事情方面是专家。而我们对她感兴趣的那些东西碰都不会去碰。同样，曼哈顿区的记者里有个专门写火灾的哥们，这家伙怪怪的，拖着一条假腿，胸前老挂着一把左轮手枪，但他写下的火灾报道比谁都多。一个记者要在警察局常驻，需要有一定的素质，他得有相应的脾气个性和一定程度的铁石心肠。捅刀子、自杀这类事情可能不会让我大惊小怪，但是有些记者为了写父母的反应，不惜把孩子的死讯告诉他们，这我就永远都受不了。他们这样做就为了让自己能写出煽情的句子。我如果需要在文章中引述当事人，又舍不得让他们伤心，那就只好编，很多同事也都是这样。这恐怕也导致了新闻写作中的标准化现象。因为我们知道"悲痛欲绝的母亲"和"黯然神伤的父亲"通常会说什么，他们说出来的话往往是我们记者心里怎么想的，而不是他们心里怎么想的。特写一类的文章有更多即兴发挥的余地，但它们也遵循一定的传统模式。比如，跟动物有关的文章通常会在编辑那里看好。我曾经写过一篇讲警察们坐骑的特写。但登出之后我才知道，在过去十年里，我工作的那家报纸已经登载过两篇大同小异的文章了。

到了夏末，我在纽瓦克蹲点即将结束。其间我发了很多报道，却都不是署名文章。有一天，我闲得没事，查看了一份简报，上面讲一个小男孩在公园里被人抢了自行车。我知道编辑不会对这个故事感兴趣，但我还是写了四个段落，就算是练笔吧。然后，我给打牌的一个同事瞧了一下。他说，你不能把它写得像在新闻发布会上念的东西。几分钟里他就三下五除二把这篇故事重写了一遍，随心所欲地添油加醋。最后读起来成了这样：

> 每个星期，比利都把他的两毛五分零花钱存在储蓄罐里，他要攒钱买一辆自行车。终于，那一天来到了。他挑了一辆崭新锃亮的红色名牌自行车，然后就迫不及待地跑到公园里去兜风。连续一个星期，他每天都沿着同一条路骑车去公园。但是昨天，三个流氓将他在公园里拦下来。他们把他从车上拖下来，然后骑上他的车逃之夭夭。比利浑身青一块紫一块，一瘸一拐走回家。他爸爸叫乔治·瓦格纳，他对儿子说："孩子，别往心里去，爸爸再给你买辆新的。你可以骑着新车送报纸挣钱还我。"比利希望尽早开始送报，但他再也不会骑车去公园了。

我给瓦格纳先生打电话去核实情况，问他比利有零花钱吗？有储蓄罐吗？他那辆自行车是什么颜色的？被抢以后你对他说什么啦？我很快就收集到足够让故事变得有声有色的材料，重新加以改写，第二天就在报纸头版的显要位置上给登出来了，还署上了我的名字。这篇报道引起很大反响，特别是比利家那片街区的住户。瓦格纳后来告诉我，他周围的邻居们读了这个故事都很感动，大家凑了钱给比利买新车。公园负责人也很震撼，打电话来说公园现在有巡逻了，还采取了其他措施保护紧挨街区住户的安全。我意外地发现，这么老套的故事经我这么一改头换面，却触动了那么多人的神经。事件原型里的基本要素，像男孩和自行车、储蓄罐、凶蛮的流氓、慈父的爱心，都没有什么新鲜的，故事听上去也很老套，要不是那辆自行车，你说它是19世纪的事也有人信。

几年以后，我研究法国和英国在现代初期的大众文化，发现当时流行的很多故事都和我在纽瓦克警察局写的那些报道有惊人的相似之处。当时英法两国流传的小册子、手抄本故事书、布告文、画叶子和古今宝鉴一类的东西，都涉及类似的主题。这些可能源于古代口述传统的主题也出现在儿童文学中。我写比利和流氓的故事时，没准儿下意识里想到了那首讲鹅妈妈的童谣或跟它有关的画面。

> 我有一个布娃娃，
> 它是我的宝疙瘩。
> 白天亲，晚上爱，
> 喂它面糊拌芝麻。
> 忽来一个小无赖，
> 蛮不讲理凶巴巴。
> 出言不逊动拳脚，
> 抢走我的布娃娃。

　　童谣最初往往是给大人们写的。记者们写东西时，总是假想自己是在面对孩子们。这就是为什么面向"大众"的新闻带有居高临下的视角、感伤主义的色彩和道德说教的味道。但如果把文化传播的流向仅仅看成是自上而下的话，那就大错特错了。因为这个过程不光是精英到大众，也有大众到精英的情况。文学史上佩罗尔的故事集、音乐方面莫扎特的《魔笛》和美术史上科尔贝的油画《澳南的葬礼》都说明，在过去的三个世纪里，阳春白雪和下里巴人之间的辩证关系在文学、音乐和美术这三个艺术领域都有体现。当然，这不是说过去的文化决定了我们怎么报道纽瓦克的犯罪案件，但是我们坐在打字机前时，脑子里面绝不是一张白纸。因为我们倾向于专注眼前的事件，往往忽略那些源远流长、根深蒂固的东西。但实际上，我们对新闻写作的理解是来源于古人讲故事的传统的。

　　比起发表在《纽约时报》上的文章来,花边新闻和关于犯罪事件的报道在风格和写法上相对多样化。但我发现,从 1963 到 1964 年我在《纽约时报》伦敦站工作期间,我们发的报道也有很多标准化和定型化的东西。我在英国住的时间比其他人长,以为写英国的事能比别人写得更高明些。结果发现,我写的东西跟别人的一样格式化。我们写东西都得遵守既定的规矩。如果是写外交方面的报道,外交部新闻发言人会给我们一份对外的官方陈述、一份对内的解释,还有一份我们需要知道的背景分析。这些资料都是人家苦心孤诣给你准备好的,很难把它们另外打乱重组。结果,写外交的报道都千篇一律。而写奇闻逸事的文章也很难摆脱陈词滥调,因为美国人对英国已经形成了一套成见。但凡是跟王室、丘吉尔、伦敦俚语、酒吧、赛马和牛津大学有关的东西,国际新闻部都照登不误。丘吉尔生病期间,我写了一篇报道,讲那些关心他的人群聚集在他的窗外,其中一人还瞟到丘吉尔一眼,我就引用了他的话,他说:

92

“哥们儿,咱这位爷可是够俊的啊!”这里既有伦敦土话,又是讲丘吉尔,你一定得写到文章里面去。这篇报道在《纽约时报》头版发表后,又被十多家报纸、新闻服务社和新闻杂志所转载。新闻记者要报道一个国家,却不讲那个国家的语言,这是常见的。但这并无大碍,因为只要他们有新闻嗅觉,那就不需要有听和说的能力。对于要报道的事情记者们总会先入为主,所以,我们笔下的英国总少不了狄更斯的印记,而写巴黎的文字也脱不出雨果的影子,没准还有点儿莫里斯·舍瓦利埃的味道。

　　离开伦敦回到报社总部以后,我写过一篇讲一个杀人狂的报道。这家伙把死者大卸八块后,再把这些断臂残肢放在纽约西区的居民门口。我写这个故事时,感觉自己是在演绎几个世纪以前的故事:“那个 60 岁的男人被切成碎片……细节太耸人听闻!!!”[1]我写完这篇报道之后,曼

---

[1]　J.P.Seguin, *Nouvelles à sensation: Canards du XIXe siècle* (Paris,1959),173.

哈顿警察局记者室的墙上出现了一句话——适合刊载皆新闻。这句话的本意是说写好的文章只有排版印刷时排得下才能发表，但这里面说不定有歪打正着的更深层真理：报纸上发表的文章必须有新闻性，但什么才是新闻性则是由一定文化来决定的。纽约市每天有 800 万人口川流不息，想到他们的实际生活经验和他们在《纽约时报》上读到的东西是多么大相径庭，我只能摇头叹息。

　　根据我一个人在两家报纸工作的经验来总结新闻写作的理论是不够的。我不敢说别的记者的经验是怎样的，因为我一直是个初出茅庐的新手。再说，我做过记者的两家报纸既不是专登花边绯闻的小报，也不是高质量、高品位的典范报纸。新闻写作的风格是因时间、地点和各个报纸的自身特点而异的。美国的新闻写作方式同欧洲人的不一样，也同美国过去的新闻不一样。当初本杰明·富兰克林出版《费城日志》的时候，从写稿到排版、校订、发行、收钱全都是一个人包揽，他并没有担心会有什么职业道德的问题。但是自打那以后，报纸变得越来越臃肿复杂，报社里各部门相互掣肘。随着职业化和专业化的进一步加强，记者们写东西时也更在乎圈里的同行怎么反应，而不是一般的读者怎么反应。

93

　　我强调这一点并不是说其他因素就不重要了。社会学、政治学和研究传播学的专家们都讲过经济利益和政治偏见对新闻写作的影响，他们写下的著述可谓汗牛充栋。但在我看来，他们并不十分了解记者们是怎么工作的。一篇新闻报道在形成过程中，既受记者的工作环境影响，也受既存的写作技巧和套路的影响。这两者好像相互矛盾，但对一个刚出道的记者来说，他脚跟未稳，没有主见，这两个因素对他影响最大。等过了这段训练期，他就变成老油条了，把新闻看成不过是报社生产的一种商品，是把童话中鹅妈妈那种看世界的方式移植到《纽约时报》上而已。

第六章　学术著作的出版窍门①

　　你没有发表过东西,是个无名小卒,不过刚刚写完讨论中西部城市政治的博士论文;或者你是一个在 60 年代拿到终身聘书的教授,但书还没出来,朋友们安慰你说,你那本研究简·奥斯丁小说里隐喻结构的书稿肯定会被大学出版社抢着要;要么你就是一个站了多年讲台的老师,想把那份关于"东西方的桥梁——拜占庭"的课程讲义改写成一本书。该怎么下手呢?你当然面临很多困难,因为大学经费短缺,出版业行情不好,学者们想出书比以往任何时候都难。

　　我深知其中的艰辛,我前四年一直是普林斯顿大学出版社的编委会委员。因为最近刚把在那儿工作期间的案卷清理过——其实不能说是案卷,而是塞得满满的七个纸壳箱子,里边都是阅稿人的评阅意见和历次编辑会议的记录,我想给那些写学术著作的作者们讲讲出书的过程,这对他们至关重要,而他们对其中奥妙又所知甚少。普林斯顿大学出版社的某些规矩在别的出版社是没有的,但它的总体情况跟其他像点样的大学出版社应该

大致差不多。所以,即便你是在跟别的学术出版机构打交道,了解一下普林斯顿大学出版社审稿和出书的过程应该对作者们有所帮助。

　　亲爱的作者,首先你应该知道,你的书能出版的可能性不大。我算

---

① 本文曾发表在 *The American Scholar*(52,1983,533–537),其中对学术出版情况的描述是根据我 1978—1982 年期间在普林斯顿大学出版社编辑部工作时的耳闻目睹写出来的。我离开编辑工作后,审稿程序有些变化,但收到的书稿和出版的书都在继续增加。学术著作的特点一如既往。我为了说明有些学术著作过于孤芳自赏的不良倾向,提到一些具体书名,它们来自我在出版社工作期间作者们寄来的书稿。

了一下,按照出版社收到的书稿数量和实际出版的数量之间的比例来看,应该是九比一到十比一之间。尽管学术界年景不好,但也说不定恰恰是因为年景不好,每年出版社收到的书稿都在增加。1972年我们第一次开始有统计数据,那一年普林斯顿收到了740份书稿。而到了1981年则收到1 129份书稿,增加了52%。1971年有83部书稿被接受出版,1981年是118部,增加了42%。回过头来看,20世纪70年代期间,作者们面临的出书压力一直有增无减,到了1976和1977年普林斯顿大学出版社收到的书稿陡增,到了1980年突破了1 000份书稿的大关。针对潮水般涌来的书稿,出版社决定,只要财政允许就尽量增加出版数量,每年出版120部书稿。

这对编委会和执行具体操作的编辑来说非同小可。编委会每次开会都得做些痛苦的决定,而执行具体操作的编辑则要面对汹涌而来的书稿,不得不对越来越多的作者说出令他们伤心失望的话。从作者角度看,这个过程更残酷。你知道你的书稿只是出版社一年里收到的1 100部书稿当中的一部,但你却指望它成为被接受出版的120部当中的一部。要达到这样一个目标,真的要过五关斩六将。首先你的书稿得吸引编辑,还得让两个,有时是三个阅稿人喜欢,通过预审关,最后还要由编委会拍板。编委会每月开一次会,由四位教授从15到19本预审通过的书稿里再精选出12部来。这个名额可以略微灵活,但不管怎样总是有人给刷下来,而且随着竞争越来越激烈,在这个阶段上被刷下来的人也越来越多。怎样才能成为赢家呢?我把我的纸壳箱子翻了一遍,找到了答案。我把它们总结为以下六点,相信会帮助作者们获得成功。

第一,不要提交单本书稿,而要弄成系列。我们在普林斯顿毙了不知多少单本书稿,但据我所知,我们从来没有毙过一个丛书系列。我在编委会的四年里,接受了差不多六个丛书系列。其他出版社也是一样,特别是出版自然科学书籍的出版社,他们出版丛书系列的劲头最强。如果你是搞人文的,那就不妨跟出版社说,你要出的系列丛书是讲人类生存状况的,而那本研究简·奥斯丁的专著(或者那本研究中西部城市政治的博士论文)是其中的第一卷。

　　第二,如果你一定要提交单本书稿,那就写一本讲鸟类的书。我们从没有毙过学科指南一类的书,而跟鸟类有关的书稿我们更是照单全收,不管它们来自哪里:哥伦比亚、西非、俄罗斯、中国、澳大利亚等,反正不会被毙了,至少普林斯顿不会退你的书稿。其他出版社各有自己宠爱的题目。如果你的书是讲乡村房屋的,那你不妨到耶鲁大学出版社那儿试试。如果是讲烹饪的书,就到哈佛大学出版社试试。

　　第三,你要是写不出讲鸟类的书,那就从下面的题目里选一个:威廉·布莱克、塞缪尔·贝克特、[①]16 到 18 世纪期间的法国乡村贵族(随便哪个世纪都行)、有关正义的新理论、从日文翻译过来的东西。什么都行,最好是诗歌,而且是跟公元前 2000 年到 20 世纪 60 年代的事挂上钩。当然其他年代的也可以。

　　第四,同出版社打交道需要技巧,光有正确的选题是不够的,你还得把话说得中听。怎样才能中听,各个领域不太一样。比如:

　　政治学　你得想办法让阅稿人在评阅意见书上说:"这项研究既有深入调查得来的实证数据,又在理论上有重大建树。"我要特别建议有人去研究秘鲁的矿业,或者有关相互依存的理论,要不就去研究玻利维亚的铜矿与现代化之间的关系。当然,无论哪个题目,你都要有新视角。

　　英语文学　你得证明自己对眼下时髦的文学理论了如指掌,但又要显得你对这些来自巴黎或来自纽黑文的理论并不感冒。[②]

---

①　威廉·布莱克(1757—1827),英国诗人和画家;塞缪尔·贝克特(1906—1989),爱尔兰作家和诗人。——译者注
②　纽黑文是耶鲁大学的所在地。20 世纪六七十年代耶鲁大学是新批评派的重镇。——译者注

艺术史 越深奥越好。13世纪的染色玻璃就是挺好的选题,但必须是勃艮第地区的,而不能是巴黎或沙特尔市的。再附上某些收藏的作品编目总没错儿。不过,大都会艺术博物馆的艺术收藏绝对不能再用了。

历史 别说你写的是历史,就说它是人类学。

人类学 别说你写的是人类学,就说它是历史。

历史与人类学 一定要用"宏观到微观、微观到宏观"那套说法。如果是历史,你就要在一粒沙子里看到宏大宇宙,哪怕你研究的只是麻省的一个小镇。如果是人类学,你就要从日常仪式当中,比如爪哇人的葬礼,建构出意义的世界。

第五,还有一些具体的技巧也需要遵守,这些适用于任何领域。

跨学科 把不同领域的研究混合起来,这会使你显得很有创意。连比喻也应该混着用,表明你是处在学科前沿。不妨学学普林斯顿的教授太太们是怎么说话的。有一次学校为高级研究所的人搞了一个招待会,也请了一些头面人物来参加。一位教授太太对他们说:"真感谢你们研究所的人到这儿来给我们搞杂交。"

敢叫板,至少要显得像是在叫板 跟出版社说"我这是本超越时代的书,谅你们也不敢出版",然后再写些平平常常的东西。我当编委期间,对专著出版与日俱增的压力感到很反感,大家都越写越多,但写出来的东西却越来越没劲。题目高深莫测的同时,思想却极度贫乏。所以我建议弄个风险书比例制。也就是说,在我们的常规出版计划中包括6本左右不那么循规蹈矩的书。我甚至想让每个编辑都有一两本风险著作的名额,不受编委会的制约,这样编辑们可以有更多的自主权。结果,同类的书还是源源不断,只是伴以新说法:"本书标新立异,虽不免蛾眉遭嫉,但总会不同凡响。"这让我们大家都感觉不错。

做翻案文章 推翻经典理论总没错,但是要做的是时候,否则别人再翻了你的案,你就等于白干了。

用一些让人脸红的字眼,**但不要过分** 带点儿刺激性而且能哗众取宠才会从 1 119 部其他书稿当中脱颖而出。准备书稿的参考书目录时尤其要用这一招,因为大部分编委会的人只看目录不看书。最近有一本书,目录上尽是这样的标题:"变性的程序""性别比例中的冲突情况""雄雌同一"。我们刚好有一个关于生物学的系列丛书,于是编辑部便欣然接受了这部书稿。这本书全都是讲与性有关的东西,还有一部分是讲海藻的。参加编辑委员会以前,我从来没想过海藻的性生活。

第六,选个醒目的标题。这有两个原则要把握:一要听上去铿锵有力,二要用冒号。大标题要铿锵有力,简短,意味深长,又富有诗意,不要用文绉绉的词,弄得读者搞不清你的书是写什么的。用个冒号,再用个副标题解释这本书是讲什么的。下面是一些例子,都是从出版社每个星期"收到的书稿"里选出来的。(不过我得承认,这些书我们一般不会出版。)

《停止的钟摆:处在革命与反革命之间的葡萄牙》

《危机、瘟疫与背叛:鲁克诺的殖民史,1856—1877》

《官吏、教徒和地方势力:大马士革的奥托曼统治,1807—1858》

《天网恢恢:19 世纪的法国监狱》

《图像与惩罚:文艺复兴时期佛罗伦萨的艺术如何为法制服务》

《农业妇女:三安定地区的农民生产和无产阶级化》

……①

---

① 英文版中,作者罗列了众多书名,用来表现如何用一些技巧使书名看上去更有吸引力,如押头韵,单独首字母却用 P 或 M,等,或者用祈使句,等等。这些在汉语中无法体现出来,因此省略。——编者注

　　我得承认,以上总结出来的这些花招对学术著作的作者来说不一定百发百中。同时,我还想在此表达对两位教授的"敬意"。这事我憋在心中好多年了。他们一位是物理学家,寄来一本书稿叫《天体物理522的讲稿》;另一位是生物学家,寄来的书稿名叫《屎壳郎做窝》。不过,很抱歉,他们的书稿都没有出版。

第 3 部分

白纸黑字

第七章　什么是书籍史[1]

　　法语、德语、英语都有"书籍史"一说,具体讲法会略有不同,但无论在哪里大家都认识到书籍史是一门重要的新学科,是一种用社会史和文化史的方法研究人类如何沟通和交流的学问。当然,这里所说的沟通和交流是以印刷品为媒体的。这听上去好像很拗口,但这样说的目的是突出一个主题,即过去五百年里人们的想法和观念是怎样通过印刷品得到传播的,阅读又是怎样反过来影响人们的思想和行为。有些研究书籍史的学者把这个过程上溯到活版印刷出现之前。而研究印刷史的人则更关注报纸、传单和其他非书籍的印刷品。要想拓展这一研究的话可以有很多做法,但总体上这个领域的研究重点是古腾堡[2]发明活版印刷以后的书籍史。这个领域的研究在过去几年里发展之快,以至很可能获得与科技史、艺术史这样的学科平起平坐的地位。

　　不管图书史研究的将来会怎么样,它过去的发展已经显示了一个知识学科是怎样建树自己独特学术地位的。书籍史研究的诞生,是因为许多学科都在探讨跟传播有关的问题。一开始大家研究的课题都是具体的,而且分布在互不相干的学科领域。比如莎士比亚的原稿是什么样的? 法国大革命的起因是什么? 社会分层和文化分层之间有什么关联?

---

[1]　本文首发于 *Daedalus*(Summer 1982,pp.65–83)。后来,我又把这个题目加以扩充和修改,对阅读的历史也加以探讨(见本书第九章),以"Histoire du livre-Geschichte des Buchwesens:An Agenda for Comparative History"为题收录在 *Publishing History*(no. 22,1987,pp.33–41)。

[2]　欧洲印刷术发明人。——译者注

但在探究这些问题时,各学科的学者们不知不觉地就超出了自己学科的疆域,而走进新区域。这个新区域往往和许多其他学科沾边,于是有人决定另起炉灶,这样便诞生了一个书籍史学科。书籍史研究把史学家、文学研究专家、社会学家、图书学专家或任何对书籍在历史上的作用感兴趣的人组织到一起,搞起自己的杂志、研究中心、学术会议和专题讲座。这个领域里既有老牌学术权威担纲,也有后起之秀崭露头角。这个圈里的人虽然还没有自己的博士生,但他们不用对暗号,彼此一看就知道对方是研究书籍史的,这是他们的共同事业。在人文领域里,难得见到一个学科如此蒸蒸日上,兴旺发达。

当然,对书籍史的研究不是昨天才开始的,它至少可以上溯到文艺复兴时期。但它的正式发轫应该是19世纪,当时英国人把书籍作为物质文化来研究,这一倾向导致图书目录分析学的兴起。但是当今的书籍史研究同那时建立起来的传统做法不一样。传统研究方法的起源是在19世纪,这从当时出版的《图书馆》杂志或《德国图书业信息报》以及法国国家文献学院的学生们写的毕业论文中看得出来。新的书籍史研究诞生于20世纪60年代的法国,并在巴黎高等研究院生根开花。其间,既有专门的出版物为它传播其理念,如吕西安·费弗尔和亨利·让·马尔丹的《印刷术的诞生》,以及一帮高等研究实践院的人撰写的《18世纪法国的书籍与社会》,两卷本,分别在1965年和1970年出版。

109　新派历史学家们对书籍史的研究方法,与法国国家高等研究院那帮搞社会经济史研究的年鉴学派学者在思路上不谋而合。他们试图挖掘书籍出版和消费当中的宏观规律,而不是斤斤计较目录学当中的某些细节。他们从版权申请材料里发掘数据,分析私人图书馆的收藏内容,通过研究过去经常遭到忽略的出版品种(像印制粗糙的小册子)来考察当时的意识形态潮流。他们对珍本书和精品版没有兴趣,但对最普通最流行的书却穷追不舍,因为他们要研究的是普通读者的阅读经验。他们的研究表明,在大众文化领域里传统文化根深蒂固,改革派的新潮思想根本无法与之匹敌。这一发现使得我们对许多过去熟悉的现象,比如反宗教改革运动、启蒙运动等,必须重新加以审视。虽然他们没有做出什么定性结论,但让我们看到问新问题、用新方法、挖新材料的重要性。①

　　书籍史研究的案例来自全欧洲和全美国,这也间接促进了这几个国家的相关学科研究,比如德国的接受学、英国的印刷史研究等。书籍史学者为了一个共同的目标走到一起,他们齐心协力,干劲十足,先是在咖啡馆里相濡以沫,后来在学术会议上取长补短。他们创刊了一些新杂志,如《出版史》《书目通讯》《古旧书新闻》《法国书籍史评论》《书业历史》《沃尔芬比特尔书籍史笔记》;成立了新的研究中心,如巴黎的书籍研究所、德国沃尔芬比特尔的典籍学研究所和美国国会图书馆的图书中心;召开国际学术研讨会传播研究成果。单是 20 世纪 70 年代晚期,就有日内瓦、巴黎、波士顿、沃斯特、沃尔芬比特尔和雅典分别承办了这类研讨会。在短短的二十年里,书籍史研究已经成为丰富而又多产的学科领域。

110

---

① 除了论文中提到的文章著述,这类研究还包括 Henri-Jean Martin, *Livre, pouvoirs et société à Paris au XVIIe siècle* (*1598 - 1701*) (Geneva, 1969) , 2 volumes; Jean Quéniart, *L'Imprimerie et la librairie à Rouen au XVIIIe siècle* (Paris, 1969); René Moulinas, *L'Imprimerie, la librairie et la presse à Avignon au XVIIIe siècle* (Grenoble, 1974); and Frédéric Barbier, *Trois cents ans de librairie et d'imprimerie: Berger-Levrault, 1676 - 1830* (Geneva, 1979)。这些书都是 *Histoire et civilisation du livre* 系列丛书的一部分。很多用法语写的书都曾以单篇论文的形式在 *Revue française d'histoire du livre* 上发表过。如果有人想了解这个领域的研究情况,可以看看 Roger Chartier 和 Daniel Roche 合写的"Le livre, un changement de perspective" [*Faire de l'histoire* (Paris, 1974), III: 115 - 136];还有"L'Histoire quantitative du livre" [*Revue française d'histoire du livre* 16(1977): 3 - 27]。跟这些作者比较同调的也有两个美国人:一个是 Robert Darnton, "Reading, Writing, and Publishing in Eighteenth-Century France: A Case Study in the Sociology of Literature" [*Daedalus* (Winter 1971, 214 - 256)];另一个是 Raymond Birn, "Livre et Société After Ten Years: Formation of a Discipline" [*Studies on Voltaire and the Eighteenth Century* (151, 1976, 287 - 312)]。

　　事实上，这块领地的富饶程度已经使它不再像是有待开垦的处女地，而更像是枝繁叶茂的热带雨林。探险家到了这儿就会流连忘返，每向前走一步他都会有新的发现，都会让他有文章可作。这个领域里各个学科相互交叉的情况几乎让他目不暇接。分析目录学指向这个方向，知识社会学又指向另一个方向。历史、英语、比较文学，样样都沾边。这个说他发现了新目录，那个说他写出了新的文学史。各种研究方法争奇斗艳，让人眼花缭乱。一会儿人们觉得做版本编校不错，一会儿又觉得该去收集数据、揭秘出版律法、核查手稿、到复原重建的出版社作实地考察，或对读者的阅读过程做心理分析，等等，等等，不一而足。书籍史研究在这么多交叉学科的大举介入之下已经变得轮廓不清。研究书籍史的人怎么能不了解图书馆史、出版史、造纸史、制版史、阅读史呢？但再加上个外文方面的问题，要掌握这么多领域所需要的技能谈何容易！想到这些，真让人望而生畏。干脆洗手不干，躲到图书馆的珍藏室里数那些珍版书的水印得了！

　　要想对研究题目有个整体认识，探讨书籍是怎样形成的，又是怎样在社会上传播的。但又不一窝蜂地盲目跨学科，恐怕得借助于一个有普遍性的研究模式。没错，自打活版印刷发明以来，书籍的出版和传播情况因时因地不一而足，不可能指望每一本书的生命都符合同一个模式。但是印刷出版的书一般都经历类似的循环规律。这个循环就像一个传播线路系统，从作者到出版人（如果卖书的人没介入这个环节的话），再到印刷的人，再到运输的人，再到卖书的人，最后到读者。读者是这个线路系统中最重要的环节，因为他对作者的影响既反映在写作之前，也反映在写作之后。作者们自己也是读者，通过阅读，也通过跟读者和其他作者打交道，他们捉摸出文学写作是怎么一回事，该用什么样的体裁和风格合适。不管他们写莎士比亚十四行诗也好，写电台广播稿的说明书也好，这对他们写出来的东西有直接影响。一个作者在写作时，既要考虑到别人对他以前著作的批评,也要对正在写作的作品发表后可能引起的反应有个估计。顾及潜在的读者固然重要,倾听实在的评论人更重要。所以,这个线路板是循环的,它的职能是传达信息。但是,从作者将某些想法付诸笔墨,到排字印刷,再反馈到作者,在这个传播过程中,原信息实际上已经给改造了。书籍史的研究不仅要探讨这个过程中的每一个环节,也要研究这整个过程,这个过程在不同时间地点的表现形式,以及它同周边其他经济、社会、政治以及文化系统之间的关系。

　　这可不是容易做到的事。为了缩小研究范围,从事书籍史研究的历史学家通常把重点放在上面说的这个线路系统中的某一段或某一点,然后按照相关特定学科的路数对这一段加以分析。比如对印刷的研究就是从目录分析入手的。但是,要充分了解这个线路循环上的一个局部,就必须对这个局部跟整体之间的关系也有所了解。如果书籍史的研究要想避免陷于四分五裂、各不相干、马尾巴功能、各自为战的状态,就必须做高屋建瓴式的研究,把书籍作为一种人类沟通的手段来看待。图7.1 上显示的模式就是这种研究方法的一个说明。稍作微调便可适用于书籍历史上任何一个时期(手稿书和书籍插图当另章讨论)。我想以自己最熟悉的 18 世纪为例,来对这一问题加以讨论。我准备一个阶段一个阶段地来,考察每个阶段的以下四个方面:第一,在特定时间里,线路系统内特定位置上的某个人还有什么其他活动;第二,处在同一时间但不在同一线路系统中的其他人都有哪些活动;第三,处在同一线路系统但在不同位置上的其他人;第四,社会上的其他因素。前三个方面都跟文本的传播有直接关系,最后一个则涉及千变万化的外部影响。为简便起见,我把后者归纳成三个范畴,放在图示的中心。

　　模式是空洞无生命的抽象。为了把它变成有血有肉、有应用意义的东西,我准备用这个模式来分析伏尔泰《关于百科全书的问题》一书的出版史。这本书是启蒙运动时期的一部重要著作,18 世纪有许许多多

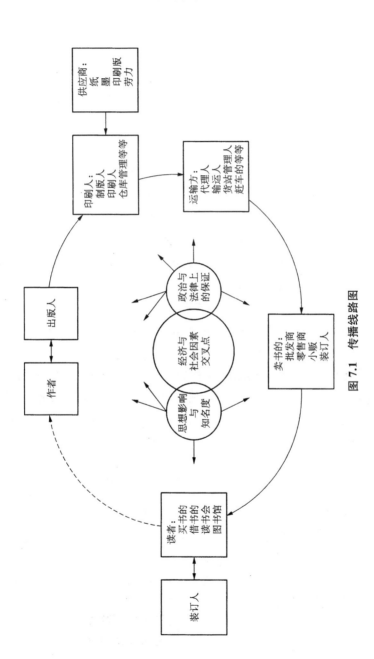

图 7.1 传播线路图

以书为业的人,他们的生活都受到这本书的影响。对这本书的研究可以从线路系统上的任何一点开始,比如从写作阶段看伏尔泰怎样落笔成文,怎样将他那些反对宗教专制的思想纵横捭阖、落笔成文。他的传记作者们已经写过这些。或者,我们也可以从印刷阶段开始,在这个阶段目录分析学会帮助我们对各种版本寻踪探迹,顺藤摸瓜。再或者,就是从流行阶段开始,看这本书在各图书馆的收藏情况。照研究图书馆史的学者们的统计,各图书馆的书架上都有不少伏尔泰的书。① 但是,我想探讨一下传播过程中最不为人注意的一个环节,那就是书商的角色。我准备用法国南部城市蒙彼利埃一个名叫伊萨阿克·皮埃尔·里高的人作例子,来验证一下上面说过的四个方面。②

— *114*

1770 年 8 月 16 日,里高预订了 30 套八开九卷本的伏尔泰的《关于百科全书的问题》一书。这本书当时刚由纳沙泰尔市的印刷社(Société typographique de Neuchâtel,简称 STN)出版。纳沙泰尔那时在普鲁士的管辖之下,但又地处法国跟瑞士交界处的瑞士一边。照惯例,里高大批定购之前通常都会自己事先读一读,哪怕只读几页。但是他觉得《关于百科全书的问题》一书肯定会卖得好,便连看也没看就冒险下了一张大订单。他个人并不喜欢伏尔泰。恰恰相反,他很反感这位哲学家,因为

---

① 这种研究方法的例子有 Theodore Besterman, *Voltaire* (New York, 1969), 433 - 434; Daniel Mornet, "Les Enseignements des bibliothèques privées (1750 - 1780)," *Revue d'histoire littéraire de la France* 17(1910): 449 - 492;还有目前由伏尔泰基金会赞助正在进行当中的书目研究。这个研究完成后会取代 Georges Bengesco 那本已经过时的目录研究。

② 下面的故事都是根据瑞士纳沙泰尔档案馆里高案卷里的 99 封信函及其他档案材料综合而成。

伏尔泰常常玩猫腻,背着出版人与盗版商沆瀣一气,在完成的著作上擅自增删。这种做法让读者们很不满,觉得自己没买到最好的版本(或措辞最激烈的版本)。里高对 STN 抱怨说:"伏尔泰晚年屡屡欺蒙书商,实属令人发指。如果大家知道那些伪劣之处乃出自作者之手也就罢了,但不幸的是,印刷人和书商却代为受过。"①虽然伏尔泰弄得书商们很狼狈,可是他的书却卖得好。

里高的书店里大部分书籍都跟伏尔泰没关系。流传下来的目录显示,他的专长大致是在贩卖医学方面的书籍。因为蒙彼利埃大学的医学院很有名,所以跟医学有关的书在当地一直卖得很好。里高也精选了一些跟清教有关的书,因为蒙彼利埃地处法国清教胡格勒教派势力范围内。碰上当局睁一眼闭一眼的时候,里高也要卖些禁书。②他的书店是蒙彼利埃最大的书店,而且根据一份报告说它也是整个朗克多克地区最大的书店,所以顾客需要的书他几乎都有。他的全部存书价值至少在 45 000 里拉。③

里高从 STN 订书的方式反映了他的经营特点。一般外省的书商都采取投机式的经营方式,如果他们预感某一本书会卖得好,便一次订上百八十本。里高跟他们不一样,同一本书他也就是订上个六七本。他读得很多,勤于征求读者意见,长于从商务通信中把握市场脉搏,充分利用 STN 和其他供应商寄给他的出版目录(到 1785 年为止,STN 的目录上罗列了 750 本书的名字)。做了一番调查之后,他选 10 本左右,每一本

115

---

① Rigaud 写给 STN 的信,1771 年 7 月 27 日。

② 从 Rigaud 写给 STN 的信里和 STN 的销售委托书中可以看出 Rigaud 订书的规律。在 Rigaud 写的两封信里,一封写于 1774 年 6 月 29 日,另一封写于 1777 年 5 月 23 日,他附上了自己的库存图书目录。

③ Madeleine Ventre, *L'Imprimerie et la librairie en Languedoc au dernier siècle de l'Ancien Régime* (Paris and The Hague, 1958), 227.

都不多订,总数多少以重量上不超过 50 磅为限,因为这样刚好可以装满一个标准箱。这个重量满足运货商所要求的最低重量限度,可以享受比较便宜的运费。如果他订的书卖得好他就再订,不过他一般不多订,一年之内也就是续订四五次。这样做他可以节省开支,缩小风险,让自己的存书多样化,使当地各种各样的文学需求都能在他的书店里得到满足。

STN 的账簿上登记在案的订书单里,里高的订书单显得很特殊。从他的订书单上可以看出,同别的书商不一样,他比较注重满足读者的多样化需求。他订的书什么都涉及一点——旅游指南、历史、小说、宗教,有时还有科学与哲学方面的书。他不是按自己的好恶取舍,而是按市场的需要、按图书业里大家屡试不爽的那些成功秘方行事。照 STN 另一个客户的说法,这个秘方就是:“对书商来说,最好的书就是卖得动的书。”[1]考虑到里高一贯谨慎的经营方式,他一次就预订了 30 套九卷本的《关于百科全书的问题》很值得我们注意。如果不是很确信这本书销路会很好,他不可能一下子在一本书上下这么大的赌注。再看他后来的续订单,显然他的算盘没打错。1772 年 6 月 19 日,《关于百科全书的问题》的最后一卷运到他的书店以后不久,里高就又补订了 12 套。两年后又补订两套,不过后来印刷坊已经没有存书了。此前,STN 破格印了两千多套,相当于它一般书籍印量的两倍,但书商们都争先恐后将这些书抢购一空。所以,里高要增订一点儿也不出格。这里体现了法国大革命前伏尔泰思想在读书人当中流传的程度。

116

二

假如从里高与蒙彼利埃地区其他书商的关系这个角度来看他的购

---

[1]　B. André 写给 STN 的信,1784 年 8 月 22 日。

书订单,我们是否会另有发现呢? 1777 年出版的一本图书贸易大全里
提到当地有九个书商: ①

印刷兼销售的有　　　　奥格·弗兰克·罗夏尔

让·马特尔

只卖书、不印书的有　　伊萨阿克·皮埃尔·里高

J.B.福尔

阿尔贝·庞斯

图尔内

巴西孔

塞扎里

丰特内尔

　　但根据 STN 一个旅行推销员的报告,实际上只有七个专业书商,因
为里高和庞斯合并了,在当地售书业里处在支配地位上。② 塞扎里和福
尔都勉强支撑,微不足道。至于剩下的那些书店都风雨飘摇,濒临破产。
有些从事书籍装订的人和脑子灵光的买卖人偶尔也会卖几本书,但这都
是非法的,其客户也都不是城里循规蹈矩之辈。比如,有一位名叫卜灵
安的年轻女子,绰号"学生阿母"。据一份搜查报告讲,她在二楼卧室的
床底下藏了几本禁书。这次搜查是书店老板们背后搞的鬼,向当局告发
了她。③ 售书业在其他省城里的情况大致跟这差不多,多是由一两个书
店处在核心地位,试图垄断市场。围绕着它们有一些小书商在边缘上挣
扎。小书商的强项是卖小册子和旧书。此外,他们也组织读书会,从事
书籍装订,弄些物什到乡下去贩卖。还有一些胆大的时不时地在市场上

117

①　*Manuel de l'auteur et du libraire*（Paris,1777）, 67.

②　Jean-François Favarger 写给 STN 的信,1778 年 8 月 29 日。

③　有关这次搜查的报告收藏在瑞士国家档案馆中。卷宗号 Ms.français 22075,fo.355。

非法兜售禁书。

　　里高预定《关于百科全书的问题》是为了进一步确立自己在当地图书贸易中的中心地位。1770 年他跟庞斯的书店合并后,使他在财力物力上都游刃有余,从容不迫。一般小书商们偶有风吹草动便无法承受,像订货没有按时运到、欠款人无法按期付款、资金周转不灵等。但这些都不会让里高伤筋动骨。再说,他做事心狠手辣。1781 年,当地一个中等规模书店的老板塞扎里没能按期向里高付款,里高便串通塞扎里的贷款人,硬是弄得塞扎里关门大吉。他们不给塞扎里宽限,使他因欠款而锒铛入狱,只好将股票拍卖。而里高一伙又故意压低价格,将塞扎里的股票全数收购。里高通过拉拢手段将本地书籍装订业牢牢地控制在自己手里。由于他背后捣鬼,当地从事书籍装订的人往往把别的书店的活是能推迟就推迟,能耽搁就耽搁。到了 1789 年,搞书籍装订的只剩下亚布拉罕·丰特内尔。而他之所以能勉强维持,也完全是靠阅读俱乐部的收入。丰特内尔曾对 STN 的人说:"里高对我的阅读俱乐部嫉妒得红了眼睛。他想独占鳌头,对我恨之入骨。"①

　　里高在竞争中脱颖而出不只是靠商业资本初期狗咬狗的狠劲。仔*118*细阅读他的信函以及当时其他书商们的来往文书就会发现,18 世纪 70 年代后期到 80 年代这段时间,图书业开始萎缩。年景不好时大鱼吃小鱼、弱肉强食,乃势所必然。里高在跟 STN 打交道的过程中一直不是个省油的灯。他的《关于百科全书的问题》是从纳沙泰尔而不是从日内瓦订的。STN 当时在纳沙泰尔印的是盗版书。伏尔泰的正版书是由日内瓦的一个名叫加比里埃尔·克莱默的人经手印刷的,因为克莱默从伏尔泰那里拿到了优惠合同。这意味着,如果蒙彼利埃地区的书商从克莱默那儿订货的话,就会捷足先登,抢先拿到书。里高因此常常向 STN 大

---

① 　Fontanel 写给 STN 的信,1781 年 3 月 6 日。

吵大闹,质问 STN 为什么不能动作快点儿,说 STN 的缓慢使他的客户都被竞争对手们夺去了。他还威胁说,如果 STN 以后不能提高速度和降低运费的话,他就要从克莱默那儿订货了。等里高预订的《哲学问题》的第一到三卷从纳沙泰尔运到时,从日内瓦订书的书店都已经拿到第四到第六卷了。里高把他从纳沙泰尔订的书和别人从日内瓦订的书进行逐字逐行地认真比较,发现 STN 的版本没有原作者增补的内容,而 STN 却声称已经拿到了伏尔泰的增补稿。里高本来要打出“增刊版”的旗帜作为营销口号,现在这话就说不出了。一时间他和纳沙泰尔之间书来信往,吵个不休。这些信件表明,里高对竞争对手采取的是蚕食鲸吞、寸土不让的政策。更重要的是,这些信件还表明,尽管理论上《关于百科全书的问题》一书在法国不能合法行销,但它在蒙彼利埃一带却可以堂而皇之地大行于市,完全不限于“学生阿母”之类的边缘人物偷偷摸摸地兜售。伏尔泰的书成为光明正大的书市贸易中有利可图的抢手货。如果像里高这样精明的书商都削尖了脑袋、不择手段想弄到进货,那伏尔泰大可以沾沾自喜。因为他要通过法国的主要传播网扩散自己的思想,这目的显然是已经达到了。

119

三

伏尔泰和克莱默所扮演的角色迫使我们进一步深思,《关于百科全书的问题》一书的流传过程有不同的阶段,里高究竟是处在这个循环的哪个位置上呢?他知道他拿到的书不是第一版。STN 在出书前给里高和其他主要客户们的信中说,STN 的版本是复制克莱默版,但是增刊的部分是由作者本人提供的,所以 STN 的版本应该比原版还好。印刷坊的一个负责人曾在 1770 年去费尔内造访过伏尔泰,并得到后者的承诺,等克莱默那边把印好的清样送来后,伏尔泰会加以最后润色,然后会把这份润色过的清样寄给纳沙泰尔,好让他们印盗版。① 伏尔泰经常耍这种手段,为的是有机会把自己的书进一步加以修改,并扩大发行量。他的真正目的是传播启蒙思想,而不是赚钱。如果是为了赚钱,他就该把书稿卖给印刷商了。但是,这个流程中的其他人可都是唯利是图之辈。克莱默听说 STN 要跟他抢市场,便去找伏尔泰理论,致使伏尔泰对 STN 收回承诺,STN 没办法,白等了一阵子,最后只能用伏尔泰寄回的略加增刊的稿子。② 然而,这场风波并没有影响 STN 的生意,因为巨大的市场需求使各种不同版本都有销路,不要说 STN 的版本,就连马克·米歇尔·雷伊在阿姆斯特丹印的版本和其他非正规的版本也都卖得不错。 *120* 书商可以对供应书的人挑三拣四,看谁能给他们最好的价钱;还要看质量、送货的速度和可靠性。里高跟巴黎、里昂、若恩、阿维农和日内瓦的出版商都经常打交道,在出版商的鹬蚌相争中他坐收渔人之利。有时候,他会同时从两三个出版商那里订同一本书,目的是确保自己能比别的竞争对手先拿到书。他这样同时在几个供销圈里运作,可谓左右逢源,游刃有余。但在《关于百科全书的问题》这件事上,他被别人耍了。最后他的货弯弯绕绕,兜了个伏尔泰—克莱默—伏尔泰—STN 的大圈子。

上面讲的这个大圈子,只不过是把书稿从作者手里折腾到负责印刷的人那里而已。而由 STN 出来的书页,再到里高手里的书,其间还有很多其他环节。这些环节是一本书从作者到读者的过程中最复杂的阶段。里高要拿到书有两条路径:一条路径是从纳沙泰尔到日内瓦,再到都灵、尼斯(当时还不是法国领土),最后到马塞。这条路径的好处是可以绕开法国,避免让货物被没收。但太绕远,花费大。包装好的货箱要翻

---

① STN 写给 Gosse 和 Pinet 的信,1770 年 4 月 19 日。这两个人都是海牙的书商。
② STN 写给伏尔泰的信,1770 年 9 月 15 日。

过阿尔卑斯山,经过不计其数的中间人,包括负责办理货运的、撑船的、赶车的、看仓库的、跑码头的,最后才能到里高的书店里。当时有一个做得相当不错的瑞士运货商,他说他只需要一个月就可以把货箱运到尼斯,价钱只要 13 里拉,相当于每 100 公斤八个苏。后来的事实证明,这个人大大低估了所需时间。从纳沙泰尔到里昂,再沿着罗纳河直达,路线虽然快捷、便宜、直截了当,但是风险大。货箱不但要在进入法国时被封条封起来,还要接受里昂书商行会和政府审查官员的检查,而到了蒙彼利埃之后还要再检查装箱一次。①

121   里高做事一向小心谨慎,他让 STN 把《关于百科全书的问题》的第一卷从绕远的小路运来,因为有个叫约瑟夫·库朗布的人在马塞做他的代理。他觉得有了马塞的接应,可以把这些书万无一失地偷运进法国。但前面说过的那个瑞士运货商于 1771 年 12 月 9 日动身,次年 3 月份以后才到达。那时,里高的竞争对手们已经开始卖克莱默版的第三卷了。里高订的第二卷和第三卷 7 月份才到,并因运费问题上的争执,运货的人途中没有仔细照管货物,书籍有些破损。里高对 STN 抱怨说:"你们好像远在天边!早知如此,我真该从克莱默那儿订货,人家连第六卷都运到了。"②STN 此刻担心把法国南部的客户都丢光了,也开始在里昂搞走私。他们的一个经办人是个不起眼的书商,叫约瑟夫·路易·贝尔多。此人弄到了第四和第五卷,也蒙过了书商行会的检查,但他的买卖却因经营不善而破产了。更糟糕的是,法国政府开始对所有进口书籍征收关税,每 100 公斤 60 个里拉。STN 只好走阿尔卑斯山那条路,跟里高建议,由 STN 按每 100 公斤 15 个里拉的价格运到尼斯,剩下的费用由里高自己承担,包括关税。但是,里高觉得关税太高,

①　这一部分的叙述是根据 STN 同中间人之间的来往书信。
②　Riguad 写给 STN 的信,1771 年 8 月 28 日。

做国际买卖不值得,便不再给国外的供货商下订单。在这一新的关税制度下,把非法书籍乔装打扮成合理合法的书籍,再走正常的商务通道,实为得不偿失。

那年的 12 月,STN 在尼斯的经办人叫雅克·迪昂德莱斯,也不知怎么把一批《关于百科全书的问题》的第六卷经由赛特港运到了里高那里,按说赛特港已经不再让书籍进口。法国政府此刻也意识到,国际图书贸易已濒于绝迹,赶紧把关税降到每 100 公斤 24 个里拉。里高提议,关税费用由供货商跟他共同分担,他付三分之一,供货商付三分之二。他的提议 STN 也接受了。但到了 1772 年的春天,里高觉得斯这条线路费用太贵了,怎么着都划不来。STN 不断听到客户们的抱怨,都说这条路线费用太高了,便派了一个负责人到里昂去,说动了那里的一个比较可靠的书商,叫 J.- M.巴莱,让他运动当地的书商行会放行他们的货,好使外省的客户们拿到书。由于这番安排,里高预定的《关于百科全书的问题》的后三卷于那年的夏天安全到达了。

为了把整套书运到蒙彼利埃,里高费了不懈的努力和大量的财力。这笔买卖成功之后,他和 STN 仍然对他们的运输线精心培护。但来自政治和经济方面的压力不断在变化,他们也得不断地调整同中间人的业务关系。这些人五色杂处,却都是印书人和卖书人之间的重要环节。如果较起真来,他们常常决定法国读者们能读到什么样的书。

读者们怎样吸收一本书是个讲不清的问题。对现存藏书的分析能显示一本书有过多少不同的版本。我们也可以通过蒙彼利埃市公证档案馆的史料了解到,当地的遗产转交文件中提到过哪些书。拍卖资产的目录也可能提供一些有用线索,让我们知道大约有多少本书流落在私人图书馆里。然而,所有这些资料文献都不能让我们知道,是什么人在读伏尔泰的书,以及他们对伏尔泰的书有什么样的反响。阅读是书籍传播

122

过程中最难研究的一个课题。

四

传播线路系统里的所有环节都受到一定的社会、经济、政治和思想观念的影响。但对于里高来说，这些大气候的存在是通过当地的小气候表现出来的。他居住的城市有 31 000 人。尽管当地有相当可观的纺织业，蒙彼利埃基本上是一个很保守的行政与宗教中心。这个城市的文化基础很深厚，有大学、科学院、12 家旅店和 16 个修道院。又因为它是朗克多克的省会，还有大大小小的法庭，城里住了很多律师和王家官员。这些人大概和别的省会的同类们一样，也会对启蒙文学感兴趣，会成为里高的顾客。[①] 里高在书信中没有谈到过他的顾客们的社会背景，但是讲到他的顾客们都对伏尔泰、卢梭和雷纳尔的著作如饥似渴。他们预先就订了百科全书，还预约像《自然法则》和《自然哲学》这样的无神论作品。蒙彼利埃绝对不是一个文化落后的地方，相反，它是一个卖书的好地方。有一个人在 1768 年说过："这座城市里的图书贸易相当发达。自从本城的居民开始有藏书的癖好以来，书商们就一直没闲过。"[②]

里高就是在这样的情况下预订《关于百科全书的问题》的。但从 18 世纪 70 年代开始，年景逐步变坏。到了 18 世纪 80 年代，里高和他的书商同行们都开始抱怨书市的大萧条。按照史学权威 C.E.拉布鲁斯的

①　Robert Darnton, *The Business of Enlightenment: A Publishing History of the Encyclopédie 1775–1800* (Cambridge, Mass, 1979), 273–299.

②　参阅"Etat et description de la ville de Montpellier, fait en 1768"一文（作者不详），收入 *Montpellier en 1768 et en 1836 d'après deux manuscrits inédits*, edited by J. Berthelé (Montpellier, 1909, 55)。其中的丰富细节是以上叙述的基础。

说法,法国经济这段时间出现经济紧缩现象。① 显然,正是因为政府的财政入不敷出,所以才会有 1771 年的图书进口关税。这个馊主意是由财政部长泰雷想出来的。他想让法国在七年战争中积累下来的财政赤字减少一些,政府也想杜绝盗版书和禁书。于是,政府先是在 1771 到1774 年期间动用警力来硬的,后来又在 1777 年来软的,搞图书贸易改革。这些政策最终断送了里高的生意,他跟 STN 和其他印书商们都纷纷破产。这些人的生意曾在 18 世纪中叶的边境地区着实火过一阵子。而法国境外的出版商却不但能出版巴黎查禁的原版书,也能把巴黎出版商们合法出版的书印出盗版发行。因为合法出书的生意几乎全部被巴黎的出版商垄断了,外省的竞争者们便跟国外的印刷商结成同盟。逢有国外印的盗版书入境接受省会图书行会的检查,他们都睁一眼闭一眼。路易十四时代,政府把巴黎的行会组织作为打击非法贸易的工具,但 1770 年路易十五的重臣舒瓦瑟尔倒台,形势一天不如一天。也就是说,里高同STN 的命运跟当时大的经济和政治形势密不可分。18 世纪初大形势好,里高和 STN 也就都跟着发达。但是当装满《关于百科全书的问题》的货箱还在从纳沙泰尔去蒙彼利埃的路上,大形势就开始急转直下了。

别的研究方法可能会显示出不同的规律,我的模式不一定要像上面这样用,甚至也根本不一定要用。我不是说书籍史的写法都得符合我的模式,但是,我的研究方法的好处是,可以把本来互不相干的细节贯穿起来,成为一体。不同的书籍史家会偏好不同的方法。他们可以像玛德莱纳·旺特尔那样只研究朗克多克省的书市;或者像吉尔斯·巴贝尔、热罗姆·维克鲁伊斯和其他人那样专攻伏尔泰的著作;要么就像弗朗索

124

125　　瓦·孚雷和罗贝尔·埃斯蒂瓦尔那样,研究 18 世纪法国图书产业的总
趋势。① 但是不管大家怎样八仙过海、各显神通,要把事情讲透,就非得
把文本传播过程中那些分散脱离的部分作为一个统一整体来研究。为
了把意思说明白,我再把那个线路板模式重复一遍,以指出其成功之处,
也给大家建议几个有待进一步研究的课题。

作者

　　尽管有关大作家的传记作品汗牛充栋,但是过去的作者们究竟是在
什么情况下写作的,我们所知甚少。他们什么时候依赖豪门赞助或被国
家雇佣? 什么时候完全靠自己的笔耕生活? 写作生涯到底意味着什么?
怎样才能成为文人? 他们又是怎样跟出版商、印刷商、书商、评论人以及
其他作家打交道? 在这些问题得到回答之前,我们不可能完全理解文本
的传播。伏尔泰能利用那些想印盗版书的书商,并把他们玩得团团转,
那是因为他不靠写作为生。一个世纪以后,作家左拉声称,只有当一个
作家能把作品卖出大价钱来才谈得上精神独立。② 这期间的变化是怎
么发生的? 约翰·洛夫的研究对此有个解释。我们如果借助警察档案、
文艺年鉴、出版目录,也可以对法国的笔墨春秋做更系统的研究。(《文
学法国》提供了 1757 年 1 187 位作者和 1784 年 3 089 位作者的名字和出
版物)直到 1871 年以前,德国都处在分崩离析的状态之中,故其情形没
那么明朗。但德国的学者们在《学术德国: 今日德语作家辞典》一书中

---

① Ventre, *L'Imprimerie et la librairie en Languedoc*; François Furet, "La 'librairie' du
royaume de France au *18ᵉ* siècle," *Livre et société*, 1, 3 – 32; and Robert Estivals, *La
Statistique bibliographique de la France sous la monarchie au XVIIIᵉ siècle* (Paris and The
Hague, 1965).其中目录研究的部分将由伏尔泰基金会负责出版。

② John Lough, *Writer and Public in France from the Middle Ages to the Present Day*
(Oxford, 1978), 303.

发现很多有用的史料。照这本书的统计,1779 年一年里就有四千多个登记在案的作者名单。他们由此出发,在区域研究和专题研究中追踪作者同出版商、读者和其他作者之间的联系。[1] 马里诺·贝伦戈的研究以意大利为例,让我们看到,挖掘作者和出版商之间的关系是多么有文章可作。[2] A.S.科林斯的研究虽然有点过时了,研究范围也只限于 18 世纪,但英国作家的情况还没有谁比他讲得更透。[3]

126

出版商

《出版史杂志》上登载的那些文章和专论,如马丁·罗里的《澳杜斯·曼努缇叶斯的世界》、罗伯特·帕腾的《查尔斯·狄更斯及其出版商》、盖里·斯塔克的《意识形态业:德国的新保守主义出版商,1890—1933》,已经把出版商的角色说得很透彻。但是出版商有别于书商和印刷商,其历史演变的来龙去脉还需要更系统的研究。有关出版商的文献是书籍史研究中最丰富的史料,然而历史学家们刚刚才开始认识到这个资源的重要性。比如,马尔巴克的柯塔出版社藏有至少 15 万份文件。这些文件只是在研究歌德、席勒等大作家的著作中被蜻蜓点水似的涉猎过。对这些文献的深入挖掘肯定会多有收获,能帮助我们了解书籍在

---

① 德文发表的研究成果包括 Helmuth Kiesel and Paul Münch, *Gesellschaft und Literatur im 18. Jahrhundert. Voraussetzung und Entstehung des literarischen Marktes in Deutschland* (Munich, 1977); *Aufklärung, Absolutismus und Bürgertum in Deutschland*, edited by Franklin Kopitzsch (Munich, 1976);还有 Herbert G. Göpfert, *Vom Autor zum Leser* (Munich: 1978)。

② Marino Berengo, *Intellettuali e librai nella Milano delta Restaurazione* (Turin, 1980)。总的说来,意大利人对法国人的图书史研究不像德国人那么把它当回事儿。参阅 Furio Diaz, "Metodo quantitative e storia delle idee," *Rivista storica italiana* 78(1966): 932 - 947。

③ A.S. Collins, *Authorship in the Days of Johnson* (London, 1927) and *The Profession of Letters (1780 - 1832)* (London, 1928). 更近期一点的研究有 John Feather, "John Nourse and His Authors," *Studies in Bibliography* 34 (1981): 205 - 226。

19 世纪德国所起过的巨大作用。书商们是如何跟作者们签约的？怎样同书商们联盟？怎么同政府方面斡旋？又是怎样处理财务、货源、运输和市场宣传这类事情的？对这些问题的回答会使书籍史的研究同社会史、经济史、政治史挂上钩，同这些学科相得益彰。

　　英国的纽卡斯尔历史书目研究计划和法国的波尔多文学与大众艺术研究所，是书籍史研究中的排头兵，让我们看到了这个领域的大趋势，那就是采用交叉学科的方法。波尔多的研究人员跟踪一本书在不同发行系统里的流传情况，借此考察当时法国不同的读者群对同一本书的不同阅读体验。①

17 世纪初到 19 世纪初，英国的出版商为了扩大销售，搞了很多订户名单。纽卡斯尔的研究人员通过对这些订户名单的量化分析来考察一本书的扩散过程。② 对出版商的出版目录和出版计划也可以做类似的研究。纽贝里图书馆就收藏了很多这类目录和出版计划。图书广告也是个亟待研究的课题。通过考察书籍是怎么样被包装推销的，我们可以了解当时人们对书籍的态度以及阅读是在什么样的背景下发生的。各种各样的宣传材料，包括杂志里的广告和招贴画，都体现着广告者的匠心，遣词造句中可以看出他们是用什么东西吸引读者。美国的历史学家们通过考察报纸广告来研究独立战争之前美国社会上流行读物的情况，做得很成功。③ 如果他们再能借助出版商的材料，还可以对 19 和 20 世纪

---

① Robert Escarpit, *Le littéraire et le social. Eléments pour une sociologie de la littérature* (Paris, 1970).

② Peter John Wallis, *The Social Index: A New Technique for Measuring Social Trends* (Newcastle upon Tyne, 1978).

③ William Gilmore 对新英格兰地区殖民地时代图书传播情况的研究作了深入细致的研究，此项研究即将完成。Stephen Botein 则对英国殖民地时代美国出版业的政治经济情况做了研究，参阅"'Meer Mechanics' and an Open Press: The Business and Political Strategies of Colonial American Printers," [*Perspectives in American History* 9(1975): 127-225]; Bernard Bailyn and John B. Hench edit, *The Press and the American Revolution* (Worcester, Mass., 1980)也有很多地方提到美国早期的图书史情况。

的情况提出真知灼见。① 可惜,出版商通常都不大拿自己的档案当回事。尽管他们会把名作家们偶尔写来的信件珍藏起来,但却把对书籍史研究至关重要的账簿和商业往来信件扔掉。国会图书馆的图书研究中心正在编辑一本指南,罗列了很多出版档案。如果这些资料能被保存下来并加以研究的话,他们可能会给美国历史研究带来全新的视角。

印刷商

书籍的制作和传播过程中,大家对印刷这一环最为熟知。因为书目分析学一直对印刷情有独钟。按照 R.B.迈凯洛和菲利浦·加斯凯尔的说法,书目分析学的目的是通过考察书籍的制作过程来揭示文本是怎样传播的。② 研究书目的人对文本批评多有贡献,这一点在莎士比亚研究中表现得尤为突出。他们从一本书的文本结构分析出发,循着各种蛛丝马迹去追踪书的印刷过程,从而找到本源文本,比如莎士比亚丢失了的原稿。这种研究方法最近受到麦肯齐的挑战。③ 但是即便搞书目研究的人无法还原莎士比亚的文本原貌,他们的研究还是成功地证明,一个文本可以有多种版本。这对研究书籍的传播至关重要。他们的研究技巧也可以用来分析印刷商的文档,使印刷史的研究进入一个新阶段。由于麦肯齐、列奥·沃伊特、雷蒙·德·罗夫和雅克·里什纳等人的研究,我们现在对手工印刷阶段(大约是 1500 到 1800 年)印刷铺子和作坊的

128

---

① 想了解近期美国图书史的研究情况,可以参阅 Hellmut Lehmann-Haupt, *The Book in America*, rev.ed.(New York, 1952)。

② Philip Gaskell, *A New Introduction to Bibliography* (New York and Oxford, 1972), perface。这本书对这个领域的情况作了十分出色的介绍。

③ D. F. McKenzie, "Printers of the Mind: Some Notes on Bibliographical Theories and Printing House Practices," *Studies in Bibliography* 22(1969):1-75.

情况比较清楚。① 但是 1800 年以后的发展情况还有待进一步的研究,新的问题也有待回答。19 世纪初出现机器造纸,到了 1880 年又出现了莱诺铸排机,这些都给书籍制作费用带来什么样的变化? 这些技术上的变化对劳务管理有什么影响? 作为劳工阶级的一部分,印刷工人识文断字,没那么老实本分,他们在工运历史中起了什么作用? 书目分析学对外行来说可能显得深奥莫测,但如果能把印刷商的文件和名人自传结合起来加以考察,那就可以大大有助于社会史和文学史的研究。我们不妨先从托马斯·普拉特、托马斯·根特、N.E.雷蒂夫·德·拉·布雷东纳②、本杰明·富兰克林和查尔斯·曼比·史密斯等人的目录分析开始。

运输商

书籍是怎么从印刷车间和作坊到了书店的,我们对此所知甚少。

129 旱路车、水路船、商路、邮路加铁路,它们对文学史的影响可能比我们想象的要大得多。在出版中心地区,像伦敦和巴黎,运输工具可能不会对图书出版业有多大的影响;但在偏远地区,运输工具有时会决定书籍发行的覆盖程度。19 世纪以前,书籍都是不装订的,读者们拿到散书页以后可以根据自己的趣味和经济情况加以装订。这些被打包

① D.F.McKenzie, *The Cambridge University Press 1696-1712* (Cambridge, 1966), 2 volumes; Leon Voet, *The Golden Compasses* (Amsterdam, 1969 and 1972), 2 volumes; Raymond de Roover, "The Business Organization of the Plantin Press in the Setting of Sixteenth-Century Antwerp," *De gulden passer* 24 (1956): 104 - 120; and Jacques Rychner, "A L'Ombre des Lumières: coup d'oeil sur la main-d'oeuvre de quelques imprimeries du XVIIIᵉ siècle," *Studies on Voltaire and the Eighteenth Century*, 155 (1976): 1925 - 1955, and "Running a Printing House in Eighteenth-Century Switzerland: the Workshop of the Société typographique de Neuchâtel," *The Library*, sixth series, 1(1979): 1 - 24.
② N.E.雷蒂夫·德·拉·布雷东纳是法国 18 世纪的小说家。——译者注

的散书页在运输中很容易被风吹雨淋。跟纺织品相比,散书页本身的价值不高,但由于它们尺寸和重量大,故运费很高。所以,运输费在一本书的制作成本中占的比例很高,也是出版商们营销策略中的重要一环。在欧洲很多地区,到了八九月份收获季节,赶车拉套的都去忙农活,印刷商根本就没办法把书运到各地的书店去。而在巴尔干地区,10 月份以后,书籍的运输又常常因为冰天雪地、气候恶劣而停滞下来。战争、政治局势,甚至保险费都可能导致运输线路关闭或开通。从 16 世纪到现在,大批另类文学一直通过地下渠道传播。它们的传播程度取决于走私逃避政府的有效程度。其他体例的书,像小册子和简装书,则是通过特殊渠道发行的,应该另做专门研究。研究书籍史的人已经开始着手这方面的工作了。①

书商

在书籍史研究的领域里,H.W.本内特对英国早期、L.C.罗斯对美国独立之前、H.J.马尔丹对 17 世纪法国,还有约翰·戈德弗雷德里克对德国书商的经典性研究,使我们可以对图书贸易的演变有一个整体的了解。② 但是书商在供求之间所起的中介角色,以及他们起到的文化催化剂作用,还需要进一步的研究。像里高这样的书商,他们有着怎样的社

① 例如,参阅 J.-P.Belin,*Le Commerce des livres prohibés à Paris de 1750 à 1789*（Paris,1913）;Jean-Jacques Darmon, *Le Colportage de librairie en France sous le second empire*（Paris,1972）; and Reinhart Siegert,*Aufklärung und Volkslektüre exemplarisch dargestellt an Rudolph Zacharias Becker und seinem "Noth-und Hülfsbüchlein" mit einer Bibliographie zum Cesamtth-ema*（Frankfurt am Main, 1978）。

② H.S.Bennett,*English Books and Readers 1475 to 1557*（Cambridge,1952）and *English Books and Readers 1558－1603*（Cambridge,1965）;L. C. Wroth, *The Colonial Printer*（Portland：1938）; Martin, *Livre, pouvoirs et société*; and Johann Goldfriedrich and Friedrich Kapp, *Geschichtedes des Deutschen Buchhandels*（Leipzig, 1886－1913）,4 volumes.

会和文化背景、什么样的趣味和价值观,以及怎样在当地社会混得如鱼
得水,我们还所知甚少。他们在商业关系网中时起时落,而商业关系网
就像外交中的盟约,朝秦暮楚,见利忘义。究竟什么东西决定一个人在
出版行业里的兴衰呢? 通过对不同国家的情况加以比较,可以看出一些
大趋势。比如,像伦敦、巴黎、法兰克福、莱比锡这样的大城市起着圆心
作用,在周围各省有一批卫星式的业务点。而在边远些的省份,像列日、
布永、纳沙泰尔、日内瓦、阿维农这样的地方,当地的书籍出版、印刷和销
售商们则拉帮结派,另成独立势力。要在他们之间作比较研究不太容
易,因为在不同的国家经管书籍贸易的机构各不相同,因此形成完全不
同的档案系统。伦敦出版业公会的记录、巴黎传播图书馆的资料、莱比
锡和法兰克福的书市文献,各自揭示的是英国、法国和德国的图书
历史。①

　　但不管在哪里,书籍都是作为商品出售的。对此,正大光明地从经
济学角度进行考察,可以给文学史的研究带来新视野。詹姆斯·巴恩
斯、约翰·泰贝尔和弗雷德里克·巴比耶已经分别阐述过,经济因素在
19 世纪英、美、法各国的书籍贸易中的重要性。② 但还有更多的工作要
做。比如信用制度、讨价还价的技巧、对付赖账的办法、用印好的散书页
作抵押的做法等,这些都还没人研究过。图书贸易跟文艺复兴时期和现
代化前期的其他商业行为一样,有心理较量的层面,但我们对于具体过
程的了解仍然很少。

---

① Compare Cyprian Blagden, *The Stationers' Company*, *A History*, *1403 - 1959* (Cambridge:
1960) ; Martin, *Livre*, *pouvoirs et société*; and Rudolf Jentzsch, *Der deutsch-lateinische
Büchermarkt nach den Leipziger Ostermes-skatalogen von 1740*, *1770 und 1800 in seiner
Gliederung und Wandlung* (Leipzig, 1912).

② James Barnes, *Free Trade in Books: A Study of the London Book Trade Since 1800*
(Oxford, 1964) ; John Tebbel, *A History of Book Publishing in the United States* (New
York, 1972 - 1978), 3 volumes; and Barbier, *Trois cents ans de librairie et d'imprimerie*.

读者

尽管探讨阅读过程的文章著述相当多,从心理学角度的、现象学角度的、文本学角度的、社会学角度的,各个角度应有尽有,但我们对此仍是一头雾水。读者们是怎样把印在纸上的文字符号变成有意义的能指? 阅读经验的社会效果是什么? 每个人的阅读经验又是怎样彼此不同? 韦纳·博斯、斯坦利·费希、沃尔夫冈·伊瑟尔、瓦尔特·翁和乔纳森·库勒等研究文学的人,把阅读视为文本批评中的核心部分。因为他们觉得阅读是一种行为,文本的意义是在传播系统中被决定的,而不是由文本本身决定的。① 研究书籍史的人有自己假想的听众和读者群,但他们应该记得,每一个历史时期的听众和读者群都是特定的。文学批评家虽然熟悉文学史,特别是 17 世纪英国文学,但他们往往忘记不同时期的读者对文学作品的感受不是一成不变的。一个 17 世纪伦敦市民的精神世界同一个 20 世纪美国教授的精神世界是大相径庭的。阅读本身也今非昔比。过去,阅读常常是很多人在一起的时候(有时是秘密聚会),由一个人大声朗读。那种投入的精神可能是今天的人无法想象的。卡洛·金兹伯格的研究让我们看到,一个 16 世纪的磨坊主可以对一本书采取微言大义式的阅读到什么程度。玛格丽特·斯普福特的研究则更进一步用 17 世纪一个地位卑微的工人作例子,显示了普通读者们为了读懂弥尔顿的《论出版自由》,一遍

---

① 这方面的例子有 Wolfgang Iser, *The Implied Reader: Patterns of Communication in Prose Fiction from Bunyan to Beckett* (Baltimore, 1974); Stanley Fish, *Self-Consuming Artifacts: The Experience of Seventeenth-Century Literature* (Berkeley and Los Angeles, 1972) and *Is There a Text in This Class? The Authority of Interpretive Communities* (Cambridge, Mass., 1980); Walter Ong, "The Writer's Audience Is Always a Fiction," *PMLA* (Publication of the Modern Language Association of America) 90 (1975): 9 - 21。同一主题的其他例子还有 Susan R. Suleiman and Inge Crosman, *The Reader in the Text: Essays on Audience and Interpretation* (Princeton: Princeton University Press, 1980)。

132 又一遍、逐字逐句地不厌其烦。① 欧洲进入现代初期,各地的人们不管地位高低,从大作家到小草民,大家都对阅读如饥似渴,而且这种阅读不是消极被动的。浪漫主义时代出现的那种嗜书成性、爱书如命的时尚并非无源之水。早在这之前,阅读就已经是让人们心醉神迷的事情了。虽然有人把文学阅读看成是机械的解码过程,并在这种理解的基础上提倡速读。但其实,阅读所引起的心动神摇和情感波澜远不是简单的解码过程所能概括的。

但不管读者在阅读中有多大的主动性,他的反应还是受到文本制约的。瓦尔特·翁曾指出,《坎特伯雷故事》和《永别了,武器!》的开篇都先给作品定了调,不管读者对朝圣或内战怎么看,他们的反应都被文本染色了。② 事实上,排版、句法和文风都决定了意思的传达。麦肯齐的研究告诉我们,英国18世纪剧作家孔格雷夫的作品的早期版本装订得很粗糙,版面设计也俗不可耐。后来1709年再版时,虽然内容没有改变,但因为改善了外观设计和装帧、装潢,就被收到新经典作品集里面去了。③ 要研究阅读的历史,一定要既考虑到文本对读者的限制,也要考虑到读者的主观能动性。这两者之间的矛盾是阅读过程中的普遍现象,而且会导致非同一般的特殊效果。马丁·路德读赞美诗、卢梭读法国喜剧《厌世者》和克尔凯郭尔读伊沙克之牺牲,都属于这种现象。

通过史料调查我们可能对过去人们的阅读情况有所了解,但是他们在

① Carlo Ginzburg, *The Cheese and the Worms: The Cosmos of a Sixteenth-Century Miller* (Baltimore: Johns Hopkins University Press, 1980); Margaret Spufford, "First Steps in Literacy: The Reading and Writing Experiences of the Humblest Seventeenth-Century Spiritual Auto-biographers," *Social History* 4 (1979): 407 - 435.

② Ong, "The Writer's Audience Is Always a Fiction."

③ D. F. McKenzie, "Typography and Meaning: The Case of William Congreve," *Wolfenbütteler Schriften zur Geschichte des Buchwesens*, (Hamburg: Dr. Ernst Hauswedell, 1981), IV: 81 - 125.

阅读过程中所产生的内心感受则是我们永远无法捕捉到的。然而我们至少可以对阅读行为的社会背景比较清楚。学术界有关中世纪默读问题的辩论让我们了解到当时人们的阅读习惯。① 对德国读书会的研究也表明，这些组织在 18 和 19 世纪如雨后春笋般蓬勃发展，而阅读在资产阶级文化特色的形成过程中更是起了重要作用。② 德国的学者在研究图书馆历史和阅读经验方面也成绩卓著。③ 他们坚持罗尔夫·恩格尔辛首创的观点，认为阅读习惯在 18 世纪末发生了性质上的变化。在此之前，读者们倾向于精读为数不多的几本书，特别是像《圣经》这样的书。但 18 世纪末以后，他们五花八门什么书都看，寻求的是娱乐，而不是长知识。这个从精读到泛读的过渡发生之际，正是白纸黑字失去其神圣地位之时。廉价读物到处都是，辛辛苦苦写出来的东西被当成商品，像隔日的报纸一样被随便丢弃。但是这种说法最近受到挑战。莱因哈特·西格特、马丁·威尔克和一些其他年轻学者在研究中发现，读者对于流行的廉价读物并没有弃若敝屣，而是同样如饥似渴般地细嚼慢咽。特别是像鲁道夫·扎夏里亚斯·贝克写的畅销书（Noth-und Hülfsbüchlein）。④ 甚至连

133

① 参阅 Paul Saenger, "Silent Reading: Its Impact on Late Medieval Script and Society," *Viator* 13(1982): 367–414。

② 参阅 *Lesegesellschaften und bürgerliche Emanzipation. Ein Europäischer Vergleich*, edited by Otto Dann（Munich: C.H.Beck, 1981）。这本书的书目非常详尽。

③ 这方面研究的最近成果可参阅 *Öffentliche und Private Bibliotheken im 17. und 18. Jahrhundert: Raritätenkammern, Forschungsinstrumente oder Bildungsstätten?*（Bremen and Wolfenbuttel,1977）, edited by Paul Raabe。最近发表的文章著述很多都是受了 Hans Robert Jauss 的启发，特别是 *Literaturgeschichte als Provokation*（Frankfurt am Main, 1970）。

④ Engelsing, *Analphabetentum und Lektüre. Zur Sozialgeschichte des Lesens in Deutschland zwischen feudaler und industrieller Gesellschaft*（Stuttgart, 1973）, and *Der Bürger als Leser. Lesergeschichte in Deutschland 1500–1800*（Stuttgart, 1974）; Sigert, *Aufklärung und Volkslektüre*; and Martin Welke, "Gemeinsame Lektüre und frühe Formen von Gruppenbildungen im 17. and 18. Jahrhundert: Zeitungslesen in Deutschland," in *Lesegesellschaften und bürgerliche Emanzipation*, 29–53.

历书和报纸一类的读物也都被当成宝贝,读了一遍又一遍。但不管"阅读质变说"是否成立,这一讨论已经把阅读研究跟社会史和文化史挂上了钩。[1] 与此同时,通过对识字程度的研究,学者们也看到两三个世纪以前的读者们分层的情况,使书籍史的研究可以按照读者的类别顺藤摸瓜。[2] 这个领域总的趋势是,越是基础的东西,研究的人就越多。过去十年里越来越多的人都觉得,廉价出版物很难在精英文化之外独树一帜、另立山头,成为新的学科,但大众文学仍备受研究者们青睐。[3] 现在看来,我们不能再把文化方面的变化看成是线性的、自上而下的或"余波所及"式的。流变可以是自上而下的,也可以是自下而上的;可以向周边扩散,也可以向中心凝聚。像高冈大、灰姑娘、布斯肯这样家喻户晓的故事人物,既经过口头流传,也出过廉价小册子,更有豪华精装版。[4] 在这些不同形式的传播过程中,他们不断被重新包装打扮,不但国籍不同,连体裁也各异。很多故事的出处都可以追踪到历书一类的出版物。民间传说中的流浪儿李查德摇身一变成了《好男人李查德》,这让我们看到

---

① 这方面的例子可参阅 Rudolf Schenda, *Volk ohne Buck* (Frankfurt am Main, 1970),最近的研究请参阅 *Leser und Lesen im Achtzehntes Jahrhundert* (Heidelberg, 1977), edited by Rainer Gruenter; and *Lesen und Leben* (Frankfurt am Main, 1975), edited by Herbert G. Göpfert。

② 参阅 François Furet and Jacques Ozouf, *Lire et écrire: L'Alphabétisation des français de Calvin à Jules Ferry* (Paris, 1978); Lawrence Stone, "Literacy and Education in England, 1640 – 1900," *Past and Present* 42 (1969): 69 – 139; David Cressy, *Literacy and the Social Order: Reading and Writing in Tudor and Stuart England* (Cambridge, 1980); Kenneth A. Lockridge, *Literacy in Colonial New England* (New York, 1974); and Carlo Cipolla, *Literacy and Development in the West* (Harmonds worth: 1969)。

③ 这方面研究的综述可参阅 Peter Burke, *Popular Culture in Early Modern Europe* (New York, 1978)。

④ 参阅 Robert Mandrou, *De la culture populaire aux XVIIe et XVIIIe siècles: La Bibliothèque bleue de Troyes* (Paris, 1964)。更仔细、更近期的研究可 Roger Chartier, *Figures de lagueuserie* (Paris, 1982)。

美国和法国文化的某些相似方面。而通过研究莱茵河一带的历书贩卖情况,我们可以对"老实的送信人"这一故事的演变追根溯源,从中看出德国和法国之间的关系。

　　什么人阅读,读的是什么,阅读是在什么时候和什么情况下发生的,阅读的效果又是怎样的,这类问题把阅读研究跟社会学联系起来了。研究书籍史的人可以从道格拉斯·韦普尔斯、伯纳德·波里森、保罗·拉扎斯菲尔德和皮埃尔·布迪厄等人那里学学怎样着手这类问题的研究,也可以利用芝加哥大学图书馆学系有关阅读的研究成果。这项研究在20世纪30到50年代曾经很红火,其成果到现在还不时被《盖乐普报告》引用。① 如果要找社会学研究方法应用在历史研究中的例子,可以看看理查德·阿尔蒂克、罗伯特·韦伯和理查德·霍贾特等人的研究。他们的研究考察了英国劳工阶级过去两个世纪里的读书生活,颇有参考价值。② 所有这些研究都试图回答一个大问题,即阅读如何影响人们的思维,活版印刷的发明是否改变了人们的精神世界。对这个问题可能不会有一个圆满的答案。因为正像伊丽莎白·爱森斯坦指出的那样,要回答这样的问题,我们必须对早期现代欧洲生活的许多方面都

---

① Douglas Waples,Bernard Berelson,and Franklyn Bradshaw,*What Reading Does to People* (Chicago,1940);Bernard Berelson,*The Library's Public* (New York, 1949);Elihu Katz, "Communication Research and the Image of Society:The Convergence of Two Traditions,"*American Journal of Sociology* 65(1960):435 – 440;and John Y.Cole and Carol S.Gold,eds.,*Reading in America 1978* (Washington,D.C.,1979).盖乐普报告收在美国图书馆学会出版的 *Book Reading and Library Usage: A Study of Habits and Perceptions* (Chicago,1978)一书中。这些早年的社会学研究至今不过时,而且可以跟 Pierre Bourdieu 最近的理论一起来用,特别参阅 *La distinction: Critique saddle du jugement* (Paris,1979)。

② Richard D.Altdck,*The English Common Reader: A Social History of the Mass Reading Public 1800 – 1900* (Chicago,1957);Robert K.Webb,*The British Working Class Reader* (London,1955);and Richard Hoggart,*The Uses of Literacy* (Harmondsworth,1960;1st edition,1957)。

有一个了解之后才可能。① 但是至少,我们现在很清楚书籍在人们生活中的重要性。人们发誓时用书,送礼时用书,发赠奖品时用书,要自己青史留名也要靠书。这些用途为我们了解不同社会里书籍的意义提供了线索。书籍的整体形象告诉我们,它们在一个社会里的地位是举足轻重的,即便是目不识丁的劳工,他坐在教堂里看到的壁画或雕塑也是摩西宝卷的画面。书籍在民间传说中的含义和书里面的民间主题表明,一旦口述传统和文字印刷勾结起来,这两者便开始明送秋波。所以对书籍的研究必须看书籍同其他媒体的关系。② 这样的研究可以方向不同,但必须殊途同归。最终要帮助我们理解的是,印刷是怎样塑造了人们对世界的认识。

　　搞书籍史研究的人常常陷入细枝末节,只见树木,不见森林。他们的研究有时太零碎,即便让他们所有的人都集中研究某一个国家,他们的成果加起来都不大可能把这个国家书籍史的总体情况说清楚,更谈不上引进比较的角度和借鉴不同历史领域的研究成果了。但是书籍本身是不局限于某一特定语言和民族的。写书的人常常是一些本来就属于全人类的文人,印书的人不一定认字,卖书的人每每要跨越国境线,读书

---

① Elisabeth L. Eisenstein, *The Printing Press as an Agent of Change* (Cambridge, 1979), 2 volumes; 关于 Eisenstein 论题的讨论,可参阅 Anthony T. Grafton, "The Importance of Being Printed," *Journal of Interdisciplinary History* 11 (1980): 265 – 286; Michael Hunter, "The Impact of Print," *The Book Collector* 28 (1979): 335 – 352; and Roger Chartier, "L'Ancien Régime typographique: Réflexions sur quelques travaux récents," *Annales: Economies, sociétés, civilisations* 36(1981): 191 – 209。

② 这些主题在以下文章著述中有所涉及: Eric Havelock, *Origins of Western Literacy* (Toronto, 1976); *Literacy in Traditional Societies*, edited by Jack Goody (Cambridge, 1968); Jack Goody, *The Domestication of the Savage Mind* (Cambridge, 1977); Walter Ong, *The Presence of the Word* (New York, 1970); and Natalie Z. Davis, *Society and Culture in Early Modern France* (Stanford, 1975)。

的人往往会讲另一种语言。作为研究对象,书籍也很难被归属于某一个领域。无论是历史学,还是文学、经济学、社会学、目录学,任何一个单一学科都不足以充分揭示一本书的历史所涉及的方方面面。所以,从性质上来说,对书籍史的研究必须在范围上跨国际,方法上跨学科。但这不意味着可以不要统一的理论框架,因为书籍毕竟属于一定的传播线路系统,不管这个系统怎样复杂,它都按一定规律运作。通过挖掘这些传播线路系统,史学家们可以向人们显示,书籍不仅具有复述历史的功能,它们本身就是历史的一部分。

第八章　被遗忘了的文学中间人①

　　很多研究文学的人在掌握了理论武器之后,现在开始转向历史。最近新发表的文章著述都在鼓吹"新历史主义"和"新文学史",说明这些学者们开始抵制"解构"的做法,要把文学研究同历史研究结合起来。但是同哪一种历史研究相结合呢? 旧的文学史采用法国人的经典公式,把文学巨匠和佳篇杰作的出现作为文学史断代的依据。今天的史学家对"文学"这一概念的理解要宽泛得多,他们的视野里包括三教九流里所有跟文字沾边的男男女女。

　　文学的民间层面包括母亲唱给婴儿听的催眠曲、孩童们跳绳时哼的儿歌、青少年们当中流行的黄色笑话、黑人们骂人的脏话。文学史学家们可能觉得这些应该是人类学家们去研究的东西。但即便他们把文学局限于形诸文字的东西,这里面也还是会涉及很多旧的文学史不曾关注过的层面。捡破烂的人、造纸的人、排版的人、赶车的人、卖书的人,甚至读者。形诸文字的文学作品只是书籍制作和发行系统中的一部分。然而,使这个系统得以运转的大部分人在传统文学史中却毫无踪影。这些中间人被大作家们从文学史中给挤出去了。一旦从这些中间人的角度来审视文学史,那我们将会看到完全另一番景象。

---

① 本文首发于 *The New Republic*（September 15,1986）: 44 - 50,当时我用了一些在另一篇文章里使用过的材料,即"Sounding the Literary Market in Prerevolutionary France,"in *Eighteenth-Century Studies 17*（Summer,1984）: 477 - 492。

　　纳沙泰尔印刷社（STN）的档案文件里提到很多这类中间人，我准备用他们的例子来说明一下上面的看法。在旧制度最后的二十年里，STN在图书出版和发行方面，在法国图书界里扮演了举足轻重的角色。纳沙泰尔是瑞士的一个省份，同法国东部接壤，这对于印刷出版那些在法国不能发行的书籍简直再理想不过了。那些得罪了教会、惹恼了官府或触犯传统道德的书都在违禁之列。STN 出的有些书，比如《路易十五的私生活》和《黑皮日记》在以上三个方面都有问题，但却仍然卖得好。当然，这些书是进不了文学史的。STN 还出版了宣扬启蒙的经典著作，还有一些无伤大雅的作品，像旅游指南和感伤小说一类，但都是盗版印刷的。对于瑞士的出版商和法国图书业的客户来说，文学是个买卖。正像一个客户说的那样，对书商来说卖得动的书就是最好的书。①

　　但是对于置身图书业其中的人来说这意味着什么呢？我们不妨看看出版商是怎么从作者那里弄到作品的。弗雷德里克·塞缪埃尔·奥斯特瓦尔德和阿布拉罕·伯塞·德·吕兹是 STN 的两个主要合伙人。他们在启蒙运动高潮期间常去巴黎。通过他们的报告，我们可以了解到他们何时去内政部申请营业执照，在哪里歇的脚，让谁给理的发和修的面，又雇的什么人替他们跑腿儿，和拜访了哪些文学界的名流。

　　这两个人虽然认同法国文化，但性情上更像乡下人和清教徒。一开始，他们对喧嚣的大城市很不知所措，要靠向导才能找着路。在拜访书商过程中他们发现，巴黎的生意人每天下午两点就关门了。而且如果你去找他们讨账的话，他们的家人一定会说主人不在家。但是巴黎的夜晚让人心旷神怡，足以弥补白天的烦恼。有一天晚宴后，奥斯特瓦尔德在一封写给家里的信中说："不瞒您说，这里美酒佳酿，仕女如云，我已经乐

① 　凡尔赛的 André 给 STN 的信，1784 年 8 月 22 日。

不思蜀了。"①

出版商很热衷于小道消息。达朗贝尔告诉他们说,伏尔泰死后不久,他曾跟腓特烈大帝要求给伏尔泰举行一个灵魂安息的仪式,腓特烈大帝说:"好吧,不过我不相信永生这一套。"②

大部分时候,出版商们讲的是生意经,琢磨着怎么才能降低成本,提高利润,挖巴黎出版商的墙脚,把最好的作家抢过来。结果泥沙俱下,弄得什么人都想把书稿卖给他们。伯塞写道:"有个穷作家昨天又来找我,要卖给我一本讲耶稣的书稿。"但伯塞和奥斯特瓦尔德宁愿出大作家的书,不愿沾这些名不见经传的小作家。有了在瑞士出版伏尔泰和卢梭的经验,他们知道怎么销售哲学一类的书。他们跟达朗贝尔、雷纳尔、博马舍、马布利、马蒙泰尔、莫尔莱等知名文人学者起草意向书,甚至还同富兰克林·本杰明商量怎么把法国的书弄到美国来卖。③

这些意向性的谈判大部分没有落实到具体合同,但它们显示了出版活动的特点。出版商总是在谈生意讲价钱,这个过程中潜在的可能性总是有一大堆,但最后能变成现实的是少数。也就是说,现实中实际上出版了的文学书籍不过是成千上万可能出而没有出的一小部分。

有一本叫《波兰的政府与法律》的书,是加比里埃尔邦诺·德·马布利写的,这本书从意向性的谈判落实到了具体的出书计划。跟许多作者一样,马布利知道自己的书会卖得好,所以,他把书稿交给出版商的唯一条件是要求出版商给他 100 本免费样书。但这件事弄砸了,而且是STN 的错。马布利在事后的一系列书信往来中怨气连天。当时正逢公

---

① Ostervald 和 Bosset 写给 STN 的信,1775 年 5 月 23 日;Ostervald 写给 STN 的信,1775 年 6 月 11 日。
② Bosset 写给 STN 的信,1780 年 6 月 16 日。
③ 同上,1780 年 5 月 26 和 4 月 14 日。

众对波兰分裂事件(1772)兴趣浓厚,瑞士人没能及时捕捉时机,抓住热点话题,反而动作缓慢,坐失良机。

奥斯特瓦尔德用自己的市场调查替 STN 作了一个简短辩护。他说:

> 我们先印了不少这本书的头页和内容目录页,寄给一些在巴黎、凡尔赛、里昂和鲁昂等地的书商。但没有一个书商预订这本书。他们都说,虽然这本书写得不错,但读者已经不再对这个题目感兴趣。我只好在德国和北欧寻找市场。我觉得如果订单超过了 100 份,就可以立刻让印刷间开工印制。先生,这件事可是公说公有理,婆说婆有理。①

作者们可不是好伺候的。在奥斯特瓦尔德眼里,他们虚荣、目中无人,太拿自己当回事。他们在晚饭桌上可能妙趣横生,可签合同的时候却是贪得无厌,斤斤计较。即便像达朗贝尔这样的人,平时挺招人喜欢,但谈到生意时却也一样锱铢必较。②

出版人也一样在乎利润,他们把启蒙运动变成生财之道。奥斯特瓦尔德和伯塞从巴黎写给总部的信里说:"我们必须再一次强调,值得印的好东西、让人肃然起敬的高品位的东西不难找,但是最关键的是,我们在付印以前必须确定印出来的东西能赚钱。这是我们必须遵守的最高原则。"一旦利润下降,瑞士人就关掉铺子,解雇工人,靠股息支撑。他们才不以捍卫高质量的文学作品为己任呢! 他们很清楚,"印刷这个行当比

_140_

---

① Ostervald 写给 Mably 的信,1781 年 1 月 7 日;Ostervald 写给 David-Alphonse de Sandoz-Rollin 的信,1781 年 1 月 7 日。

② Ostervald 写给 Charles-Joseph Panckoucke 的信,1777 年 11 月 16 日;Bossert 写给 STN 的信,1780 年 5 月 17 日。

别的行当出的垃圾多"。经过多年同作者讨价还价，同竞争对手你争我夺，奥斯特瓦尔德总结出如下的经验："跟别人不能太实在了，什么事儿要等落实了才算数。不管什么东西，只要你还没牢牢抓在手里就不是你的。"①

　　这些话反映了印刷商的视角，他们处在图书传播线路上的特定位置。当然，站在别的位置上也会有别的视角。有一个叫让·尼古拉斯·莫莱尔的人，住在弗朗什孔泰地区汝拉山下一个叫梅利耶尔的小村庄里，是个造纸的。有关他的材料让我们可以从原材料供应商的角度了解当时的图书业。他的信件里面废话连篇，充满别字白字和语法错误，但他念念不忘强调两点：一是他的纸好，一是他的人好。他向 STN 保证，他只买最好的纸浆。向他供应纸浆的那些人都很会用针头线脑之类的小恩小惠讨好乡下的丫鬟使女，好保证自己能拿到最好的货。莫莱尔还说，他用的水是整个山区最纯净的水，他是弗朗什孔泰地区的造纸大王。他不像别的造纸商那样以次货代好货，糊弄客户。相反，他做生意恪守圣保罗的圣训和耶稣基督的戒言。

　　然而，一旦客户杀了他的价，他也会在制作过程中加些生石灰，让纸看上去很白，好像是优质纸。但生石灰有副作用，时间一久，纸上面的墨迹就会变黄。因为这个缘故，法国政府禁止在造纸过程中使用生石灰，违者还要处以 300 里拉的罚款。但是莫莱尔觉得人家不会发现，因为他没有把自己的名字和水印做在模具上，而这也是违法的。

　　瑞士人没有采取法律手段来对付莫莱尔，也没有追究他的纸张重量不足的问题。纸的质量基本上是由重量和漂白的程度决定的。但到付款的时候，他们故意通过一些小公司给莫莱尔转账，因为他们知道这些

---

① 　Ostervald 和 Bosset 写给 STN 的信，1780 年 3 月 31 日；Bosset 写给 STN 的信，1780 年 5 月 12 日；Ostervald 和 Bosset 写给 STN 的信，1780 年 2 月 20 日。

公司不景气,用来付账的资金一时半会儿都兑现不了。

莫莱尔对付出版商的办法是让他们动怜悯之心。他的儿子得了一种怪病,医生说只有纳沙泰尔的酒能治他的病。莫莱尔什么药都试了,给孩子什么酒都喝了。"红酒、白酒、甜酒、香酒、苦酒、混合酒、冰冻酒……甚至连孔泰地区的名贵酒也喝过。"但只有纳沙泰尔地区的好酒才行,红的白的都灵验。所以,莫莱尔表示,欠款可以不必走转账的形式,只要用两桶酒替代就行,每次他来送纸的时候顺便取走。①

就这样,一封信紧接着一封信,双方各不相让,都想占对方的便宜。在出版史上的这个阶段,每出一本书的后面都有没完没了的斤斤计较和讨价还价,其中既有寸利必争的较劲,也有风趣机智的幽默。但至今为止,因为我们看不到出版商的档案材料,这些层面的内容都不大为我们所知。跟造纸的人已经达成的交易尤其重要,因为在现代早期,印刷书籍的过程中,纸张费用占了制作成本的75%。那时的读者也对纸张很挑剔,他们通常都买回印好的散页,一张一张仔细检查,用手指揉搓不算,还要背着光看,核查纸的纹路和颜色,看有没有瑕疵。

读者也很注意印刷质量。STN 出了狄德罗的《百科全书》精装版第十五卷以后,收到一个客户的来信抱怨说,他收到的书上面有印刷工的指纹。我在纳沙泰尔市立图书馆仔细察看了这本书的原版,果然在第635 页上发现有清晰的大拇指印。再查当时工头的工资簿,上面提到那一页是由一个叫邦尼曼的人印的。这个人的名字也在 STN 和雇佣代理的通信中出现过。当时的印刷作坊招工人都由雇佣代理负责,他们推荐的工人遍布全法国的印刷业。所以我觉得应该能找到更多有关邦尼曼的资料。

142

---

① 　Morel 写给 STN 的信,1778 年 7 月 1 日。

　　跟当时大多数的印刷工人一样，邦尼曼浪迹四方时用他的小名。他是个黑头发的诺曼底人，在巴黎的一家印刷作坊学会了这门手艺。后来就开始四处游荡。在里昂，他遇上坎德朗一家。这家人有一个父亲、一个母亲和一个儿子，也是东一榔头西一棒子地打零工为生。他们一块儿徒步北行，穿越布雷齐和弗朗什孔泰地区到达多勒。在那里，他们在一个印刷作坊找到工作，作坊的老板叫东尼。但他们跟东尼闹得很不愉快，而且，坎德朗家里的儿子又勾引了东尼铺子里的女销售。有一天，他们拿到周薪后，就把没印完的活丢下不管，带上那个女销售跑到瑞士去了。

　　几天以后他们到了纳沙泰尔，都在 STN 找到活，印《百科全书》。但是坎德朗一家跟 STN 的工头闹矛盾，很快就离开了。邦尼曼在 STN 待了快两年，属于印刷工里面干得最长的一个。但他可不是会亏待自己的人。STN 发现，他为了自己干活时省力，在印模上多倒了很多墨，所以导致印出来的书页上有指纹。

143　　通过追踪书页上的指纹我们可以看到，启蒙运动那些不朽杰作后面的芸芸众生。《百科全书》凝聚了无数人的血汗，它不只是狄德罗这样的哲学家的作品，也是像邦尼曼这样的工人的劳动结晶。所以，对《百科全书》的研究不应该只限于这本书的文字内容，还要把它当成一个有板有眼的物质实体。①

　　我们也可以研究这本书销售过程中的那些炒作。虽然 STN 用广告和宣传品大吹大擂《百科全书》，但因为零售商特别关注的还是行业内

---

①　Tonnet 写给 STN 的信，1777 年 11 月 12 日；STN 写给 Tonnet 的信，1777 年 11 月 16 日。有关这件事我在 *The Business of Enlightenment: A Publishing History of the Encyclopédie 1775 - 1800*（Cambridge，Mass.，1979）一书中讨论过，227 - 245。虽然工资簿上只有 Bonnemain 的名字，但印刷工干活时都要成双成对，所以手印很可能是他的工友的，而不是他自己的。

部的口碑,所以,STN 主要还是依靠商务通信来推销这本书。他们也听推销员的说辞,所以 STN 在 1778 年派了一个雇员,叫让·弗朗索瓦·法瓦日,去四处推销。

这人骑着马跑遍了法国中部和南部几乎所有像模像样的城镇,6 个月里,为了鼓吹《百科全书》和 STN 出版的其他书籍,他喊破嗓子说破嘴。这可不是好玩的差事。他路上带了好几把手枪,以防万一撞上罗纳河谷一带以抢劫为生的江洋大盗。他走到埃克斯时,碰上一帮失了业的丝绸工人。他们告诉他说,前面刚有过打劫的事。听了这话,他决定绕道走,最后安全地到达了土伦。但到了尼姆后,他遇上了另外一个麻烦:生病。因为旅途劳顿,他�<ruby>胯<rt></rt></ruby>下酸痛难耐。当时的医疗方法要他隔三岔五地放血除热。他觉得自己怕是要卧床不起了。①

等到了蒙彼利埃,他的坐骑又开始出问题。去图卢兹的路上它一瘸一拐,口吐白沫,最后干脆卧地不起。到了 10 月初天气开始坏起来,拉罗歇尔一带连续两个星期天降大雨,人畜都被浸泡得骨头都要发霉了。他写道:"道路糟透了,一天走不了几里。牲口也已筋疲力尽,随时可能呜呼哀哉。"到了卢丹以后,他的马腿上出现浮肿,长起了斑块。法瓦日只好把它卖了四个路易,又添了一些钱,买了一头强健些的牲口。这些他都写在开销记录上了。上面还有他自己治病的费用和偶尔去酒馆的娱乐花销。他新买的牲口不怕风、不怕雨,又驮东西、又驮人。靠着它的帮助,法瓦日带着目录、新书预告和样书穿过汝拉山,越过罗讷河谷,一路顺利。终于在 12 月初风尘仆仆、人困马乏地回到总部。②

这一趟跑得很辛苦,但法瓦日大开眼界,一路上了解到很多地方省份的书市的情况。在马赛的书市上,他学乖了,懂得躲着当地的检察官。

144

---

① Favarger 写给 STN 的信,1778 年 8 月 8 日。

② Favarger 写给 STN 的信,1778 年 10 月 21 日。

他写道:"这是个小人,为一己私利可以六亲不认。"而在里昂,他却捉摸出怎么在官府的眼皮底下把几大箱禁书顺利地偷运出来。他总结说:"第戎是地下图书贸易的重镇,而图卢兹市的人则冥顽不化,最好不要去招惹他们。他们为了清剿异端邪说,连订书的人都不放过。当地的行会规则之严格非常人所能想象。书商们相互倾轧,心狠手辣,客观上助纣为虐。"图卢兹市只有一个叫拉夫特的书商肯卖跟清教有关的书。土伦和波尔多两地也令法瓦日感到失望,但这是因为经济而不是政治原因。这两个地方的商业活动因美国的独立战争而大受池鱼之灾。法瓦日的报告中提到,博凯尔地区的集市原本是当地的贸易中心,如今却一蹶不振。而另外那些小城镇里书店少得可怜,令人难以置信。卡庞特拉、维维耶尔、蒙特利马尔三地连一家书店都没有。"奥兰治只有一家铺子卖书,店主是个叫托伊特的人,做假发生意,顺便卖几本宗教方面的书当作副业。书商名录册上有个叫卡拉米尔的人,实际上是个卖窗帘的。他以前卖过书,但现在已经不卖了。"就这样,法瓦日一个城市一个城市地走下来,看到各地都是些什么样的书在流传,又是一些什么样的人在经营图书贸易。①

为了弄明白对书的实际需求量,他跟书商们单刀直入,但发现这些人不那么好对付。他写道:

> 你给他们开个价,他们就跟你说他们想先看看目录,等你回来再说。但你回访三四次,每次都会碰上老板不在家。万一你堵着他了,他会说还没来得及考虑你的开价。所以你还得再来一次。再回去又会怎样呢?大部分时间还是什么结果也没有。这些人几乎都是这样,让生人从东头跑到西头,并且只在

---

① Favarger 写给 STN 的信,1778 年 8 月 15 日、9 月 13 日和 8 月 2 日。

上午谈生意。晚饭以后这些人很少会在店里。我是想能快点
把事办完，但跟我打交道的人虽说买卖都不见得做得怎么样，
却都喜欢不紧不慢，尤其不会让一个像我这样的外国人太容易
得逞。①

　　无论在哪里，文化产业里都少不了这些中间人，他们的主要职能在
于理顺供求关系，把文学作品在付印之前就先进行一番筛选，然后才是
印刷、装车、运输。在这一切之后，文学作品才在发行网络的终端与读者
见面。这个系统的运转需要推销员东奔西跑，但他们干这行干得越久就
越觉得事情难办。法瓦日发现，瑞士人的办事效益比地中海地区吆三喝
四、以货易货的方式好不到哪儿去。但是，虽然他在尼姆和马赛没卖出
去什么东西，他却加深了对市场的了解，知道了盗版印刷哪些东西可以
赚钱。比如，在布昂佩斯，一个叫维纳雷尔的书商就曾要他转告纳沙泰
尔总部，应该"重印英译本的《宾夕法尼亚的法律与宪法》，这本书自称
是献给富兰克林博士的，由书商若贝尔和塞洛出售。"维纳雷尔许诺说，*146*
如果 STN 重印这本书的话，他要订 50 部。法瓦日到了下一站里昂，跟
当地书商兜售这个主意，但他想顺便提到另一个想法，即新出一版孔迪
亚克的作品。结果没有一个书商感兴趣。法瓦日写道："这儿没有一个
人觉得应该再版孔迪亚克。他们说有一个叫巴莱特的书商那儿还有库
存的孔迪亚克的书。但他们都很喜欢里科波尼的作品。如果能根据巴
黎原版再印一版的话，肯定卖得出去。对这本书的需求一直有增无减。
至于维纳雷尔说的那本书，这儿没人听说过，也没人感兴趣。"法瓦日在
别的地方也听到同样的反馈。在格林诺波的巴黎特书店，他看见架子上
有一部《宾夕法尼亚的法律与宪法》。店主说，根本没人对这本书有兴

---

① 　Favarger 写给 STN 的信，1778 年 10 月 1 日。

趣,它不过是一大堆律法条文的集成,属于那种只有第一版时才有人要看的东西。店主还说,STN 应该重印的是《化学词典》。①

　　人们对书的看法往往见仁见智并不统一,各地区的口味和需求也不一样。但是有几部作品好像不管在哪里都注定卖得好,特别是卢梭的《忏悔录》,这本书还没出版,书商们当中就流传说,出版商们在暗中争先恐后地要出高价买这部书稿。而书商们则迫不及待地抢着要拿到印出来的书。法瓦日在里昂、瓦朗斯、奥兰治、阿维农、尼姆和马赛等地探听了行情后,向总部汇报说:“人人跟我要卢梭的回忆录,人人都坚信这本书已经出了,如果在巴黎找不到,那就一定会在荷兰找到。如果我们能早点儿印出来的话,可以印上 3 000 册。”当时在全国很多地方大概都有类似这样的对话。法瓦日转了一圈回到纳沙泰尔时,他所具有的对18 世纪文学的社会环境的了解是任何文学史家都无法望其项背的。②

147　　一本书就这样由邦尼曼这样的工人印出来,再由法瓦日这样的推销员卖给书商,最后才到了欧洲各地的读者手上。STN 一半左右的客户都是居住在法国的零售书商,这些零售书商订购的书里面非法书籍占了相当的比例,其中有在法国合法出版但被盗版印刷的书,也有不能公开出售的禁书。为防万一,这些禁书只能走另外的渠道,我们称之为“走私偷运”,但 18 世纪干地下图书贸易这一行的人则把这看作是保险生意。

　　有些蛇头一类的人(也可以说是提供保险的人)跟 STN 签约,保证把书运过法国边境。他们雇了一帮脚夫,在边境瑞士一边的一个小客店里给这些人喝壮胆酒,然后让他们背着书袋子沿山路进入法国,把书送到一些秘密地点。到了目的地以后,再由一个法国人把这些书打包装箱,作为境内商品分运到全国各地的书店里。货运单当然都是假的。法

---

① 　Favarger 写给 STN 的信,1778 年 7 月 11、21 和 26 日。
② 　Favarger 写给 STN 的信,1778 年 8 月 15 日。

国的海关缉私队会在边境巡逻。如果抓到脚夫，书就会被全部没收。遇到这种情况，蛇头得向 STN 赔偿损失。而被抓住的脚夫则可能被官府在身上烙上 GAL 几个字母，锒铛入狱。如是初犯，关几年就放了；若是惯犯，那就囚禁终生。

所以保险业不是个好玩的行当，干这一行的都很会砍价，多少利润多少风险算得精着哪。有个来自克莱尔沃的蛇头叫居永（Guillon），他收商品价值的 16% 作为过境运输费。他手下的人把书装成 80 磅一包，雪太深的话就 70 磅。1773 年 3 月，他手下的两个人，包括一个小头目，让官府的缉私队给逮着了。居永担心这两个人捞不出来了，因为圣·克劳德的主教在染指这件事，而被没收的书又偏偏包括作家梅西耶贬斥教会的乌托邦小说《2440》。居永只好自己出血补上这个窟窿，付给 STN 240 个里拉，相当于 STN 里一个工人的半年薪水。他向 STN 表白说："做生意以诚信为本，如果贵方承受损失，我会寝食不安。"但接下来他就把运输费用提高到货物价值的 20%。至于那两个被逮住的脚夫后来怎么样了，我们已无从知晓。①

等货物运到了零售书店，麻烦也还没完，因为书商得把书卖出去，还要向 STN 付款。而 STN 也等着用这钱去偿付开印刷机的、造纸的和流水线上的下一批作者。在这个系统里面，书商可能是最重要的中间人，因为他处在供求关系接口的环节上。

书商里面也是三教九流什么样的人都有。有的是社会栋梁之材，也有的是鸡鸣狗盗之辈。对后者，我倒要替他们说几句公道话。曾经有过一桩案件，涉及一个叫尼古拉·热拉什的人。从这一案例中，我们可以看出这些人的重要性。

---

① 　Guillon 写给 STN 的信，1773 年 10 月 4 日和 1774 年 10 月 1 日。

　　热拉什曾经是个皮匠,后来改行做书籍装订,干了一阵子装订后又去倒卖书籍,再从倒卖书籍慢慢过渡到走私,走私最后走到局子里去了。警方的报告说,热拉什像是个走私团伙的头目,在法国北部边境一带活动。还说:"此人奸佞狡猾,藏垢纳污,实乃边关之患,国之大敌。"(旧制度时代的警察在写案卷方面比 20 世纪的警察要有文采得多了)①

　　1767 年被释放之后,热拉什向官府保证要痛改前非,到梅斯重操皮匠旧业。警方的暗探在报告中也说,他不再倒腾不良书籍了。警察所说的不良书籍就是行内人们所说的哲学书籍。到了 1770 年,热拉什似乎真的要重新做人了。他赢得了一位年轻女子的芳心,并因此得到一笔 2 400 里拉的嫁妆。这对于一个出身社会中下层的新娘来说是个可观的数目。而且丈母娘也很喜欢他。②

　　这对新婚夫妇决定开一家书店,兼做装订。丈母娘贷给他们 800 里拉买皮革,嫁妆那笔钱就用来置办家具、付房租和购买装订设备。这些东西都是由一个叫博贝尔的出版商提供的。此人住在布鲁塞尔,是个出版界的批发商。他的专长就是倒腾哲学方面的书,当时正跟 STN 合作出版启蒙思想家霍尔巴赫那本骇世之作《自然的体系》。

　　就是在这样一个当口,热拉什的名字在 STN 的来往信函中出现了。他在给 STN 的信里面把自己说成是认真负责、勤劳肯干的年轻人,打算自己开个买卖,有所作为。他信中说:

　　　　我来自一个很不幸的家庭,如今一贫如洗。我去干皮匠这一行乃出于无奈,因为我志在经商。博贝尔先生让我做书籍装

---

① Joseph d'Hémery 写给警察局长 A.‑R.‑J.‑G. Gabriel de Sartine 的信,1765 年 7 月 17 日无签名报告,法国国家图书馆 22096。

② Bonin 写给 Hémery 的信,1767 年 6 月 28 日,出处同上。

订,我真是求之不得。我有幸娶了个能干的贤妻,现在,我已经
把她那几百块私房钱押进去了。①

　　热拉什当然是想打动供货方,给自己弄点信贷。但 STN 则是先向
当地的生意人了解他的情况。这些人都说他是个卖力干活、品行端庄的
小伙子。热拉什花了 803 里拉买了个售书执照,有了这个他就可以按照
当地书业行会的规定买卖图书了。他跟 STN、萨尔布吕肯的一个印刷所
和布鲁塞尔的博贝尔都建立了业务关系,由他们供货。还买了马、置了
车,老婆留守在家里照看铺子,他则在乡下倒卖书籍。他还成立了一个
读书会,让镇上的市民,特别是当地驻军里当兵的那些人每个月交三里
拉,就可以到他这里来想看什么就看什么。三里拉相当于当时一个熟练
木匠一天的工资。②

　　热拉什手里的书比较杂,但"坏书"和哲学书格外多。这些书五年
前曾给他惹了不少麻烦。他写的信里面提到,他的读者最想看的就是这
些禁书,包括宣扬无神论的(比如《自然的体系》和《三个骗子》)、色情文
学的(像《哲人泰莱丝》)和政治丑闻的(例如《穿着甲胄的报人》)。

　　他的书信使我们能够看到他的小本生意每个月的经营情况。显然
第一年最艰难,因为客户基础不是一下子就能建立起来的。但到了第二
年,虽然他不时要背井离乡去长途跋涉做生意,他的读书会给他带来很
多稳定顾客。他也替博贝尔跑了几趟走私。博贝尔实际上更想让他去
运书,而不是卖书。因为这个缘故,两个人的关系弄得很糟,来自博贝尔
方面的货源也就断了。但是热拉什巩固了他同萨尔布吕肯印刷所的关
系。到了 1772 年 6 月,他的读书会会员已增加到 155 人。照他的估计,

---

① Gerlache 写给 STN 的信,1772 年 6 月 19 日。
② C.C. Duvez 写给 STN 的信,1773 年 10 月 29 日。

他的铺子一年可以赚 2 400 里拉,足够养家糊口的了。

热拉什和他太太本打算让他们的新生婴儿住到铺子上面的房间。可就在热太太要生的时候,她母亲突然生了重病。热拉什在写给 STN 的信中说:"我现在焦头烂额,丈母娘生命垂危,老婆又即将临盆。我真怕她母亲这个时候过世会给她沉重打击。"虽然老婆孩子平安无事,但丈母娘却一命呜呼了。老人遗留给他们 6 000 里拉,热拉什有了这笔钱,开始下大订单,用 12 到 18 个月之内就能兑现的支票付货款。[①]

但不久他就开始入不敷出了。1773 年,当地驻军换防,他一下子少了很多最忠实的顾客,手头骤然紧了起来。他请求债主们给他点儿宽限,说他宁可死也不会黄了他们的账。[②]

然而几个月以后,他信中的口吻就变了。如今要是哪个债主跟他催账,他就威胁说:"我一把火把什么都烧了,让你们什么都得不着。"他请求 STN 多给他一些像霍尔巴赫男爵的《自然的体系》那样的惊世骇俗的抢手书,比如《社会体系》,好让他利用大家对禁书的需求赚点钱。但 STN 发现他做事越来越不小心,不肯再让他赊账。1774 年 10 月,他在萨尔布吕肯的供货商破了产,这对热拉什来说不啻是飞来横祸。用他自己的话说就是,"我现在走投无路"。他跟太太经法律手续分了家,好不至于让债主们把她的财产也都给拿了去。到了 11 月,他丢下老婆孩子一个人溜了。[③]

没有哪一个书商能代表这个行当的全体人员,但是我发现很多书商都有跟热拉什相似的经历。波尔多有个叫帕斯克的书商最后也卷了铺盖卷;昂迪兹有个叫布罗特的也逃之夭夭;马赛有个叫博伊尔的人,史料

---

① Gerlache 写给 STN 的信,1772 年 7 月 6 日。
② Gerlache 写给 STN 的信,1972 年 8 月 13 日。
③ Gerlache 写给 STN 的信,1773 年 1 月 5 日、1774 年 1 月 2 日和 1774 年 10 月 13 日。

记载中说"查无此人,已远赴美洲";圣麦克桑有个叫普朗凯的人,后来从了军;博尔贝克有个叫布朗代尔的书商,"逃债未遂,被游街示众";里昂有个叫里盖丽亚特的寡妇,也是书商,破产后无影无踪,为的是免吃官司;罗阿纳有个叫博伊斯兰德的书商,他的店员携款出逃,按史料记载"他为了逃避债主,只好遗妻弃子,逃出本地……他可怜的太太请求各位债主开恩,因为博伊斯兰德含辛茹苦一生,膝下子女尚未成年";默伦有个叫贾福特的书商,史料上说"此人三年前就已失踪,传说去了美洲。丢下老婆孩子靠人施舍过活,而他音信全无,或已亡故也未可知。所确凿者,其妻子儿女一贫如洗,苦不堪言"。①

当然,也有很多书商混得不错,用他们自己爱说的话就是"挺稳当"。但我很吃惊有那么多关门倒闭的。当时处在工业革命之前,还没有实行有限责任制,无数创业者在早期资本主义发展过程中付出了沉重的代价。无论是大亨还是小户都是倾囊赌博,一步走错,满盘皆输。纳沙泰尔档案馆的很多卷宗末了都有一封由被抛弃的太太或家里的朋友写来的信,信的末尾都有一句相似的话:"他把钥匙放在门槛底下了。"在18世纪,这是一句叫人听了心凉的话。②

以上,我们蜻蜓点水式地对文学传播系统中的中间人作了一番检视。这会改变我们对文学的理解吗? 我不敢说,知道了是谁在卖伏尔泰

---

① Rocques 写给 STN 的信,1779 年 7 月 24 日(on Pascot);Batilliot 写给 STN 的信,1781 年 1 月 26 日(on Brotes);Favarger 写给 STN 的信,1778 年 8 月 15 日(on Boyer);同上,1778 年 10 月 28 日(on Planquais);Grand Lefebvre 写给 STN 的信,1781 年 6 月 4 日(on Blondel);Veuve Reguilliat 写给 STN 的信,1771 年 7 月 5 日;Boisserand 写给 STN 的信,1777 年 5 月 31 日;Chatelus 写给 STN 的信,1781 年 2 月 20 日(on Boisserand);Perrenod 写给 STN 的信,1783 年 4 月 21 日(on Jorfaut)。

② Revol 写给 STN 的信,1782 年 2 月 16 日,其中提到法莱斯地区一个名叫 Gaillard 的书商失踪。

或卢梭的著作，他们的作品就会有全然不同的意义。但是我敢说，了解
了奥斯特瓦尔德、伯塞、莫莱尔、邦尼曼、法瓦日、居永和热拉什这些人的
生活，我们对18世纪的书籍就会有更深切的了解。追查书籍的各种版
本和来龙去脉固然重要，但是，能够把书籍还原到当时的背景中去更重
要，因为这样我们才可以充分体会到两个世纪以前人们的真实阅读
经验。

这听上去可能有点儿玄，但另一方面，这也可以打破很多传统常规。
传统文学史只讲伟人巨著，实在太多偏颇。被视为经典的鸿篇巨制是由
后来那些专吃文学饭的评论家和大学教授们选定的，如今他们的下一代
正在对此实行解构。原来奉为经典的文学若不是这些专家和他们的学
生们相互唱和，可能根本就不会存在。

对于18世纪的法国人来说，文学，或者用他们的话来说，文学共和
国，当然包括伏尔泰和卢梭。但同时也包括皮当萨·德·麦罗白、莫夫
尔·昂热维尔和一大群文学史上无名的作家。在当时，他们的作品是和
伏尔泰的《老实人》和卢梭的《社会契约论》一起摆在书架上的。说到旧
制度的畅销书不能不提《2440》和《哲人泰莱丝》以及很多其他"淫邪之
书"。这些"淫邪之书"如今都可以登大雅之堂，可见它们没那么淫邪。
更重要的是，这类书给我们一个重读文学史的机会。如果把它们跟印
刷、出版和传播系统联系起来研究，我们对文学就会有一个全新的理解。

第九章　阅读史初探^①

　　罗马诗人奥维德曾告诫过我们该怎样读情书:"如果你的情人要向你表白,让仆人送来信誓旦旦的书札,你可要仔细玩味,明察秋毫,弄清楚他是虚情假意还是真心实意。"这位罗马诗人跟我们真是心心相印。他讲的话超越时空,什么时代都适用。读他写的《爱的艺术》,我们好像能听见一个两千多年前的声音,直接对我们说话。

　　但是我们多听下去,就觉得有点儿不对味了。奥维德接下来教女人们怎么背着老公跟情人私下传递情书。

　　　　一个良家妇女应该对丈夫有所畏惧,并被严加看管,这才符合道德和法律。但不管看管得怎么严,只要你心坚志决,便可瞒天过海。比如,你如果让仆人或贴己替你传送消息,让她们将情书藏在内衣里或鞋子里,那别人就无可奈何了。如果看着你的人看穿了这些小把戏,那你就把情书写在女仆的背上,让她成为活情书。^②

写信的人要等她的情人先剥光女仆的衣服,再在女仆的身体上读到她写

---

① 本文首刊于 *Australian Journal of French Studies*（23［1986］: 5-30）。

② Ovid, *Ars Amatoria*, Book Ⅲ, 第469到472行和第613到626行。译自 J.H.Mozleyin, *The Art of Love and Other Poems*（London, 1929）。有些地方我根据 Héguin de Guerle 的译文作了些调整,参阅 Héguin de Guerle, *L'Art d'aimer*（Paris, 1963）。其他的翻译都是我自己做的。

的情书,这种沟通方式大概不是今天的人能想得到的。尽管《爱的艺术》里有让我们产生共鸣的地方,但总体上它让我们看到的是一个我们无法想象的世界。要想弄明白《爱的艺术》,我们就必须了解罗马人所熟知的那些神话,了解他们的写作技巧和日常生活。我们得能够设身处地,把自己想象成是罗马达官要人的妻子,生活在一个充满矛盾的时代。一方面是传统道德的清规戒律,另一方面是人们普遍看破红尘、玩世不恭。同时耶稣已经开始在远离罗马的地方传播基督教。

　　读解奥维德的过程揭示出许多阅读的奥妙之处。古人的阅读活动对我们来说既有熟悉的一面,也有陌生的一面。我们和古人读同样的东西,但却不会有完全一样的感受。我们可以自欺欺人地想象自己能超越时代,同古代的作者沟通。但即便流传下来的文本本身没有发生过变化,我们跟这些文本的关系也不可能像过去的读者跟这些文本的关系一样。更何况文本本身不可能一成不变。书是物理的东西,从装帧设计到印刷质量,都会随物换星移而发生改变。阅读是有历史的,但我们怎样挖掘出这个历史呢?

　　要想了解阅读的历史,先得找到有关读者的档案。卡洛·金兹伯格找到一份材料,有助于我们了解过去的读者。这份材料收在一桩涉及宗教审判的档案里。这桩案件里的案犯是一个住在弗留里亚的小磨坊主,名叫梅诺基奥。16世纪,教会镇压异端,梅诺基奥因为涉嫌贩卖禁书而吃官司。教会的审判官问他平时看什么书,梅诺基奥提到一大堆书名,还把每本书都说得头头是道。金兹伯格把梅诺基奥对这些书的评述和实际文本加以比较,发现梅诺基奥读了很多圣经故事、编年史和游记一类的书。游记一类的书在很多巴黎居民家里都有。梅诺基奥并不只是消极地接受主流社会灌输给他的基督教价值观。他如饥似渴地博览群书,并且把书里的内容经过大脑处理、消化吸收之后,形成了一套激进的跟基督教不沾边的世界观。金兹伯格觉得这种世界观是源于古代的大众文化传统。姑且不管金兹伯格的观点是否站得住脚,但他显然把阅读看成是四百年前普通百姓日常生活中的一部分,并且让我们看到了把阅读作为一种社会行为来研究的可能性。①

我自己在研究18世纪法国的过程中也发现了一个典型的中产阶级读者,他名叫让·朗松,是拉罗歇尔的一个商人,对卢梭的著作着迷得不得了。他不只是读卢梭读得痛哭流涕,而且在生活中,无论是做买卖、谈恋爱,还是结婚生子,都亦步亦趋,处处效法卢梭。让·朗松在1774到1785年期间写下的许多信件中,都讲到阅读和实际生活相结合的情况。这说明,在旧制度时期,卢梭的思想在外省资产阶级当中已经变得十分深入人心。卢梭发表了《新爱洛依丝》之后,像让·朗松这样的读者给他写来的信件多如雪片。我觉得这是文学史上第一次读者来信的高峰。这些读者来信说明,让·朗松式的反应在法国很有代表性,而且这种反应也正是卢梭所希望的。卢梭两次在他的小说序言中跟读者说他们应该怎样读他的书,他还给读者们分派了不同的角色,帮助他们消化他的小说。这一新的阅读方式很奏效,《新爱洛依丝》成了那个世纪最畅销的书,当时那些富于浪漫情调的人们也都把这本书当成最重要的行为指南。当初那种浪漫情调如今已不复存在了,没有哪个现代读者会像几百年前的读者那样,一口气痛哭流涕地读完六卷本的《新爱洛依丝》。但在当时,卢梭给人们的阅读方式带来一场革命,并因此而风靡了一代读者。②

梅诺基奥和让·朗松两个人的例子说明,在现代社会出现的早期,　　*157*

---

① Carlo Ginzburg, *The Cheese and the Worms: The Cosmos of a Sixteenth-Century Miller*, translated by Anne and John Tedeschi (Baltimore, 1980).

② Robert Darnton, "Readers Respond to Rousseau: The Fabrication of Romantic Sensitivity," in Darnton, *The Great Cat Massacre and Other Episodes of French Cultural History* (New York, 1984), 215-256.

人们的阅读经验和实际人生经验、理解文本和理解生活之间的关系远比今天紧密。但在下结论之前，我们还得再多看一些档案，看过去的读者们是怎样把阅读和实际人生结合起来的，并把他们的经验加以比较。据说《少年维特之烦恼》在德国出版后导致很多年轻人自杀。这股维特热难道不值得重新加以考察吗？英国的一群艺术家也提供了类似的生活模仿艺术的案例。诸如此类的事情可以追溯到《堂吉诃德》《包法利夫人》和《寂寞芳心小姐》。这些虚构的小说都在现实生活中有回声，像自杀遗言、日记、写给编辑部或出版社的读者来信等。要研究读者，作者手中的读者来信和出版社的档案是最理想的材料。公开出版的卢梭和伏尔泰通信录都包括有不少读者来信。尚未出版的巴尔扎克和左拉的研究资料集中也有读者来信。①

　　简而言之，读者在阅读过程中对书的反应，是完全可以做历史性的研究和理论性的总结的。当然这不会很容易，因为史料文献本身从来不会告诉我们，阅读是在什么情况下发生的，读者当时究竟是怎样理解文本的。再说，文献本身也是文本，需要我们读解。多数文献都语焉不详，对阅读过程中的认知和情感活动连间接涉及的地方都很少。虽然有个别文献会详细些，但不足以根据它们来概括普遍的阅读体验。书籍史学家们已经对阅读的外部历史有了很多了解。现在，通过把阅读作为社会现象来研究，我们还可以弄清楚什么人在读书、读的是什么书、在哪里读书和什么时候读书这类问题。这对于探讨难度更高一些的问题，比如为什么读书和怎么读之类的问题是颇有帮助的。

158　　　研究读者是哪些人和读什么书，可以有两种做法：一种是高屋建瓴

---

① 对这些主题的阐述，见 Kurt Rothmann, *Erläuterungen und Dokumente: Johann Wolfgang Goethe: Die Lieden des jungen Werthers*（Stuttgart, 1974）; and James Smith Allen, "History and the Novel: *Mentalité* in Modern Popular Fiction," *History and Theory* 22（1983）: 233–252。

宏观式的,一种是解剖麻雀微观式的。宏观式的研究在法国最为发达,因为他们本来就有注重量化研究的传统,社会史研究也很发达。法国官方很早就有个规定,所有公开出版发行的东西都必须上交国家图书馆若干拷贝备案。这使得亨利·让·马尔丹、弗朗索瓦·孚雷、罗贝尔·埃斯蒂瓦尔和弗雷德里克·巴比耶这些学者能充分利用国家图书馆收藏的《呈缴本图书目录》,琢磨出当初有过哪些系列性的连载作品。又通过借书登记卡和每年一版的《法国目录学》,把 16 世纪以来人们阅读习惯的演变给勾画出一个轮廓来。这期间,人们阅读习惯的变化显现出很多有意思的现象,比如,拉丁语文的衰落、小说的兴起、读者对自然界的兴趣和对异国他乡的好奇。在 16 到 17 世纪这段时间,这些变化已经是读书界的普遍趋势。德国有一个特别丰富的史料资源,那就是法兰克福和莱比锡图书贸易目录。他们收集到的数据跨度更长,从 16 世纪中期到 19 世纪中期都有。法兰克福的图书目录从 1564 年出版到 1749 年一直没中断过。莱布兹格的目录从 1594 年开始出版,虽然它到 1797 年就结束了,但是接下来又有另一本目录取代它。尽管目录提供的资料有局限性,它们还是能够向我们提供德国自文艺复兴以来民间阅读情况的简况。而且,自从约翰·戈德弗雷德里克在 1908 到 1909 年间发表了他的里程碑性的《德图书报出版史》后,德国研究图书史的专家们就一直都在继续研究这些史料。在英语世界还没有看到这类的史料。但是1557 年以后,伦敦开始在印刷业占统治地位,H.S.本尼特、W.W.格里格,还有其他人,通过研究伦敦出版业公会的档案文献,写出了英国图书贸易演变的历史。虽然英国的书目学传统不大注重收集数据,1475 年以后出版的简略版图书目录还是有很多量化的资料。吉尔斯·巴贝尔根据海关档案也搞出了一些统计图表,可以跟法国人弄的那些图表媲美。罗伯特·维南斯和托马斯·坦塞尔也在《美国书目》(由查尔斯·伊万编辑,光是 1638 到 1783 年这段时间就有 18 000 个词条,可谓卷帙浩繁）的基础上探讨了美国早期的阅读情况。①

　　这些资料汇总和统计数字对我们了解前人的阅读习惯大有帮助，但是到目前为止，在此基础上所做的概括往往过于宽泛而难以令人满意。小说好像总是处在上升的趋势，显示它的发展变化的图表也总是在人们意料之中的地方出现跌落，比如莱比锡书市在三十年战争期间就经历过持续衰落，或者法国在第一次世界大战期间书市也随之出现萧条。大部分做数据统计的人都把他们手里的数据加以笼统分类，像"艺术与科学""畅销书"等。但如果要探讨某些特殊现象的话，这种分法就不太确切。比如权力交接之争、詹森教派、启蒙运动或哥特风格的复活等。大部分研究文学史的学者和研究文化的历史学家都曾

---

① 这类文章著述太多，无法详加介绍。参阅 Henri-Jean Martin, *Livre*, *pouvoirs et société à Paris au XVIIᵉ siècles（1598－1701）*（Geneva, 1969），2 volumes；Robert Estivals, *La Statistique bibliographique de la France sous la monarchie au XVIIIᵉ siècle*（Paris and The Hague, 1965）；Frédéric Barbier，"The Publishing Industry and Printed Output in Nineteenth-Century France,"in *Books and Society in History: Papers of the Association of College and Research Libraries Rare Books and Manuscripts Preconference*, 24－28 June, *1980*, Boston, Massachusetts（New York and London, 1983），199－230；Johann Goldfriedrich,*Geschichte des deutschen Buchhandeh*（Leipzig, 1886－1913），4 volumes；Rudolf Jentzsche, *Der deutsch-lateinische Büchermarkt nach den Leipziger Oster messkatalogen von 1740, 1770 und 1800 in seiner Gliederung und Wandlung*（Leipzig, 1912）；H. S. Bennett, *English Books and Readers 1475 to 1557*（Cambridge, 1952）；Bennett,*English Books and Reader 1558 to 1603*（Cambridge, 1965）；Bennett, *English Books and Readers 1603 to 1640*（Cambridge, 1970）；Giles Barber, "Books from the Old World and for the New：The British International Trade in Books in the Eighteenth Century,"*Studies on Voltaire and the Eighteenth Century 151*（1976）：185－224；Robert B. Winans, "Bibliography and the Cultural Historian：Notes on the Eighteenth-Century Novel,"in *Printing and Society in Early America*, edited by William L. Joyce, David D. Hall,Richard D. Brown,and John B. Hench（Worcester,Mass.,1983），174－185；and G.Thomas Tanselle, "Some Statistics on American Printing, 1764－1783," in *The Press and the American Revolution*, edited by Bernard Bailyn and John B. Hench（Boston, 1981），315－364。

经探讨过这些题目。如果要用量化的办法来研究图书史,那就必须把范畴进一步精确化,把焦距进一步微调,这样才能打破传统研究的有限格局。

　　然而,量化研究显示了一些很有意义的规律。如果能有人将不同国家的情况加以比较,那就会更不得了。比如,有数据显示,18 世纪晚期,德国的文化复兴跟当时的一股读书热密切相关。直到 1764 年以前,在莱比锡图书目录上榜上有名的图书一直不多。而到了 1764 年,光是新出版的书就有 1 200 种。随着狂飙突进运动的兴起,书目上列出的书名在 1770 年达到了 1 600 种,1780 年 2 600 种,1800 年 5 000 种。法国的情况则是另外一种。1648 年《威斯特伐利亚和约》签署后的一个多世纪里,书籍出版业持续稳定地发展。这一百年里诞生了许多伟大不朽的文学作品,从戏剧大师高乃依①到《百科全书》都出现于这段时间。与此同时,德国的文学则开始了衰落。但是那以后的五十年里,反映德国图书增长的数字开始飙升,而法国的增长则相对缓慢下来。根据罗贝尔·埃斯蒂瓦尔的研究,1764 年递交到官府那里的出版申请书是 729 份,1770 年是 896 份,1780 年只有 527 份。而到了 1800 年,则有 700 份。当然了,不同的文献和衡量标准会导致不同的调查结果。而且官方的数字不包括大批的非法书。不管这些数字有什么样的缺陷和不足,它们显示给我们的是,在文学生活方面,法国称霸欧洲大陆一百年后,德国奋起直追、后来居上。尽管欧洲大陆讲法语和讲德语的人口相差无几,但德国出的作家要多得多。根据一本文学年鉴的统计,德国 1772 年有 3 000 多位在世作者,1776 年是 4 300 位。作为对比,法国在 1757 年有 1 187 位作者,1769 年有 2 367 位。就在伏尔泰和卢梭进入垂暮之年的时候,歌德和席勒正方兴未艾,如日中天。从传统的文学史角度看,歌德和席勒的

―――――――――

①　17 世纪法国古典主义戏剧家。――译者注

160

创作能量要汹涌澎湃得多。[1]

　　把各国的数字加以对比,有助于看出文化潮流的大趋势。弗朗索瓦·孚雷把整个18世纪的出版版权记录做了一个统计,结果发现传统学科,特别是人文和古典拉丁文学出现跌落的趋势。据亨利·让·马尔丹的统计数字,这类作品在17世纪曾大行于世。与此同时,1750年以后"艺术与科学"一类的书占了上风。丹尼尔·罗什和米歇尔·马里翁也在巴黎公证处的档案文献中注意到这一趋势。在贵族和富有的资产阶级人家的图书馆里,小说、游记、自然科学方面的书把传统典籍从书架上挤了下去。所有的研究都显示,在18世纪宗教方面的书籍在数量上经历了大幅度下降。这个趋势在其他领域的研究成果中也得到了印证。比如,米歇尔·沃维勒的研究发现,这一时期的葬礼仪式开始淡化宗教内容;而多米尼克·朱莉娅的研究也发现,神职人员的数字减少了,传教的方式也发生了变化。[2]

　　读者们阅读的是哪一类书籍,有关这一问题德国和法国的学者分别有所研究,结论却又互相补充。鲁道夫·延奇和奥伯特·伍德在莱比锡

[1]　Estivals, *La Statistique bibliographique*, 309; Paul Raabe, "Buchproduktion und Lesepublikum in Deutschland 1770 – 1780," *Philobiblion. Eine Vierteljahrsschrift für Buch- und Graphiksammler* 21(1977): 2 – 16。有关作者们之间的对比数据来自我自己的统计。

[2]　François Furet, "La 'Librairie' du royaume de France au 18ᵉ siècle," in Furet et al., *Livre et société dans la France du XVIII siècle* (Paris, 1965), 3 – 32; Daniel Roche, "Noblesses et culture dans la France du XVIIIᵉ: Les Lectures de la noblesse," in *Buch und Sammler: Private und öffentliche Bibliotheken im 18. Jahrhundert. Colloquium der Arbeitsstelle 18. Jahrhundert Gesamthochschule Wuppertal Universität Münster vom 26 – 28. September 1977* (Heidelberg, 1979), 9 – 27; Michel Marion, *Recherches sur les bibliothèques privées à Paris au milieu du XVIIIᵉ siècle* (1750 – 1759) (Paris, 1978); Michel Vovelle, *Piété baroque et déchristianisation en Provence au XVIIIᵉ siècle: Les Attitudes devant la mort d'après les clauses des testaments* (Paris, 1973).

和法兰克福的书市目录上看到拉丁文书籍的数量大幅度下降,同时小说类书籍的数量大幅度上升。而照埃杜瓦尔·雷耶和鲁道夫·申达的研究,德国、英国和美国的图书馆在19世纪末都出现过惊人相似的现象,即借出的书籍70%到80%都属于轻松读物,大部分是小说,10%涉及历史、人物传记和游记,跟宗教有关的书不超过1%。显然,两百多年的时间里,人们的阅读生活发生了质的变化。小说的兴起和宗教书籍的衰落阴阳相对,而且这个转变发生的时刻可以确切地追溯到18世纪后半叶,特别是出现维特热的18世纪70年代。《少年维特之烦恼》在德国引起的震撼效应,远远超过《新爱洛依丝》在法国引起的震动,或《帕梅拉》在英国所产生的反响。这三本小说意味着一种新的文学品位的胜利。《少年维特之烦恼》一书最后的一句话似乎象征性地宣告了新的读者群粉墨登场,而传统的基督教文化则悄然下台:"劳工们抬着他的尸体前行,祭司们却一个也看不到。"①

　　不管宏观式的研究怎么五花八门,又怎样有时相互矛盾,总的说来它们还是捕捉到了一些带有普遍性的东西。比如,它们都注意到了宗教在人们生活中的重要性越来越降低。用马克斯·韦伯的话说,这个趋势是"把世界非神秘化"。但这样说有点太大而无当。喜欢精确的人不妨转向微观分析。只是微观式的研究往往走向另一个极端,那就是太过于旁枝末节。我们可以在图书馆里找到从中世纪到现在的书目,有好几百份,没人能读得完它们。大部分人都会同意,个人图书馆的目录更有助于我们了解特定读者的阅读情况。当然了,我们都知道,自己拥有的书不一定每本都读过,读过的书也不一定都是花钱买来的。但是以托马

---

① Jentzsch, *Der deutsch-lateinische Büchermarkt*; Albert Ward, *Book Production*, *Fiction*, *and the German Reading Public 1740 – 1800* (Oxford, 1974); Rudolf Schenda, *Volk ohne Buch: Studien zur Sozialgeschichte der populären Lesestoffe 1700 – 1910* (Frankfurt am Main, 1970), 467.

斯·杰斐逊在蒙蒂塞罗的图书馆为例，研究一下这个图书馆里的目录，会使我们了解到他心里面曾动过些什么念头，想过些什么事情，对什么产生过兴趣。① 研究个人图书馆有一个好处，那就是可以把"读的是什么书"和"谁在读"这两个问题挂上钩。

法国人在这方面的研究遥遥领先。达尼埃尔·莫尔内在写于1910年的论文《私人藏书的教导》中就已说过，通过研究图书目录而获得的文学史知识可能跟大路货文学史很不一样。他仔细考察了五百多份18世纪印刷的书目，发现卢梭那本《社会契约论》只有一本，而这本书后来成为法国大革命期间的圣经。图书馆里总是收藏很多如今已经没人记得的作家的作品，但另一方面，如果我们想弄清楚读者的社会背景（比如是不是资产阶级）和他们读的书（比如是不是哲学类的书）有没有关联这样的问题，图书馆里的收藏又不大有帮助。自从莫尔内的研究发表以来，尽管有些人说三道四，但70多年以后，他的研究成果还是无出其右者。不过，很多人受了他的启发，写出很多相关研究。如今，我们所掌握的有关个人图书馆的材料包括来自贵族的、官府的、教士们的、学院的、一般市民的、工匠的，甚至来自仆佣的。法国学者们研究了好几个城市里社会各阶层的阅读情况。让·克劳德·佩罗研究了卡昂市，米歇尔·马里翁研究了巴黎和巴黎周边地区，让·凯尼亚尔研究了诺曼底，玛德莱纳·旺特尔研究了朗克多克。他们的研究都太依赖遗产清单和遗产公证纪录中有关书籍的记载，所以这类文献自身的片面性也反映在他们的研究里。一般说来，清单这类文献都比较忽视没有商业价值的书籍。对这类书籍，即便列在清单当中往往也只有一句话，笼统地称之为"一堆书"。法国做公证的已经够仔细，比德国的同行好多了。因为德

---

① 杰弗逊心目中的小型图书馆是针对受过教育但不一定潜心学问的绅士群体。参阅 Arthur Pierce Middleton, *A Virginia Gentleman's Library* (Williamsburg, Va., 1952)。

国的公证清单做得更马虎,学者鲁道夫·申达觉得根本没法以德国人做的公证清单来研究普通百姓的阅读习惯。在德国,这方面的工作做得最深入彻底的大概要数沃尔特·惠特曼了。他对18世纪晚期法兰克福一带物资清单的研究极为难能可贵。他的研究显示,私人藏书比较多的人高官100%藏书、生意人中51%、巧匠艺人中35%、跑单帮中26%。丹尼尔·罗什在巴黎的资料当中也发现类似的现象。公证档案的纪录显示,1780年靠工资吃饭的人和在别人家里做佣工的人当中,只有35%的人拥有书籍。罗什的研究还发现,当时识字的人不在少数。有资料显示,1789年的时候,几乎所有家庭佣工都能在物资清单上签自己的名字。很多人有自己的桌子、备有书写工具和家庭文件。大部分工匠和店员都在小时候上过几年学。1789年以前,巴黎有500家小学,平均每一千居民当中就有一所,大部分学校都是免费的。罗什的结论是,巴黎市的市民读的东西其实不少,但并不一定反映在遗产清单上,因为他们读的大多是小册子、传单、张贴海报、私人信件,甚至街牌一类的东西。巴黎人走到哪读到哪,但他们这种读法没有在档案馆留下足够的线索,历史学家们也没法跟踪他们的足迹。①

　　所以,要研究过去读者的阅读情况,历史学家们必须另辟蹊径。订书单一直很受青睐,但订书单的历史价值很有限,因为它只反映有钱读者的趣味和爱好。从17世纪末到19世纪初,伦敦出版的很多书都是根据读者预先要求的书单出的,这些书印出来以后也附有预订人的名单。

164

① Daniel Mornet, "Les Enseignements des bibliothèques privées（1750 – 1780）," *Revue d'histoire littéraire de la France* 17（1910）：449 – 496.用法语发表,并附有参考书目的研究,参阅 Henri-Jean Martin and Roger Chartier, eds., *Histoire de，l'édition française*（Paris,1982 –）,这本书的前两卷已经出版,涉及的范围包括1830年以前的情况。有关 Walter Wittmann 的研究及相关著作,参阅 Schenda, *Volk ohne Buch*, 461 – 467。有关巴黎一般读者的情况,参阅 Daniel Roche, *Le People de Paris: Essai sur la culture populaireau XVIIIe siècle*（Paris,1981）, 204 – 241。

英国的纽卡斯尔历史目录学研究所的研究人员,尝试着通过这些名单来对读者做历史社会学的考察。类似的研究德国人也在进行,特别是克洛普施托克和维兰德两地的学者在这方面尤为活跃。1770 到 1810 年期间,德国有大约六分之一的书是根据读者的预订书单出版的。但即便是在最好的情况下,订阅名单所提供的有关读者的信息也不可能是十分精确的。莱因哈特·惠特曼就曾一针见血地批评那些过于倚重预订书单的研究。他指出,这些预订书单不但漏掉很多读者名字,而且很多买主不一定是读者。这意味着,订书单更反映有经营头脑的书商们的趣味,而不是一般受过教育的读者们的喜好。但是,学者华莱士·科索普在研究法国的情况时看到,通过订书单来研究读者的社会背景在法国还是大有可为的,因为在法国,根据预定书单出书的做法在 18 世纪末极为流行。当然,法国的订书单跟别处的一样,总体上比较反映最有钱的人的趣味,侧重点在那些最花里胡哨的书上。①

图书馆的记录更能显示读者的社会身份和他们喜好的文学作品之间的联系,可惜这类记录很少有幸存下来的。德国沃尔芬比特尔公爵图书馆保存下来的资料最令人叹为观止,它的出借纪录从 1666 年到 1928 年完整无损。根据沃尔夫冈·米尔德、保罗·拉布和约翰·麦卡锡对这些资料的研究,公爵图书馆的出借纪录显示,在 1760 年代,在阅读领域出现了民主化的趋势:出借的图书在数量上增加了一倍,借书的人有很多来自社会下层,包括搬运工、打杂役的和军队里面的下级军官。人们读的书在内容上偏向轻松读物,感伤型的流行小说取代了阳春白雪类的作品。因为《鲁滨逊漂流记》很受欢迎,许多人照猫画虎,依样画葫

---

① Reinhard Wittmann, *Buchmarkt und Lektüre im 18. und 19. Jahrhundert. Beiträge zum literarischen Leben 1750 – 1880* (Tübingen, 1982), 46 – 68; Wallace Kirsop, " Les Mécanismes éditoriaux, " in Martin and Chartier, eds. , *Histoire de l'édition française*, II: 31 – 32.

芦,结果也大行其道。有意思的是,大约就在同时法国也出现类似现象。
巴黎图书馆的记录显示,在巴黎市借书的人数跟德国差不多,大约每年
有50个常来看书的人,其中包括德尼·狄德罗。巴黎人不能把书借回
家,但是那时候的读者比现在有福气。虽然图书馆一个星期只开两个上
午,但来看书的人可以在那里免费吃一顿午餐。你现在去法国国家图书
馆可没有这等好事。如今的图书馆都得接受现代经济法则:天下没有
免费的午餐。①

　　从事微观研究的人多有发现,多到他们要面临一个棘手的问题,即
怎样找到一个理论框架把这些发现加以整合性的总结。再加上历史文
献本身五花八门,从拍卖目录,到公证记录、订阅名单、图书馆登记卡等,
使得整合性的总结很难做。发表了的那些研究著作常常互相矛盾,它们
得出的不同结论往往源于原始文献本身的某些特质,而不一定反映读者
的差异。比如,有的研究说工匠们文化水平很高,但也有研究说他们目
不识丁;有的研究说游记作品很流行,但也有研究说这类书籍碰都没人
碰。如果我们对各种体裁的文本做一个系统的比较,把它们的文化背景
和时空因素也考虑进去,那就会看到更多的变异,而不是通例。

　　到目前为止,只有一个书籍史专家敢于提出一个具有普遍意义的研
究范式。罗尔夫·恩格尔辛认为,18世纪末出现过一场阅读革命。照
他的说法,从中世纪到1750年,人们的读书方式一直都是以精读为主。
人们手里也只有那么几本书——《圣经》、一本历书,再加上一两本祷告
用的书。这些书都被一遍又一遍地读过,而且往往不是一个人,而是一
群人一起读。通常是一个人大声念,别人跟着听。所以,传统文学作品

---

① John A. McCarthy, "Lektüre und Lesertypologie im 18. Jahrhundert (1730 – 1770). Ein
Beitrag zur Lesergeschichte am Beispiel Wolfenbüttels," *Internationales Archiv für
Sozialgeschichte der deutschen Literatur* 8(1983): 35 – 82.

虽然为数不多,但都深入人心。到了1800年以后,人们开始泛读,读的东西五花八门、光怪陆离,特别是报纸杂志一类的东西更是占了多数。

但对这些东西人们往往只读过一遍,就去读别的了。恩格尔辛的结论很鲜明,但他没有提供什么有力的证据。事实上,他的大部分研究都是基于不来梅一地的抽样调查。然而,他的结论泾渭分明、简单明了,对许多研究者都很有吸引力。特别是他把欧洲历史上早期和晚期的阅读方式作了一个粗线条的对比,作出一个概括。但在我看来,他的理论的最大缺陷就是太整齐划一了。阅读并不是沿着一个方向发展的,而是因时、因地、因人群而异的。人们为不同的目的而阅读,有人读书是为了赎救灵魂,有人为了学些社交礼节,有人为了修理机器,有人为了讨好意中人,有人为了了解时事或自我消遣。很多时候,特别是对于那些喜欢读理查德森、卢梭和歌德作品的人来说,阅读是件需要全身心投入的事情,而不是可以随随便便的。当然,18世纪末的确像是个转折点,可读的东西多了,读书的人也多了。不错,到了19世纪,随着机器造纸、蒸汽印刷机、莱诺铸排机和全民教育的出现,大众性的阅读开始蔚然成风。但这股风气其实在18世纪末就已初露端倪。这期间最根本的变化体现在可读的东西越来越多样化,而不是泛读取代了精读。①

　　我承认我对"阅读革命"一说持有怀疑态度。但美国历史学家戴维·豪对美国情况的研究同恩格尔辛的观点不谋而合。戴维·豪讲的是新英格兰地区从1600到1850年期间当地居民的阅读习惯所发生的变化。据他说,1800年以前,新英格兰地区的人读的东西种类很少,都是那些经典性的作品,像《圣经》、《年鉴》、《新英格兰人必读》、菲利普·

---

① Rolf Engelsing, "Die Perioden der Lesergeschichte in der Neuzeit: Das statistische Ausmass und die soziokulturelle Bedeutung der Lektüre," *Archiv für Geschichte des Buchwesens* 10 (1969): cols. 944 – 1002; and Engelsing, *Der Bürger als Leser: Lesergeschichte in Deutschland 1500 – 1800* (Stuttgart, 1974).

多德里奇写的《宗教的兴起与进步》、理查德·巴克斯特写的《对未改宗者的呼吁》等。这些书都不愁卖不出去，大家对它们也是读了一遍又一遍，往往是大家成帮结伙在一起诵读，人人全神贯注，个个聚精会神。而到了1800年以后，铺天盖地而来的新读物令人目不暇接，读者们对各种小说、报纸和名目繁多的儿童文学一概饥不择食、囫囵吞枣，但又喜新厌旧、追求时髦。尽管豪同恩格尔辛素未谋面，但他们却在两个不同的地域发现了极为相似的现象。也许阅读的性质在18世纪末期确实发生了实质性的变化，即便说不上是一场革命，却也昭示了，对阅读的历史所做的研究是多么有局限性。这些学者包括托马斯·肯皮斯、约翰·阿恩特和约翰·班扬等人。①

　　以上说的是人们读什么书，而阅读在什么情况下发生、在哪里发生，这是个更重要的问题，因为只有对阅读的环境有所了解，我们才能对阅读的性质作出判断。在莱顿大学，悬挂着一幅描绘这所大学图书馆的版画。这幅画作于1610年，上面画的是图书馆里的情形。我们在画面中可以看到，图书馆的书架是镶在墙里面的，卷帙浩繁的书籍是按照传统编目学规范排列的，先是法律，再是医学，然后是历史，等等。我们还看到，散落在图书馆各处的学生们靠在书架下面的柜子上看书。这些柜子的高度与人的肩膀高度差不多，所以学生们是站着读书的。柜子的下面设有一根横杆，供读者两脚轮流踩在上面休息。读书的学生们身上穿的衣服和头上戴的帽子都很厚重，为的是御寒。这是古典人文时代，那时人们读书不可能是一件很舒服的事。一个半世纪以后，画家弗拉戈纳尔在《讲演》和《休憩》两幅画中也对阅读做了视觉表现，但他的画里的情形则大不相同。在这两幅画里，看书的人或是坐在摇摇椅里，或是坐在

---

① 　David Hall, "The Uses of Literacy in New England, 1600 – 1850," in Joyce, Hall, Brown, and Hench, eds., *Printing and Society in Early America*, 1 – 47.

舒服的沙发椅子里，两脚搭在脚凳上，一副心旷神怡的样子。还有，在弗拉戈纳尔的画里，看书的人多是女性，身上穿着宽松的袍子，时人称为"休闲装"。她们手里拿着袖珍本的书籍，眼睛里一副天高地远的样子。后来的印象派画家莫奈画了一幅画也叫《休憩》，也表现了阅读行为。从弗拉戈纳尔到莫奈，阅读从室内搬到了室外。看书的人把书打到背包里，带到野外和山上。像卢梭和海涅一样，读者们要与大自然神交。但到了打第一次世界大战时，身经战火的那一代人觉得崇拜大自然的作品已经太过时了。在战火硝烟的间隙，那些来自哥廷根和牛津的年轻士官生们最爱不释手的书是诗集。我个人藏书中有几本很有价值的书。其中之一是荷尔德林的《人类理想颂》，书上面印着"阿道夫·诺埃勒，佛兰克莱克，1916 年 1 月"。这本书是一个德国朋友送我的礼物，目的是要帮助我了解德国。我至今不敢确定我很了解德国，但我觉得，如果我们能认真考虑阅读过程中所涉及的林林总总，包括周围的家具布置和读者身上穿的衣服，我们对阅读的总体了解肯定会更上一层楼。①

当然，我们不能把一幅绘画作品里的细节太当真，不能完全根据画面上的描绘来推断过去的人是怎么阅读的。但是这些绘画作品让我们看到，前人是怎么看待读书这件事的，也反映了在他们看来，人们应该在什么样的情况下和什么时候看书。画家格勒兹在他的绘画作品《给孩子们读圣经的父亲》中充分表达了阅读行为的群体特征。同格勒兹的绘画作品遥相呼应的是法国 18 世纪作家雷蒂夫·德·拉·布雷东纳的那部小说《慈父》，其中也描绘了一家人聚在一起诵读圣经的情景。布雷东纳说："每次想起这些一家人一起诵读的情景，想起这种诵读所带来的家里人之间相亲相爱的精神，包括对仆人的亲近感，我都心生感动。我父

---

① 关于阅读建构的研究，类似的研究可参阅 Roger Chartier 和 Daniel Roche，"Les Pratiques urbaines de l'imprimé," in *Histoire de l'édition fiançaise*，II：403－429。

亲每次开始读圣经时都是这样说：'孩子们，收收心吧，圣灵就要降临啦！'"

　　抛开情感因素不说，文学艺术作品当中的这些描绘让我们看到，过去的人们是怎么看待阅读的。那就是，在欧洲现代早期，对于大部分普通人来说阅读是个社会行为。它发生的场所多为作坊、库房或旅店酒馆里，往往是一伙人听一个人出声朗诵，但不一定是说教式的。所以，18世纪德国诗人克里斯蒂安·舒巴特在一首写于1786年的诗里，是这样描述乡村旅店里的农民的：

太阳一落山，

我就把酒端。

先生声声朗，

来把故事念。①

169

　　在旧制度，大众阅读最重要的方式莫过于篝火旁的聚会。这种活动在德文和法文中都有专门词汇，叫"篝火阅读会"。每逢这种时刻，总有一个人给大伙儿念故事，孩童们一边玩耍一边听故事，妇女们边听边忙着手里的针线活，而男人们则边听边鼓捣着手中的工具。这些故事要么就是来自像《埃蒙四男儿》和《提尔·厄朗斯皮格尔》这类民间流行的故事，要么就是来自其他流行于市的廉价大众读物。这些初级读物往往都用这样的句子开头"列位听众，话说……"这说明它们本来就是写出来念给人听的。在19世纪，工匠手艺人，特别是做雪茄烟的和做裁缝的，都轮流有一个人给大伙儿念故事，要么就是专门雇一个人干这份差事，

---

① 　Restif de la Bretonne, *La Vie de mon père* (Ottawa, 1949), 216–217. Schubart 的诗文被 Schenda 引用过，参阅 Schenda, *Volk ohne Buck*, p.465。

好让大家既可以得到娱乐,又不会耽误干活。即便是今天,很多人仍然是靠用耳朵听新闻来知天下事的。电视可能并不像大家想象的那样,是个横空出世的新玩意儿,同传统毫不相干。不管怎么说,对于历史上的大部分人来说,他们不是读者,而是听众。①

　　对于少数受过教育又能买得起书的人来说,阅读是个相对个性化和个体化的体验。但他们当中也有很多人参加阅读俱乐部。他们只要每个月付些微不足道的会费,便可以跟人扎堆儿,想读什么就读什么。学者弗朗索瓦·帕朗·拉德尔的研究表明,这类读书会和读书俱乐部早在18世纪就已出现,但在复辟时代,它们在像巴黎这样的地方得到雨后春笋般的发展。外省的书商常常把库存的书籍出借,谁想经常借书还要交点钱。读书俱乐部里不但光线好,那儿的椅子也舒服,墙上还挂着画,又订有很多报纸,比书店里的条件好多了。所以毫不奇怪,吕内维尔市的一个叫 P.J.伯纳德的小书商在宣传自己的读书俱乐部时,大讲:"那里宽敞、舒适、光线好,有取暖设备,每天早上九点开门,中午关门,下午一点开门,一直到晚上十点关门。俱乐部里有两千卷书籍供会员们阅览,而且每年还会添加 400 卷。一楼和二楼各有一个房间供人们聊天。其他的空间都用来摆设书报。"到了 1779 年,这个俱乐部有了200 个会员,大部分是当地的驻军军官。他们只需要一年付 3 里拉微

170

① 有关法国畅销故事书以及出版情况,参阅 Charles Nisard, *Histoire de livres populaires ou de la littérature du colportage* (Paris, 1854), 2 volumes; Robert Mandrou, *De la culture populate aux 17e et 18e siècles: La Bibliothèque bleue de Troyes* (Paris, 1964)。想了解最近的研究,可看由 Daniel Roche 主编"Bibliothèque bleue"系列,这套丛书由 Editions Montalba 出版。用德文写出来的有关大众文学的研究,至今没人超过 Schenda 的 *Volk ohne Buck*。当然这本书的解释已经在最近受到质疑,比如 Reinhart Shiegert, *Aufklärung und Volkslektüre exemplarisch dargestellt an Rudolph Zacharias Becker und seinem "Noth- und Hülfsbüchlein"* (Frankfurt am Main, 1978)。至于工人们把书念给彼此听的情况可参阅 Samuel Gompers, *Seventy Years of Life and Labor: An Autobiography* (New York, 1925), 80 – 81。

不足道的费用就可以免费看 5 000 本书、13 种期刊,还有一个专门的房间专供社交用。①

照奥托·丹恩的看法,在 18 世纪的德国新出现的多种多样、特色鲜明的资产阶级文化,其社会基础就是这些读书俱乐部。它们在全国各地风起云涌,特别是在北部城市更是遍地开花。马丁·威尔克做了个估算,截至 1800 年,差不多每 500 个成年德国人里就有一个是读书会的会员。马利·普路森纳在调查中发现不下 400 个读书俱乐部,并对它们的情况有了大概的了解。这些俱乐部都有定期的刊物,刊物涉及各类题目。至于书籍方面,情况有些参差不齐。一般说来,涉及历史与政治的书籍比较多。这些读书俱乐部比咖啡馆要规范得多。小咖啡馆也是人们念书的地方,它们在 17 世纪末以后出现在德国各地。到了 1760 年,维也纳一地至少有 60 家咖啡馆。这些地方都为顾客提供报纸杂志,是人们议论时政的重要场所。在德国之前,这个传统在英国伦敦和荷兰的阿姆斯特丹都已有一个多世纪的历史。②

这也就是说,我们对于阅读的组织基础已经有了相当的了解,也能大致回答谁看书、看什么书、在哪里看和什么时候看这类问题。但是我们还是不十分清楚人们为什么看书和怎样看。我们也还没有想出很好的办法来了解,历史上的读者是怎样消化文字的内在过程。话说回来,尽管现代心理学家和神经专家试图通过观察我们眼睛的运动和脑电图情况来了解我们的阅读过程,我们对自己的阅读行为也不是十分了然。中国人阅读图像文字,西方人阅读拼音文字,这会不会导致对世界的认

① Françoise Parent-Lardeur, *Les Cabinets de lecture: la Lecture publique à Paris sous la Restauration* (Paris,1982). 这里的叙述是根据瑞士纳沙泰尔市档案馆的材料。

② Dann、Welke 还有 Prüsener 等人的研究都收入 Otto Dann, ed., *Lesegesellschaften und bürgerliche Emanzipation: ein europäischer Vergleich* (Munich,1981)。

知方式有所不同呢？以色列人的阅读从右向左，又没有元音；盲人靠用手指触摸来阅读；南亚人的语言中没有时态；北美印第安人的语言直到最近才靠了外族学者才有了书写形式。圣人面对天书的肃穆和一般消费者在超市里瞟一眼商标，都是阅读，但两者之间的差别可是大了去了。因为阅读不是个简单的技巧问题，而是把文字变成意义的过程，这个过程肯定因文化而异。谁如果想找到一个能够放之四海而皆准的公式，那几乎是痴心妄想。但如果我们要研究自己文化中阅读行为的历史变化，那应该是可以做得到的。下面我想建议五种研究方法。

第一，过去的人们对阅读有什么样的理念及假定，这些理念及假定又是怎样影响了他们的阅读行为，我觉得我们应该对此做更多的了解。我们可以看看当时的小说是怎么描写阅读行为的，看看当时的人物自传、写下的论辩文章信件和创作的绘画及木刻作品等，从中发现他们是怎么看待阅读的。比如说，德国18世纪末期出现了一股读书热。当时的人们对此颇有争议。有人对读书俱乐部的出现感到不安。他们不仅仅是顾虑阅读所带来的道德和政治方面的后果，而且担心阅读对健康的危害。在一份1795年的文件中，J.G.海因茨曼列举了读书过度所带来的种种生理反应，比如"容易染上感冒、头痛、眼睛疲劳、热疹、关节炎、痔疮、

哮喘、瘀血、消化不良、肠绞痧、神经衰弱、偏头痛、羊角风、忧郁症等"。而约翰·亚当·伯克代表争论的另一方，不同意这种说法。他接受对方的前提，但不同意他们的结论。他也相信饭后看书和站着看书是万万要不得的，但觉得只要姿势正确的话，阅读还是会让人受益的。阅读的艺术包括用冷水洗脸、到空气新鲜的地方散步、集中精力和静思默想。

阅读涉及生理方面，对此没人提出异议，因为没人在生理的领域和道德的领域之间画出界线来。18和19世纪读者们要"消化"书籍，要对书籍进行全身心的吸收。比较极端的甚至拿棒槌当针，机械地理解"消化"一词。英国汉普什尔郡有个妇女还真把《新约全书》给吃下去了。她每天撕

一页下来,夹着面包奶油把它当药吃。大部分时候我们说某人"啃"一本书是比喻,是说读书的劲头。当然,身体行为也不是绝对没有。塞缪尔·约翰逊的私人藏书每一本看上去都很狼藉,好像约翰逊当初看书的时候真的是"啃"过这些书。他的这些藏书现在归唐纳德·F.海德夫人所有。①

16 和 17 世纪人们的阅读行为主要是跟信仰有关。何以见得呢?我们可以在清教徒的讲道文和有关耶稣基督的例文中找到答案。不管是天主教徒还是清教徒,都会在家里面读《圣经》。雷蒂夫·德·拉·布雷东纳的例子表明,大家对《圣经》是抱着敬畏之心的,连信天主教的农民也不例外。当然,因为文艺复兴时期出现了波伽丘、卡斯蒂里奥内、塞万提斯、伊拉斯谟,还有拉伯雷这样的作家,使得阅读行为不再局限于信仰,特别是对于社会精英分子就更是这样。但对于大部分普通人来说,阅读仍然是一件充满神圣感的行为。它让人跟文字打交道,借助文字去探究神圣的奥秘。作为一个研究的假设,我们似乎可以这样下结论:阅读对于以前的人来说不是一个工具性的行为,越往以前就越不是。这不仅体现在教人们怎么做事一类的实用性书籍在过去极为罕见,而宗教方面的书非常流行,而且体现在阅读本身就有所不同。在路德和罗耀拉时代,阅读是通向绝对真理的通道。

在比较下里巴人的层面,书籍广告和印刷出版的宣传文字也可以帮助我们揣摩当时人们对阅读的定位。从纽贝利图书馆的丰富馆藏里随意抓

173

---

① Heinzmann 的评论出自 Helmut Kreuzer, " Gefährliche Lesesucht? Bemerkungen zu politischer Lektürekritik im ausgehenden *18.* Jahrhundert," in *Leser und Lesen im 18. Jahrhundert. Colloquium der Arbeitsstelle Achtzehntes Jahrhundert Gesamthochschule Wuppertal*, 24–26. *Oktober 1975*, edited by Rainer Gruenter (Heidelberg, 1977) . Bergk 的见解在 *Die Kunst Bücher zu Lesen* (Jena, 1799) 一书中有过充分的阐述,其中谈到"消化"一本书的重要性。参阅该书标题页和 302 页。David Cressy 讲到过有人吃《新约》的事和书籍在其他仪式中的利用,见他的" Books as Totems in Seventeenth-Century England and New England," *The Journal of Library History* 21(1986) : 99。

一本 18 世纪印刷的出版计划书,就会看到书商推销一本名著评论集时,既强调书的内容好,也强调它的印刷质量。他会说这本书排版如何一流,前言部分的字体如何特殊,正文部分如何一丝不苟、中规中矩,书是在圣奥古斯丁印刷的,而全书用的纸张又是怎么代表了昂古莱姆地区造纸的最高水平等。① 如今,没有哪个出版商在推销律法方面的图书时会大谈纸张和排版的质量。但是在 18 世纪,写广告词的人知道,他们的客户会在乎图书的物质属性。无论是卖书的还是买书的都很在意书籍的印刷质量,这在今天已经绝迹了。

审查图书的人所写下的报告也会对我们有所帮助,特别是在法国现代早期,图书审查尽管执行上不一定总是很有效,但在体制上十分发达。有一本很有代表性的旅游指南,J.‐B 拉巴写的《美洲列岛新游记》上面有四处被审查官圈点的地方,这些被圈点的章节要全文印出,交给有关人员进一步审核。有一个审查官解释说为什么有一部书稿引起了他的好奇。他说:"这本书一读起来就让人觉得被吊起胃口,心里痒痒地放不下。"另外一个审查官推荐这本书,说它风格简明,而且很有实用价值。

174 他说,对旅游的人、对当地的住户、对做生意的人和研究自然历史的人来说,没有比这本书更有用的了。还有一个人说:"读这本书真是一件快事,它里面有趣的事层出不穷。"我们往往从宗教迫害和启蒙运动的角度把审查官们跟压制政治异己和扼杀文学艺术作品中的革命色彩联系起来。其实他们也有另外一个功能。那就是,当他们把同意放行的王室大印印在书稿上时,他们的认可也就对读者的阅读起了一个导向的作用。他们的价值观体现了官方标准,我们可以用这个标准来测量阅读活动中哪些符合官方标准,哪些地方背离官方标准。

第二,要研究一般老百姓是怎么阅读的。要回答这个问题,我的第

---

① Newberry Library, Case Wing Z 45.18 ser.la, no.31.

二个建议是看看人们在过去是怎么学会阅读的。玛格丽特·斯普福特是个研究17世纪英国平民教育的专家。她发现，过去很多人是在学校以外的环境里学会读书的。他们在作坊里和地头上跟一起干活儿的人学会识文断字。即便是在学校里面，英国的孩子们是先学认字、后学写字的，而不是像今天的孩子们那样一上学就两者齐头并进。过去的孩子们往往在7岁以前就开始干活了，那时他们刚刚开始学习写字。所以，根据写作能力来判断一代人的受教育程度往往会低估人们的实际文化程度。很多不会签自己名字的人却可能会念书。念与写这两者之间的脱节在瑞典表现得尤为突出。那里的档案馆有丰富的史料为我们提供可靠的证据。照埃吉尔·约翰逊的考察，到了1770年，瑞士全国基本上没有文盲了。教堂的资料显示，瑞士人口的80%到95%都会念书，问起他们与宗教有关的一些著作他们也好像都懂，但是他们当中只有20%的人会写，至于上过学的人就更少了。教会在1686年发布一项法令，要求所有的人，特别是儿童、农民和仆人，要学会念书，能用自己的眼睛去读《圣经》和体会上帝的意思。这项法令发布后，大部分人在没有专职老师帮助的情况下，在家里完成扫盲。①

① Margaret Spufford, "First Steps in Literacy: The Reading and Writing Experiences of the Humblest Seventeenth-Century Autobiographers," *Social History* 4 (1979): 407-435; and Spufford, *Small Books and Pleasant Histories: Popular Fiction and Its Readership in Seventeenth-Century England* (Athena, Ga., 1981)。要了解英国16到18世纪的阅读情况，可以参看 Keith Thomas, "The Meaning of Literacy in Early Modern England," in *The Written Word: Literacy in Transition*, edited by Gerd Baumann, (Oxford, 1986), 97-131。19到20世纪大众阅读的情况可以参看 R. K. Webb, *The British Working Class Reader* (London, 1955); and Richard D. Altick, *The English Common Reader: A Social History of the Mass Reading Public 1800-1900* (Chicago, 1957); Egil Johansson 把其研究总结在 "The History of Literacy in Sweden in Comparison with Some Other Countries," *Educational Reports: Umea* (Umea, Sweden, 1977), 以及 "Literacy and Society in a Historical Perspective-a Conference Report," *Educational Reports: Umea* (Umea, Sweden: 1973)。

　　当然对这些人来说,阅读的含义跟我们今天的理解是不一样的。而且新教势力占上风的北部和天主教统治下的南部情况也不一样。现代早期,法国的孩子们受教育是遵循一定次序的:先学阅读,然后写作,然后数学。他们的初级读本就像《耶稣的十字架》《上帝的十字架》,也是先从字母顺序开始的。但是那时字母的发音和现在不一样,每个辅音前都要加一个长元音。这样念出来听上去是乱七八糟的。不过发音上的混乱无关紧要,因为字母的功能是作为一个视觉符号,用来激活对读过的东西的记忆,而那时读的东西总是拉丁文的。这个教育体系的基础是假想孩子们不应该一开始就念法文。他们从字母顺序直接到音节,然后就开始读祈祷文,如《万福,玛利亚》。能读祷告文之后,他们再开始读其他跟宗教有关的东西。到这时,他们当中很多人就不再去学校念书了。他们的文化程度已经达到教会对他们的期待,尽管他们尚未具备阅读法文的能力,但完全可以参与宗教仪式了。

　　在法国,有些孩子会在学校待得久一些,出校门时具备了读法文的能力。他们人数有多少谁也说不准,可能在 17 世纪是少数,18 世纪是多数。即便是对他们来说,阅读也只是辨认出已经知道的东西,而不是获取新知识。几乎所有的学校都是教会办的,所有的教材也都跟宗教有关。18 世纪初,法国一个很有名的教会学校开始给一些学生提供同样的教材,让他们在一起上课。这是走向标准教育的第一步。一个世纪以后,这种做法成为通例。与此同时,若干贵族家庭的私人教师也开始直接用法文而不是拉丁文教学生阅读。他们发明了一套堂区蒙学课本,如巴腾库尔·雅克·法编的,帮助学生记住生词。到了 1789 年,他们的方法已经普及到一些新潮学校。但是,大部分学生还是按照老一套的方式学习阅读。他们要站在老师面前背诵课本,他们的同学坐在下面惴惴不安。他们读的课本也说不准是哪儿来的,其中有一些会在晚上的"篝火阅读会"上出现,因为它们是来自小蓝书的畅销书。所以,人们在"篝火阅读会"上念的书同在教室里念的书有相通的地方,那就是,他们念的东西都是人们已经熟知的故事和内容。在这种情况下,阅读并没有开拓人们的知识领域,而很可能只是重复封闭的知识体系。当然这是符合教会愿望的。我说"很可能"是因为我们对现代早期的教育情况并不是很了解,我们知道的情况只限于几本幸存下来的初级课本和零零散散的回忆录。教室里的教学情形究竟是怎样的,我们对此一无所知。况且,农民读者或听众是怎样理解他们读到或听到的那些宗教经文,以及那些悲欢离合的传奇故事的,我们大概永远都无法知道。①

第三,如果说要弄清楚历史上大众阅读的方方面面做不到,那么至少,历史学家们可以对少数留下蛛丝马迹的个人做些个案研究,看看阅读对这些人究竟意味着什么。所以我要建议的第三种研究方法就是,不妨从广为人知的自传性材料开始,比如像圣·奥古斯丁、圣特雷莎、蒙田、卢梭、司汤达等人的,然后再转向不太知名的人。古勒莫通过研究贾梅里-迪瓦尔的自传发现,一个农民可以在旧制度时代靠会读会写而左右逢源。丹尼尔·罗什发现,18 世纪一个叫雅克-路易·梅内特拉的人是做玻璃酒杯的,他靠着能识文断字走遍全法国。他虽然行囊中没带几本书,但不断同其他旅伴和自己的情人通信。他在官府公审和执行公共死刑的地方花钱买传单大手大脚,还同其他工人一起搬演一些仪式和闹剧,由他来写词。他后来写自传时用的是"流浪汉"体,把口头文学和大众文学的传统结合在一起。同其他平民作家——雷蒂夫、梅西耶、卢梭、狄德罗和马蒙泰尔——不一样,梅内特拉从来没有在声名显赫的文人墨客的行列中有过一席之地,但他的自传让我们了解到,书信写作在平民

177

---

① 这部分讨论参考了 Dominique Julia 的研究,特别是 " livres de classe et usages péclagogiques," *Histoire de l'édition française*,11:468–497。还可以参阅 Jean Hébrard, "Didactique de la lettre et soumission au sens:Note sur l'histoire des pédagogies de la lecture," *Les Textes du Centre Alfred Binet: L'Enfant et l'écrit* 3(1983):15–30。

文化中有着很重要的地位。①

　　像雅克-路易·梅内特拉这样的人,社会地位可能很边缘,但他能给我们提供一些新线索去了解普通读者的阅读情况。16 世纪,人们把书里面前人写在书页上的批注汇集在一起作为书的一部分出版,供读者们参考。到了 18 世纪这就变成了脚注。读者们是怎样在阅读中穿梭往来于正文、注脚和评语的呢? 像吉本这样的史学家极擅长通过注脚制造与 *178* 读者之间的距离。仔细研究他写的《罗马帝国衰亡史》的 18 世纪注本就会看到,和吉本同代的读者对这种距离有什么反应。约翰·亚当喜欢在他看的书上涂鸦,通过研究他手里那本卢梭名著《论人类不平等的起源和基础》我们可以看到,激进的法国启蒙哲学在美国麻省的一个宁静小镇所激起的涟漪。当时约翰·亚当就住在昆西。卢梭原著的第一版英文译文里有这么一段话:

　　人在自然状态下,彼此之间没有道德关系,无所谓是非善恶。所以在检讨文明人是否有善恶之前,我们不应该对自然状态下的人说三道四。

这位美国革命元老在这段文字旁边批注道:

　　奇文加妙语,矛盾加悖论。卢梭真是个圣才! 他凭着一腔激情和满腹雄才,把人们从迷信和专制中解放出来。

18 世纪的荷兰城市莱顿有个藏书家普罗斯普·马尔尚,克里斯蒂安·

---

①　Valentin Jamerey-Duval, *Mémoires: Enfance et éducation d'un paysan au XVIIIᵉ siècle*, edited by Jean-Marie Goulemot (Paris, 1981); Daniel Roche, ed., *Journal de ma vie: Jacques-Louis Ménétra compagnon vitrier au 18ᵉ siècle* (Paris,1982).

波克文思-斯蒂夫林科找到一个理想的切入点来研究他描述的文学共和国的地图边缘,从而考察当时人的读书情况。别的文学史学者想通过重读历史上的那些经典作品来探索当时的文学创作走向,特别是看过去那些文学大师是怎么读解这些作品的。有些收藏家手里有名人留下来的读书笔记,比如狄德罗读过《百科全书》、米尔维尔读过爱默生的散文后都留下一些札记。当然,这种研究不一定局限于名人名作,甚至不一定局限于书籍。有一个叫彼得·伯克的学者,目前正在研究意大利文艺复兴时期人们留下的各种涂鸦。那些涂抹在仇人家大门上的文字与图画起着一种符咒的作用;而在罗马市区大街上那座有名的帕斯基诺雕像上乱写乱画,则是一件具有强烈政治色彩的行为。如果我们对阅读的研究既能包括历史上那些名不见经传的小人物,也能包括从讽刺小说、即兴喜剧到莫里哀,从莫里哀到卢梭,从卢梭到罗伯斯庇尔这样的精英名流,那么阅读史的研究就一定会更上一层楼。①

179

　　第四,熟悉文学理论。我不否认,一提起文学理论,特别是对局外人来说,很多人不免望而生畏。文学理论包裹在一大堆令人看了眼晕的名词里,什么结构主义、解构主义、阐释学、符号学、现象学等,各种学说像走马灯似的,你方唱罢我登场,风水轮流争坐庄。但是把它们作为整体来纵观,我们会找到一些文学批评家和图书史家共同关心的问题。这是合作的基础。不管他们是深挖底层结构还是解构符号系统,文学批评家们越来越把文学当作一种行为来研究,而不只是把它当作文本。他们坚

---

① Adam 的边注眉批引用在 Zoltán Haraszti 的书中: *John Adams and the Prophets of Progress* (Cambridge, Mass., 1952), 85;关于注释和脚注,参阅 Lawrence Lipking, "The Marginal Gloss," *Critical Inquiry* 3 (1977): 620 - 631;and G.W. Bowersock, "The Art of the Footnote," *The American Scholar* 53 (1983 - 1984): 54 - 62;有关 Proster Marchand 的书稿,可参阅 Christiane Berkvens-Stevelinck 的两篇文章,"L'Apport de Prosper Marchand au 'système des libraires de Paris'" and "Prosper Marchand, 'trait d'union' entre auteur et éditeur," *De Gulden Passer* 56(1978): 21 - 63,65 - 99。

信,一本书的意义不取决于印在纸上的文字,而是取决于读者的阅读过程。因此,如今文学分析都以读者的反应作为核心。

在德国,由于汉·罗伯特·若斯和伊瑟尔·沃尔夫冈的倡导,这种研究方法给文学史研究带来了复兴。在法国,罗兰·巴尔特、保罗·里科、兹坦·托多罗夫和乔治·布莱则把这种研究方法提高到哲学高度。而美国的学者还处在兼收并蓄、消化吸收阶段。韦纳·博斯、保罗·德·曼、乔纳森·卡勒、杰佛里·哈特曼、J·希利斯·米勒和斯坦利·费希等人为下一步的理论整合提供了必不可少的材料,但他们之间的论辩还没有达成共识。尽管如此,这些讨论带来了对文本的新态度。如今,所有的学者在解说同一文本时,都使用相似的方法。①

比如,瓦尔特·翁对《永别了,武器!》一书头几句话的分析就是很好的例子:

> 那年夏末,我们住在乡村的一间屋子里,隔着河流和平原,可以看见远处的高山。那条河的河床里布满了大大小小的石头,它们在阳光的照射下洁白光亮。而清澈的河水泛着蓝色很湍急地从河床里流过。

翁问道:"那年"是哪一年?"那条河"是哪条河? 这些海明威都没说。但是海明威在这里用了有些违反常规的"那条河",而不是"有一条河",

---

① 有关读者反应批评的研究和文献,参阅 Susan R. Suleiman and Inge Crosman, eds., *The Reader in the Text: Essays on Audience and Interpretation* (Princeton, N.J., 1980); and Jane P. Tompkins, ed., *Reader-Response Criticism: From Formalism to Post-Structuralism* (Baltimore, 1980); Wolfgang Iser 的 *The Implied Reader. Patterns of Communication in Prose Fiction from Bunyan to Beckett* (Baltimore, 1974) 是这个批评理论最有影响力的众多著作中的一本。

他好像假想读者不需要过多的写景文字,只要略微提醒一下就行了。读者被当成是一个倾诉对象和同作者一块儿旅行的人,所以无论是刺眼的阳光还是烈酒的味道,或是一战期间意大利尸横遍野的惨象,读者都和作者一样已经"经历"过了,不需要在这里废话。如果有些读者不喜欢这样简洁的写法,那这本书就一定不会合他的口味。我们可以很容易想象有些人会说:"我是60多岁当奶奶的人了,怎么能弄得清楚意大利有多少条河流。"但是如果读者肯接受这种叙述手段所赋予他的角色,那么他的被虚拟化的自我就会跟海明威笔下的人物融为一体,并跟作者一同俯仰于故事的波澜起伏当中。①

　　早期的修辞手段假想读者什么都不知道,所以需要作者不厌其详的描写,好让读者一步一步地进入情节。这跟上面讲到的海明威的做法完全不一样。比如,《傲慢与偏见》一书的开头是这样写的:

　　　　有钱的单身汉总要娶位太太,这是一条举世公认的真理。
　　　　这条真理还真够深入人心的,每逢这样的单身汉新搬到一个地方,四邻八舍的人家尽管对他的心思想法一无所知,却把他视为自己某一个女儿的合法财产。
　　　　"亲爱的贝内特先生,"一天,贝内特太太对丈夫说道,"你有没有听说内瑟菲尔德庄园终于租出去啦?"

这种叙述从宏观一般到微观具体,就像一个摄像机镜头从广角全景变成一个聚焦大特写。因为句子的开头用的是不定冠词,读者可以由彼及此、循序渐进,但他永远不能完全进入情节,因为作者在构思上已经把读者定位在外在于故事的位置上,阅读的目的是求知、怡情或闻道。但阅

---

① 　Walter J. Ong, "The Writer's Audience Is Always a Fiction," *PMLA* 90(1975): 9 - 21.

读海明威的小说时,读者必须积极参与才能体会作者的良苦用心。在海明威那里,读者要扮演的角色和过去是大相径庭的。

　　作家们想出了各种办法帮助读者进入故事。米尔维尔的经典名句"叫我以实马利吧"与弥尔顿的祷告词"示我众生,天道昭昭"两者之间的差别简直不可以道里计。但是任何叙述都针对一定的读者,任何读者的阅读也都遵循一定的文本所特有的规范。文本可能言不尽意,读者也可能望文生义或断章取义,所以解构主义才强调解读过程当中的无限可能性,而原初阅读不管对错与否,则对后来的文化史起着重要作用。比如卢梭对《愤世嫉俗》的解读和克尔凯郭尔对《圣经·创世纪》第22节的读解就都是这样。不管人们怎么看,阅读已经成为文学活动的核心部分。

　　如果是这样的话,在文学理论研究与图书史研究之间建立互动的时机已经成熟。理论可以告诉我们读者对文本的反应大致有多少可能性,因为虽然修辞方式和阅读之间没有直接的前者决定后者的关系,但特定的修辞方式对阅读构成一定的制约。而历史研究尽管有史料方面的问题,却大致可以告诉我们实际的阅读情况是怎样的。借助历史研究,文学评论家们可以避免脱离历史背景的错误,不然他们有时会忘记17世纪的英国读者读弥尔顿和班扬的书同20世纪的大学教授们的读法是不一样的。而对历史学家来说,增加一些有关修辞手段的知识也有助于理解阅读当中的一些现象。比如,从《克拉丽莎》到《一位年轻妇人的故事》又从《维特》到《勒内》,这几本书都曾风靡一代人,而这跟这些书的写作手法有很大关系。不懂修辞就无法理解人们对这些书所产生的陶醉。所以我要提倡一种双重策略,也就是说把文本分析和实证研究结合起来。这样,我们就可以把作家想象中的读者和历史现实中实际的读者加以比较。再在这个基础上把读者对文本的反应做既是理论性的又是历史性的考察。

第五，我建议在目录分析学的基础之上，把上面说过的这样一个历史研究提高到新的高度。目录学学者把书当成一个物件来研究，他们发现一本书的印刷排版样式在相当大的程度上决定读者对它的解读。排版与意义之间的关联在下面这首巴洛克诗歌中有最充分的体现。这首诗是戈特弗雷德·克莱纳 1732 年写的。原文是这样的：

> geh.
> Fruchte
> und dort voll
> binnen geh,
> Biß ich von
> O mach mich grün,
> O laß mich blühn,
> Bewässert sult
> Dein mildes Blutt
> Die deine Liebe sucht.
> Und pflantz in mich die Frucht,
> In meinem Hertzen selbst den Platz,
> Bereite Dir, Du Seelen-Schatz!
> Ich nihm mich mir, und gieb mich Dir!
> Als Du, mein JESU, meine Zier!
> Soll Niemand seyn, und Niemand werden,
> Mein Alles, dort, und hier auf Erden,
> Mein auserkohrnes GOTTES-Lamm/
> Mein schönster Himmels-Bräutigam/
> Mein Seelen-Ruhm/
> Mein Eigenthum/
> Mein Port,
> Mein Hort,
> Mein Theil,
> Mein Heil,
> Mein Steig,
> Mein Zweig,
> Mein Raum,
> Mein Baum,

直译的意思是：　　　　　　　　　　　　　　　　　　　　　　

我的树，/我的空间，/我的树干，/我的小径，/我的赎救，/我的份额，/我的栖身之所，/我的港湾，/我的财产，/我的名誉，/我那美若天仙般的新娘/和我主上帝的羔羊，/我在地球上

的一切，不要让任何人来到这个尘世。/但是你，我主耶稣，你
是我的荣光。/啊，拯救我吧，接受我吧，/你在我灵魂的深处和
精神的圣殿享受至尊。/在我心中播下信奉的种子吧，/让我收
获爱主的果实。/你的血滋养着我，/让我的生命繁荣昌盛。/
啊，求你让我继续成长，/直到离开/人世，求你让我的生命
荣光。

　　由于这首诗的形状是一棵树，读者不是按照通常的方式从上到下地
去读这首诗，而是被引导着从下到上地阅读，好像在去天堂的路上一步
一步地攀登。在树的中心，读者看到"耶稣"一词。至此，读者已经完全
被这种修辞手法所俘虏，诗人的声音好像就是自己的，诗人的幻想也让
读者觉得"于我心有戚戚焉"。这种阅读把读者带到一个崇奉神、敬爱
神的境界。这种敬爱就像种子一样在他心中滋生，让他的生命繁盛，让
他的善举得到昭扬，最后让他步入天堂。有关成长、攀登、繁衍的比喻相
互强化，而节拍在第15行出现"耶稣"一词的地方达到高潮。而语法上，
由于使用一系列从句，句尾都在第15行结束，它们与节拍一起造成的综
合效果强化了主题，使读者们的注意力集中在耶稣上，并在这个过程中
得到救赎。①
　　诗歌并不能够总是借印刷排版上的匠心来充分表达自己的意思，但
任何一种文本都有属于自己的一整套排版印刷的规范。这些规范对读
者的阅读构成一定影响。一本书的排版设计跟人们怎样理解这本书有
极为重要的关系。D.F.麦肯齐在他那本有关孔格雷夫的出色研究中指

---

①　Gottfried Kleiner 引自 Ulrich Ernst, "Lesen als Rezeptionsakt. Textpräsentation und
　　Textverständnis in der manieristischen Barocklyrik," in *Lesen—historisch*, edited by
　　Brigitte Schieben-Lange, a special issue of *Zeitschrift für Literaturwissenschaft und
　　Linguistik* 15(1985): 72。

出,我们原来心目中所熟知的那个孔格雷夫完全是四开本塑造出来的形

象。那个版本是 17 世纪后期印的,它所投射出来的剧作家是个体现新 ***184***
伊丽莎白时代气息的豪放不羁的文人。但是这个形象到了孔格雷夫的
晚年则经历了一番脱胎换骨的改变。1710 年,出版商推出了他的三卷
八开本的《剧作》。这一版在排版印刷、封面装帧方面极为典雅,使作者
的形象也变得庄重古典起来。在这个从前一版到后一版的过程中,文字
上很少有什么改变,但是不同版本的印刷排版使得同样的剧本具有了完
全不同的味道。通过增加分幕、人物归类、对话重组、把暗示变成明言,
孔格雷夫把他原来的剧本按照法国舞台演出的新古典风格加以改造。
在一定意义上,孔格雷夫的《剧作》所经历的从四开本到八开本的演变,
反映了英国从伊丽莎白时代到乔治时代的世风变化。①

　　罗杰·夏蒂埃在弗朗西斯科·德·凯维多所著的那本西班牙经典
名著《布斯坎传奇》的流传历史中也发现了相似的现象。这本书本来是
写给西班牙和法国的上流社会人士看的。在西班牙,这本书最初是
1626 年出版的;而在法国,精美的法文译本是 1633 年出版的。但是,
17 世纪中叶,特鲁瓦地区的两家出版商欧多特和加尼耶尔,开始出版一
系列廉价简装书,这些书成为当时大众文学的核心作品,在后来的两百
年里一直被视为大众读物。出版商把弗朗西斯科·德·凯维多的书也
包括了进去。虽然他们对弗朗西斯科·德·凯维多的原文也做了若干
大刀阔斧的改动,但主要还是集中精力在改变版本设计上下功夫。夏蒂
埃称之为"改头换面"。他们把故事单位缩小,句子缩短,段落长的地方
就分段把它变短,并增加章节。跟最初的版本不一样,改版的《布斯坎传

---

① 　D.F. McKenzie, "Typography and Meaning: The Case of William Congreve," in *Buch und Buchhandel in Europa im achtzehnten Jahrhundert*, edited by Giles Barber and Bernhard Fabian(Hamburg, 1981), 81 - 126;另见 McKenzie, *Bibliography and the Sociology of Texts*(London, 1986)。

奇》瞄向的是下层社会的读者,他们没时间也没能力去细嚼慢咽、一唱三叹地欣赏这部作品。而一个个短故事自成段落,故事之间不一定有复杂的主题上的联系或人物性格发展上的关联,因为它们提供的材料仅够填充一个章回。所以,这本书就成了一大堆散片的集成,而不再是一个贯穿始终的单一故事。每个读者或听众都会对这些散片以自己的方式加以组合。至于这当中有多少一厢情愿的解读,夏蒂埃没有说,因为他的研究重点是把图书作为一个物件来分析,而不是讲读者。但他向我们显示了出版印刷样式的社会学内涵,让我们看到作者预想的读者和出版商预想的读者之间的转变。而这个过程与旧制度的江河日下、风雅扫地的大趋势不谋而合。到了 19 世纪,公众作为一个群体正式走上历史舞台。①

有些版本学学者和书籍史家开始对书籍史演变的大趋势做总结。他们觉得读者对一本书的物质样式所作出的反应更直接,而对产生这一文本的社会环境的反应则比较间接。所以,说不定我们可以通过文本考古学来考察远古时代的阅读史。虽然我们无法确切地知道罗马人是怎样读奥维德的,但我们可以假想他写诗的方式和其他罗马时代的作家差不多,他们都不加标点、不分段分行,声音和意义的单位更符合讲演的节奏,而不一定符合排版印刷上的惯例和规范。对于一本书来说,一页就是一个单位,但这只是公元三四世纪以后的事。在这之前,书都是写在一个长卷上,人们看书时要把卷轴一点一点地打开。卷轴式的书被翻页的书取代之后,人们看书时可以很容易地前后翻着看,书的内容也可以

---

① Roger Chartier, *Figures de lagueuserie*(Paris, 1982);相关文集有 Chartier 编辑的 *Pratiques de la lecture*(Paris, 1985)and *Les Usages de l'imprimé*(Paris, 1987),以及他的个人论文集 Chartier, *Lectures et lecteurs dans la France d'Ancien Régime*(Paris, 1987)。在德国和西班牙文学中进行的研究见相似的研究趋势的例子,尤其是有关《堂吉诃德》的研究;另见 Schieben-Lange 的 *Lesen-historisch*。

被分成不同部分并做成索引。可是即便在书籍从卷轴书过渡到翻页书之后,在很长一段时间里人们的阅读经验还是脱不开传统的、口耳相传的集体演出方式,直到很晚的时代人们才开始独自默读。7 世纪的一些修道院里可能最先有人默读,而到了 13 世纪这样的阅读方式在大学里已蔚然成风。阅读方式由诵读到默读的转变需要人们在心理上做很大的调整,这远比适应新式印刷排版方式更难,因为它意味着阅读变成一种很内心、很个人化的经验。①

印刷方式当然影响阅读,但这个影响并不像大家通常想得那样大。 有些书有封面、目录、索引和页码。在活版印刷发明以前,出版商往往根据修道院提供的手抄勘校本印出几份副本,好让更多的人能读到这些文献。在这种情况下,出版商的姓名也会印在书上。以印刷形式印出来的书籍刚出现的头五十年里,它们都还是继续模仿手稿的样式。显然,读这些书的人跟原来读手稿的人是同一帮人,读书的方式也是一样的。但是 1500 年以后,伴随着印刷书籍、小册子、传单、地图和招贴广告一类东西,出现了一批新的读者和新的阅读方式。新式书籍在设计上越来越标准化,价钱上越来越便宜,而且发行的范围也越来越广。这一切都在根本上改变了世界。它们不只是提供更多的信息,而且提供了一种新的理解世界的方式。

所以,人们在 16 世纪才真正掌握了文字,在 17 世纪开始把自然当成一本书来研读,而到了 18 世纪人们又开始把自身当成一本书来解读。

---

① Paul Saenger, "Manières de lire médiévales," *Histoire de l'édition française*, 1: 131–141; and Saenger, "From Oral Reading to Silent Reading," *Viator* I: 131–141.当然,17 世纪以前个别人也会自己默读。圣·奥古斯丁的《忏悔录》里面提到圣·埃默布勒斯就是这样。关于阅读的进一步讨论和这本书的早期历史,可参阅 Henri-Jean Martin, "Pour une histoire de la lecture," *Revue française d'histoire du livre*, new series, no. 16 (1977): 583–610。

正是在书籍的帮助之下,哲学家洛克和孔迪亚克把人们的内心世界当成一张白纸来研究。而富兰克林则写过一首打油诗:①

> 渺予小子富兰克林,
> 苟延残年劳碌身。
> 朽瓢烂页虫不屑,
> 文章精义永世传。

我不想对这里的比喻多说,因为富兰克林自己已经说得很透彻。但我想回到我前面说过的一个意思。这个意思可能因为听上去太简单而被人们忽视。阅读是有历史的,在不同时间、不同地点有不同的呈现方式。我们可能以为阅读是个简单的从书页中攫取信息的过程。但是仔细想想就会发现,信息需要经过筛选、分类和解释,这样一个过程是受制于一定的文化范式的,而文化范式则在历史上经历了很多变化。因为我们的先人们的精神世界跟我们的很不一样,他们的阅读方式也肯定跟我们不一样。所以,阅读的历史跟思想的历史一样复杂。我上面建议的五个方法也不一定保证我们能把研究中遇到的问题都迎刃而解,甚至还可能让我们南辕北辙或避重就轻。在这一研究中既没有捷径也没有通衢,因为阅读不像一个机构或社会秩序那样有显著特征,可以做历史性的跟踪研究。它是一种在读者和文本之间发生关系的特定行为。尽管读者和文本因时因地各有不同,阅读史的研究却不应该

注 187 在左侧页边

---

① 把世界观的长期历史作为书来读,见 Hans Blumenberg, *Die Lesbarkeit der Welt* (Frankfurt am Main, 1981)。富兰克林的名言并没有出现在他的墓碑上。他在 1728 年写下这句话的时候大概还是个印刷学徒工,参阅 *The Papers of Benjamin Franklin*, edited by Leonard W. Labaree (New Haven, 1959 –) 1: 109 – 111。在三个签名文本中措辞略有不同。

被简化为这些林林总总的流水账,而应该在史实的基础上探讨读者与文本之间的关系。读者群的变化是怎样使文本的意义被重新构造,这才是问题的核心所在。

这个问题好像很难得到解答,但其他问题都是由此派生出来的。历史上不乏因为阅读或通过阅读而导致改变世界的例子。像马丁·路德对圣徒保罗的阅读、马克思对黑格尔的阅读、毛泽东对马克思的阅读。这些人们所熟知的例子说明了一个深刻和普遍的道理,人类总是不断地在生活中寻找意义,并了解自己。如果我们能弄明白人们是怎样阅读的,我们就能懂得他们是怎样理解世界的。在这样一个历史研究的过程中,我们也同时满足了自己对意义的追求。

第 4 部分

你方唱罢我登场

第十章　思想史与文化史^①

在美国,研究思想史的人们当中正流行一种瘟疫。20 年前他们觉得自己的领域是历史学科的王后。如今,虽然不曾有过惊天动地的改朝换代,可是过去 20 年里学术界的风云变幻使得过去的王后被打入冷宫。不但各种各样名目繁多的社会文化史研究同她蛾眉争妒,更有那些莫名其妙、不知所云的新名词术语令人眼花缭乱,目不暇接。什么心态啦、辞源学啦、范式啦、阐释学啦、语言学啦、霸权啦、解构啦、深描啦,等等。

明显,由阿瑟·拉夫乔伊和默尔·柯蒂所建立起来的思想史研究框架至今还有市场。在时髦词汇铺天盖地的今天,人们仍然可以不时看到像"心灵"这样的概念。^② 但是,从趋势上看,研究思想史的人对自己的领域表现出越来越多的怀疑,底气越来越不足。有关史学方法的讨论这些年来层出不穷。穆雷·墨菲在最近的一篇文章中抱怨说:

---

① 本文收入 Michael Kammen, ed., *The Past Before Us: Contemporary Historical Writing in the United States* (Ithaca, N.Y., 1980): 327 – 354。当时是应美国历史学会的要求,总结思想史和文化史研究在 1970 年代的情况。由于这个缘故,我没有涉及美国以外的情况,也没有涉及其他后来在 1980 年代影响很大的研究动向。

② *The Dictionary of Ideas*, edited by Philip P.Wiener et al.(New York, 1973), 4 volumes,可被称为 Lovejoy 的纪念碑。一位评论家在 Lovejoy 创办的另一个具有纪念碑意义的《思想史杂志》中评论 F.E.L. Priestley 的 "Mapping the World of Ideas," *Journal of the History of Ideas* 35(1974): 527 – 537;虽然 The Dictionary 呈现了不同的多样化的思想史,但其中的词条透过时空仍可追溯到 Lovejoy 范式的思想。可比较 The Dictionary 的前言与 Lovejoy, "Reflections on the History of Ideas," *Journal of the History of Ideas* 1(1940): 3 – 23;还可参阅 George Boas, *The History of Ideas: An Introduction* (New York, 1969);以及 Rush Welter, "On Studying the National Mind," in *New Directions in American Intellectual History*, edited by John Higham and Paul K. Conkin (Baltimore, 1979), 64 – 82。

30年前,思想史研究在美国大学里占据了一个十分让人羡慕的位置。上思想史课的学生人满为患。研究思想史的人,像默勒·库尔蒂、拉尔夫·加比利埃尔和默尔·柯蒂等人,红极一时。但是这种情况在过去30年里发生了很大的变化。如今,学生们不再对思想史感兴趣,连搞思想史的人都觉得其他领域比思想史更有可为。①

与此同时,多米尼克·拉卡普拉在康奈尔大学召集会议,讨论思想史研究的未来。他忧心忡忡地说:

最近以来,思想史的研究受到几股势力的冲击。社会史研究所提出的很多问题都是传统叙述技巧和理念分析的研究方法无法解决的。这些问题涉及集体心理的性质、思想观念的起源或作用。有时候,激发社会史研究的动机有些霸道,因为它把思想史降低为社会史的一个功能,同时,又把社会问题提升到具有重大历史意义的地位上。②

1977年12月在威斯康星州瑞辛市召开的美国思想史讨论会上,那些宣讲的论文也都唱着同样的调子。③ 这个会议的缘起要追溯到七年前,当时在罗马召开了一个讨论史学研究现状的会议。④ 后来,那次会议的主

---

① Murray G.Murphey, "The Place of Beliefs in Modern Culture," in Higham and Conkin, eds., *New Directions*, 151.

② "The Future of European Intellectual History," *Circular* (Spring 1979).

③ John Higham, "Introduction," in Higham and Conkin, eds., *New Directions*, xi – xvii.

④ 罗马会议的论文收入 Felix Gilbert and Stephen Graubard, eds., *Historical Studies Today* (New York, 1972), 后又刊载于 *Daedalus*; 另见 Felix Gilbert, "Intellectual History: Its Aims and Methods," and Benjamin I. Schwartz, "A Brief Defense of Political and Intellectual History"。

题每年都会在美国历史学会的年会上回响。① 思想史学者写下的那些
书评和文章里也不时有其回声。当然,他们当中也有很多人说,历史研
究中有异军突起是好事,当前的危机给思想史研究调整方向提供了一个
必要的契机。但不管是乐观的人还是悲观的人,大家都承认危机确实存
在,而危机的解决有赖于研究思想史和社会史的学者处理好他们之间的
关系。②

　　这样的看法是基于对美国思想史研究本身历史的了解。约翰·海
姆和罗伯特·斯科特海姆指出,思想史和社会史都是 20 世纪早期成熟起
来的学科,并且是詹姆斯·哈维·罗宾逊、查尔斯·A.比尔德、弗里德里
克·杰克逊·泰纳和卡尔·贝克尔等人的新史学的重要组成部分。③ 这

---

① 研究思想史的人在 1973 年的旧金山会议上对自己的领域作了一次彻底的反思,导致
　了思想史研究同仁会的成立。这个同仁会在 1979 年出版了第一期通讯。

② 危机观念强有力的例证,参阅 Paul K. Conkin, "Intellectual History: Past, Present, and
　Future," in *The Future of History*, edited by Charles F. Delzell (Nashville, 1977), 111;
　and Gene Wise, "The Contemporary Crisis in Intellectual History Studies," *Clio* 5(1975):
　55;还有一些温和的反馈,参阅 Leonard Krieger, "The Autonomy of Intellectual
　History," *Journal of the History of Ideas* 34 (1973): 499 – 516; and David Potter,
　"History and the Social Sciences," in *History and American Society: Essays of David
　M. Potter*, edited by Don E. Fehrenbacher (New York, 1973), 40 – 47;一些法国历史学家
　在他们治学传统框架内发展出类似的危机观点 Jean Ehrard et al., "Histoire des idées et
　histoire sociale en France au XVIIIᵉ siècle: Réflexions de méthode," *Niveaux de culture et
　groupes sociaux: Actes du colloque réuni du 7 au 9 mai 1966 à l'Ecole normale supérieure*
　(Paris and The Hague, 1967), 171 – 188。

③ 许多后续的史学概述都建立在 Robert Skotheim 的基础上,参阅 Robert Skotheim,
　American Intellectual Histories and Historians (Princeton, N. J., 1966);尤其是 John
　Higham, "The Rise of American Intellectual History," *American Historical Review*
　56 (1951): 453 – 471; "American Intellectual History: A Critical Appraisal," *American
　Quarterly* 13(1961): 219 – 233; (with the collaboration of Leonard Krieger and Felix
　Gilbert) *History* (Englewood Cliffs, N. J., 1965); and *Writing American History: Essays
　on Modern Scholarship* (Bloomington, Ind., 1970)。

两种研究方法的新颖之处就在于,它们对过去那种只关注政治的旧史学提出了挑战。在20世纪二三十年代,它们携手并肩,在大学课堂上为自己争得一席之地,并生根开花,后来居上。可是在后来的20年里,阿瑟·拉夫乔伊和默尔·柯蒂想拔高思想史研究的地位,把思想史研究同社会背景剥离开来。在美国知识界,米勒的成功使步他后尘的追随者们醉心于抽象的东西:神话、符号、形象等。韦农·帕林顿、阿瑟·拉夫乔伊和默尔·柯蒂等人试图找出美国思想发展中独特的东西,他们的做法对后来的追随者们有影响。到20世纪60年代,在美国研究这个学科里,思想史已经和社会史彻底分道扬镳,越发成了无本之木,无源之水,净研究那些玄乎乎的民族精神之类的问题。与此同时,教授们任教的那些大学正经历着一场疾风骤雨。种族间的冲突、反文化运动的兴起、学生当中流行的激进主义、东南亚地区的战争、总统权威的崩塌,这一切摧毁了人们在过去形成的精神共识,而历史学科曾是那个共识的基础。正是在这样的背景下,研究社会史的人乘虚而入,他们不是要力挽狂澜,而是要对旧史学落井下石;不是要重建一个新体系,而是要开拓出无数新方向。于是,黑人史研究、城市史研究、劳工史、妇女史、犯罪史、两性史,以及对被压迫、没文化和边缘人群的研究都纷纷登堂入室。一时间,社会史研究方法在各个领域都处在主导地位,从前的弃儿一跃成为主人。

　　有些美国历史学家可能会觉得,我这样总结美国史学研究的变迁未免过于夸张和不精确。有人一直对思想史研究抱怀疑态度,觉得它不具备本土特色。用一句老派的研究政治史的学者的话说,研究思想史"实属徒劳无益"[1]。美国自己的思想史研究确实没法跟欧洲的相提并论。欧洲人跟美国人不一样,他们不讲思想史,而是讲各种理念和观念的历史发展,讲法上也有若干个传统和体系。学欧洲史的美国学生对这些传

---

[1]　William Hesseltine,引自 Skotheim,*American Intellectual Histories*,3。

统都有所闻。特别是 1950 年以后读研究生的学生，他们拿奖学金容易，当时飞欧洲的机票便宜，美元又坚挺，所以去欧洲念书比以往任何时候都容易。即便没去欧洲的那些学生也是师从欧洲来的教授，这些教授大都是 20 世纪 30 年代作为难民来到美国，后来遍布美国各大学任教。就算有人没受到欧洲文化的直接洗礼，他们也逃不掉跟欧洲有关的题目。语言课也好，讲上古史的课也好，处处都有欧洲的阴魂，处处都鉴照着美国文化的特点。从史料、教授到题目，欧洲思想史都处在优越的位置上。

　　然而，这样一个欧洲传统在美国正处在十字路口上，并且同美国研究这个学科自身所经历的危机搅在一起。当然，这两者各有不同的历史渊源。第一次世界大战之后到第二次世界大战之前那段时间里，阿瑟·拉夫乔伊和卡尔·贝克尔就已经埋下了危机的种子。拉夫乔伊对一些关键概念做寻根探源的工作，而贝克尔则考察这些概念流传的地域以及当地的思想环境。但两人都是从经典文本出发，而他们自己的书房里就有这些经典文本。而对后来的思想史研究者影响比较大的是像克莱恩·布林顿这样的人，他主张思想史研究不能局限于图书馆和书房，而必须看思想观念在平民百姓心目中的影响。[①] 到 1950 年，他的研究方法正式进入了哈佛大学的历史课堂，叫作"18—19 世纪欧洲思想史"。这门课所用的教科书之一便是他写的《观念与人》。[②] 以后的 20 年里，司

---

① Crane Brinton, *English Political Thought in the Nineteenth Century*（New York, 1962; 1st edition 1933）, 3.

② Brinton 对思想史研究的对象参阅 *Ideas and Men: The Story of Western Thought*（Englewood Cliffs, N.J., 1963; 1st edition 1950）, 4. 哈佛 1950—1960 年代的一门思想史课程介绍中是这样描述思想史的："探讨普通欧洲人在美国、法国和工业革命这几个世纪里在情感和理念上的变化。重点不在大思想家的大作品，而是重要理论观念向民间扩散的情况。"美国第一个教思想史的人是哥伦比亚大学的 James Harvey Robinson，他在 1904 年开始教思想史的课。1930 年代 Brinton 希望他的截然不同于"观念的方法"的"人的方法"的描述会使得思想史更贴近于"时下流行的社会史，"其中也提到 the New History of Robinson, *English Political Thought*, 4。

195　　徒亚特·休斯和彼得·盖伊将这一方法发扬光大,在几本考察思想观念的社会史研究专著中,他们格外关注人与观念之间的关联。他们的书在写法上也往往师法布林顿,比如给大思想家们开专章专节,并且按照特定的逻辑线索,像意识与社会、古代与现代这样的概念,将他们串联起来①。这种做法也影响了像阿瑟·威尔逊、弗兰克·曼纽埃尔和雅克·巴尔赞这样一些才华横溢的传记作家。但正像布林顿所说的那样,这些作家把思想史变成几个思想家的生平集成,越来越远离普通老百姓的生活。②

　　与此同时,研究社会史的人在欧洲史的研究中受到启发,重新发现了另类群体的研究价值。当然,与其说是重新发现,也不妨说是重新建构。他们借助人口学、经济学和社会学研究的方法,替不同社会群体的人找出共同的基础。这种倾向不总是来自研究社会科学的人,而是来自一群具有世界眼光和胸怀的学者。在巴黎,他们聚集在乔治·勒费弗尔周围,并且像他一样从农民和无套裤汉的角度来重新解读法国大革命。他们觉得传统史学忽略了名不见经传的平民百姓,决心要把这些历史的

---

① H. Stuart Hughes, *Consciousness and Society: The Reorientation of European Social Thought, 1890－1930* (New York,1958); *The Obstructed Path: French Social Thought in the Years of Desperation, 1930－1960* (New York, 1968); *The Sea Change: The Migration of Social Thought, 1930－1965* (New York, 1975); and Peter Gay, *The Enlightenment: An Interpretation* (New York,1966 and 1969),2 volumes;有关思想史的本质和方法的比较详述,参阅 Brinton, *Ideas and Men*, and Hughes, *Consciousness and Society*; and Gay, "The Social History of Ideas: Ernst Cassirer and After," in Essays in Honor of Herbert Marcuse, edited by Kurt H.Wolff and Barrington Moore (Boston,1967), 106－120。

② Arthur Wilson, *Diderot* (New York, 1957 and 1972), 2 volumes; Frank E. Manuel, *The Prophets of Paris* (Cambridge, Mass., 1962); Jacques Barzun, *Berlioz and the Romantic Century* (Boston,1950).

真正创造者带进历史研究中来。① 所以,对于他们来说,"自下而上的历史"便成为一面旗帜。他们的理论很快就传遍欧洲,特别是在英国,本来就很有底蕴的劳工史研究在这一思潮的影响下再兴波澜。乔治·鲁德、霍布斯鲍姆和 E.P.汤普森等人有关民众反抗和劳工运动的研究堪称杰作。而学术期刊《过去与现在》则倡导把历史看成是社会发展过程,而不是单纯的事件演绎。与此同时,《过去与现在》在法国的姊妹刊物《年鉴:经济、社会、文明》也遥相呼应,反对传统史学那种以事件为中心的做法,为社会史研究摇旗呐喊。所谓社会史研究就是关注那些在历史中长期形成的结构性因素、各结构之间在交叉地段的互动以及传统的惯性如何适应创新和变化,也就是说,把历史作为一个整体做全面考察。年鉴学派的口头禅听上去像是口号,但这一学派的门徒们写出了一篇又一篇的高质量博士论文,使学派的主张得到有力的传播。像 C.E.拉布鲁斯、费尔南·布罗代尔、皮埃尔·古贝尔和埃马纽埃尔·勒华拉杜里等人,在这方面可谓功不可没。到了 20 世纪 70 年代,社会史研究已变得势头雄健,锐不可当,《过去与现在》和《年鉴》这两本期刊也出尽了风头。

　　毫无疑问,这股潮流也风靡了很多美国的历史学家,并且给美国本土的社会史研究带来了生机。激进些的学者要从社会下层的视角重新审视美国革命,研究劳工史的历史学家则开始搬用汤普森的研究方法。而法国年鉴学派的门徒们更是以传教般的执着进军美国。他们先是在普林斯顿大学、密歇根大学和纽约州立大学的宾厄姆顿校区建立桥头堡,而后分赴全国各大学开坛设帐。一时间,除了研究思想史的人之外,其他人都纷纷拜倒在社会史研究的石榴裙下。一旦用自下而上的视角

---

① 这里包括 Albert Soboul、George Rudé、Richard Cobb 和 K.D.Tonnesson。他们最重要的作品是 Soboul 的论文,*Les Sans-culottes parisiens en l'an II*(Paris, 1958),但英语世界对他们的了解主要是通过 Rudé 和 Cobb 的著作。

看历史,美国史研究中所建构起来的很多神话和形象便都不攻自破。而欧洲史研究中那些五花八门的主义和观念也都被看成是意识形态或民族心理,也就是说,它们代表的是一种群体态度,需要用社会科学的方法加以梳理。按照这种研究方法的思路,思想史研究是没有地位的,研究思想史的人被逼着变成社会学家或人类学家。罗宾逊、布林顿和休斯还想谋求同社会史研究联姻,但他们的后继者顾虑重重,唯恐被社会史研究吃掉。正如保罗·K.孔金指出的,思想史研究有过短暂然而辉煌的过去,如今却四面楚歌,前途暗淡。①

要想知道孔金说得对不对,我们得先看看二战以后美国史学家们是如何从事教学和研究的。当然,要想在这帮人当中找出确切的行为模式来几乎是不可能的,因为大学教授们向来是天马行空,我行我素。但是,通过查看当时的课程设置、博士论文提要和学术期刊,我们还是可以看出整个领域内部的侧重点。

课程表虽然无法传达出课堂上的生动内容,但它们却提供足够的信息,让我们可以按照题目和内容对它们进行分门别类。当然,大部分课程都同时涉及若干题目和内容,教授们往往按年代而非主题来编写教案。比如,一门叫作"1865—1945年的美国历史"的课,可能重点是讲思想史,但它不叫"美国内战以来的思想史",这使得它很难被划归到一个名目之下。但是,有相当数量的课程可以很容易地划归到七个大范畴当中的一个。关于这七个大范畴见表10-1和表10-2。从百分比上看,1948年的抽样是17.1%,1978年的抽样是24.6%。这些课程提供了可信的证据,显示出美国本科生历史课在类型和侧重点上的变化。从表10-2可以看出这些课程在八所大学的全部课程设置中所占的比例。

---

① Conkin, "Intellectual History," 111.

表 10－1　美国八所大学历史专业课的情况，1948—1978

	政治史	宪政史	国际关系	思想史	文化史	经济史	社会史	大学开设的所有历史学课程
哈佛大学								
1948—1949	2	2	4	5	0	1	3	82
1958—1959	3	3	2	12	0	1	2	115
1968—1969	4	3	7	14	0	3	4	131
1978—1979	6	1	6	19	3	5	13	177
耶鲁大学								
1948—1949	2	2	3	3	2	0	1	43
1958—1959	2	0	4	4	2	0	2	67
1968—1969	7	2	10	11	3	5	1	133
1978—1979	4	1	8	12	2	2	13	133
普林斯顿大学								
1948—1949	1	1	1	1	0	0	0	21
1958—1959	0	1	3	1	0	2	1	27
1968—1969	1	1	0	3	1	2	1	52
1978—1979	1	1	1	5	2	2	6	62
印第安纳州立大学								
1948—1949	1	1	2	1	0	0	0	41
1958—1959	0	2	2	0	0	0	0	63
1968—1969	0	4	7	4	0	3	6	135
1978—1979	0	4	6	2	0	4	4	116

	政治史	宪政史	国际关系	思想史	文化史	经济史	社会史	大学开设的所有历史学课程
密歇根州立大学								
1948—1949	0	4	3	3	0	4	0	82
1958—1959	0	4	5	3	3	6	0	132
1968—1969	0	4	5	14	1	7	9	200
1978—1979	0	2	3	14	1	7	16	189
威斯康星大学								
1948—1949	0	3	1	1	0	6	0	79
1958—1959	0	2	2	2	0	8	1	107
1968—1969	0	6	10	3	4	13	12	227
1978—1979	0	1	5	4	7	4	13	186
加州大学伯克利分校								
1948—1949	0	5	4	0	3	1	2	97
1958—1959	0	4	6	5	3	0	7	130
1968—1969	0	6	4	7	1	2	8	146
1978—1979	0	0	4	11	0	4	13	148
斯坦福大学								
1948—1949	0	1	5	4	1	0	1	86
1958—1959	0	2	5	6	1	1	2	104
1968—1969	0	0	7	9	2	1	5	108
1978—1979	3	1	3	5	5	1	17	119

表 10‐2　美国八所大学历史专业课附属领域开设情况,1948—1978

课　　　程		1948—1949		1958—1959		1968—1969		1978—1979	
		数量	百分比	数量	百分比	数量	百分比	数量	百分比
社会史									
	移民和少数族裔史	3		0		2		8	
	劳工史	1		1		0		6	
	黑人史	0		0		5		16	
	城市史	0		0		8		14	
	妇女与家庭史	0		0		1		13	
	一般	3		14		30		38	
	全部社会史课程	7	1.3	15	2.0	46	4.1	95	8.4
政治史		6	1.1	5	0.7	12	1.1	14	1.2
宪政史		19	3.6	18	2.4	26	2.3	11	1.0
国际关系		23	4.3	29	3.9	50	4.4	36	3.2
思想史		18	3.4	33	4.4	65	5.7	72	6.4
文化史		6	1.1	9	1.2	12	1.1	20	1.8
经济史		12	2.3	18	2.4	36	3.2	29	2.6
	全部专题课总数	91	17.1	127	17.0	247	21.9	277	24.6
其他历史课		440	82.9	618	83.0	885	78.2	853	75.5
	全部历史课总和	531	100.0	745	100.0	1 132	100.1	1 130	100.1

各个大学之间的情况略有不同,比如威斯康星大学在 20 世纪 40 年代的强项是经济史,而哈佛则是思想史研究的重镇。但总体上的大趋势却是明显的,被抽样的八所大学在 1948—1949 学年总共开了 18 门跟思想史有关的课程,占全部历史课的 3.4%;而在 1978—1979 学年,跟思想史有关的课共有 72 门,占全部历史课的 6.4%。如此看来,思想史研究的兴旺并非一日之功,而社会史研究的异军突起也没有导致思想史研究的衰落。不错,社会史研究在 70 年代确实有长足的发展,它从 40 年代微不足道的地位(1948—1949 学年只有七门社会史的课,占全部历史课的 1.3%)一跃而成为 70 年代最显要的专业课(在 1978—1979 学年的抽样中有 95 门社会史的课,占全部历史课的 8.4%)。但是这些打着社会史旗帜的课程实际包含了好多具体题目,比如城市史、黑人史、劳工史、妇女史等,这等于强化了传统课程表的扩大和分化。60 年代,耶鲁大学和印第安纳州立大学把它们的历史课数量增加了一倍。很多历史系取消了通史,放松了对学生毕业要求的尺度,鼓励教授们开设与自己的研究相关的课程。这样一来,学生可选的课程是增加了,但他们得到的教育质量却不一定有保证。对于那些混沌未开的大学新生,面对这么多让人眼花缭乱的选择,要针对自己的情况决定该修什么、不该修什么,可不是一件容易的事。1968 年的威斯康星大学开了 227 门历史课,而 1948 年的普林斯顿大学只有 21 门历史课。如今的学生到毕业时可能熟知底特律市的黑人社区是怎么形成的,却不知道罗马帝国是怎么衰亡的。

搞思想史研究的人好像顶住了那股分门别类、条分缕析的潮流。到了 20 世纪 70 年代,风平浪静之后,搞思想史的人继续开基础课。他们的讲义和阅读书目是否吸收了一些社会史研究的成果,这个没有进一步的调查还不好说,但我想他们大部分人不会把那么多年写好的讲义全都给丢了。有些人连考试的试题都重复使用,要说改变也是换汤不换药,教书的人惰性很强。①

　　在研究方面,风气上的变化可就明显得多了。在这方面,社会史研究如日中天,造成思想史研究的江河日下。表 10 - 3 显示,从 1958—1978 年,社会史方面的博士论文在比例上增加了四倍,而研究思想史的博士论文则略有下降。在 1978 年拿到博士学位的人当中,搞社会史的比搞思想史的多了三倍,甚至也比搞政治史的人多,使社会史成为一个最重要的研究领域。事实上,政治史研究在 20 世纪六七十年代这段时间里有很大的衰落,说明以事件为中心的历史研究已经不吃香了,只是在讲课的时候人们关注的重点还是事件。而且,由于时间上的滞后,这个趋势今后可能只会有增无减。在 1978 年那年写完论文的博士研究生们大部分早在五年或十年之前就已经确定了自己的研究领域,那时候社会史研究的热潮还刚刚开始。而到了 20 世纪 70 年代晚期,这股热潮达到了巅峰。这个时期入学的博士生们在研究选题上免不了受其影响。等到他们的论文写完,这股热潮就蔓延到 80 年代了。但是这批博士生影响下一代人的能力恐怕是很有限的,因为他们当中的很多人找不到教职。表 10 - 2 和表 10 - 3 印证了大家的一个普遍印象,即在大学里教书的位置供过于求。从 1968—1978 年的十年里,历史课的数量微微下降了,但是历史学科的博士论文却大量上升,

①　根据 1953 年在两百多个大学里所做的调查显示,社会史和思想史方面的课在大部分学校里都还是新鲜事物,任课老师也都是比较年轻的教师。很遗憾,这个调查没有提供总体课程安排方面的变化,使我们无法知道社会史和思想史在总体比例上的地位。但是,我们还是可以了解到这类课程的一般特点,详情可见 H.L. Swint, "Trends in the Teaching of Social and Intellectual History", *Social Studies* 46(1955) : 243 - 251。有一本 1966 年出版的讲英国大学历史课情况的手册显示,35 所大学里面开设社会史课程的有 19 所,开设思想史课程的有 16 所,见 George Barlow , ed., *History at the Universities* (London, 1966)一书。

跟 1958 年的数量相比多了四倍。[①]

表 10 - 3　1958—1978 年间历史学各领域博士论文完成情况

课　　　程		1958		1968		1978	
		12 个月		6 个月		6 个月	
		数量	百分比	数量	百分比	数量	百分比
社会史							
	移民和少数族裔	3	1.5	7	1.9	12	2.8
	劳工史	1	0.4	7	1.9	13	3.0
	黑人史	2	1.0	8	2.1	21	4.9
	城市史	1	0.4	2	0.5	12	2.8
	妇女与家庭	2.5	1.0	4	1.1	14	3.2
	一般历史	5	2.5	11	2.9	45	10.4
	全部社会史科目	14	6.8	39	10.4	117	27.1
政治史		69	34.3	126	33.4	102	23.7
宪政史		3	1.5	2	0.5	1	

---

① 1968 年, David Landes 和 Charles Tilly 组织了一项对历史学教授们的调查, 发现他们当中有 14% 是研究思想史的, 17% 是研究社会史的, 后者在整体上更为年轻 (David S. Landes and Charles Tilly, *History as Social Science* (Englewood Cliffs, N.J., 1971), 该比例根据第 28 页数据计算)。美国学术委员会 1952 年的调查结果不清楚, 因为调查的人把钻研方向和题目及时间段混在一起, 而且没有把社会史包括进去。尽管如此, 这个调查还是显示了思想史研究在当时的重要性。742 位史学家里面, 有 109 人 (占总数 15%) 认为自己是搞思想史或文化史的, 这比其他任何领域里的人都多。只有外交史是个例外, 有 136 人认为自己是搞外交史的, 占总数的 18%。见 F. Wellmeyer, Jr., "Survey of United States Historians, 1952, and a Forecast," *American Historical Review* 61(1956): 339 - 352。

续　表

课　程		1958		1968		1978	
		12 个月		6 个月		6 个月	
		数量	百分比	数量	百分比	数量	百分比
国际关系		21	10.5	48	12.7	40	9.3
思想史		21	10.5	36	9.5	38	8.8
文化史		5	2.5	12	3.2	25	5.8
经济史		15	7.5	18	4.8	15	3.5
其他历史	全部专科历史	148	73.6	281	74.5	338	78.2
		53	26.4	96	25.5	93	21.6
	全部历史科目	201	100	377	100	431	99.8

　　要想对老一代历史学家的学术研究情况做一个了解的话,我们可以从三本最基本也最权威的杂志当中抽样调查。这三份杂志是《美国历史评论》《现代史杂志》和《美国历史杂志》。表 10-4 表明,从 1946 年到 1978 年政治史一直是一枝独秀,发表在这几本杂志里的文章有三分之一都是讲政治史的。研究国际关系的文章数量虽有下降,但如果把它们跟研究政治史的文章放在一起的话,它们占了发表文章总数的一半。这些杂志还反映出,尽管欧洲大陆的历史学家们已经没什么人再搞那种以事件为中心的历史了,但它在美国仍然很有市场。思想史研究的情况还算不错,表现出相当的稳定性。自 1940 年以来,差不多十分之一的文章都跟思想史有关。至于社会史,它在过去十年里无疑是异军突起。①

---

①　最近,*Journal of American History* 罗列了所有发表在严肃些的杂志上的跟美国历史有关的文章,并把它们按题目加以分类。1978 年还把思想史作为一个题目列上,但没有包括政治史。结果有 2 131 篇文章! 经综合整理,结果很接近表 10-4 上的情况。国际关系占 6%,思想史占 2%,艺术史占 3%,宗教史占 5%,社会史占 22%,经济史占 4%。

204

表 10-4 有关历史的学术论文在三本学术期刊里的
发表情况,1946—1978

	1946—1948				
	《现代史杂志》	《美国历史杂志》	《美国历史评论》	总　计	比　例
政治史	12	13	10	35	31.8
国际关系	13	5	6	24	21.8
思想史	2	1	4	7	6.4
文化史	2	2	2	6	5.4
社会史	0	4	7	11	10.0
经济史	3	4	0	7	6.4
其　他	3	10	7	20	18.2
总　计	35	39	36	110	100.0
	1956—1958				
	《现代史杂志》	《美国历史杂志》	《美国历史评论》	总　计	比　例
政治史	24	20	8	52	38.2
国际关系	12	11	4	27	19.9
思想史	1	6	6	13	9.6
文化史	0	2	1	3	2.2
社会史	0	5	8	13	9.6
经济史	1	2	1	4	2.9
其　他	5	11	8	24	17.6
总　计	43	57	36	136	100.0

续　表

	1966—1968				
	《现代史杂志》	《美国历史杂志》	《美国历史评论》	总　计	比　例
政治史	20	26	19	65	35.9
国际关系	14	6	4	24	13.3
思想史	6	7	6	19	10.5
文化史	3	2	3	8	4.4
社会史	1	10	4	15	8.3
经济史	0	3	5	8	4.4
其　他	6	20	16	42	23.2
总　计	50	74	57	181	100.0
	1976—1978				
	《现代史杂志》	《美国历史杂志》	《美国历史评论》	总　计	比　例
政治史	36	10	13	59	32.6
国际关系	16	6	3	25	13.8
思想史	6	3	10	19	10.5
文化史	4	3	3	10	5.5
社会史	14	16	3	33	18.3
经济史	1	3	2	6	3.3
其　他	10	9	10	29	16.0
总　计	87	50	44	181	100.0

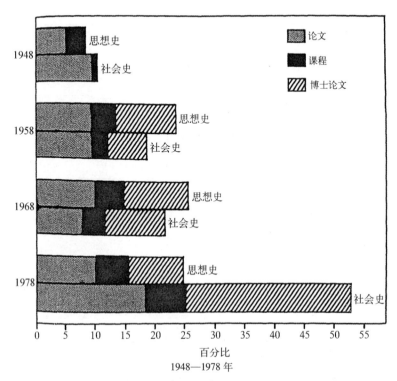

**图 10-1 思想史和社会史领域的论文、课程、博士论文在
历史学各研究领域的占比**

如果把三个方面的情况加以比较(图 10-1),我们就可以看出史学
界大趋势上的变化。各种新潮流的起源也许不那么好说得清楚,但它们
一旦出现就会先有研究生们"趋炎附势",然后是相关课程接踵而来。
再接下来,比较专业和先锋的杂志就会为之摇旗呐喊。最后,连主流学
术杂志也让它们登堂入室。年轻的史学家们要靠研究带动教学;而年老
的则比较倾向于墨守成规,自己当学生时候研究的是什么,以后就会相
沿成习,不大喜欢标新立异。总之,史学研究领域是极为保守的,上面的
三个参数都显示了同一个变化模式,但变化本身却很小。二战以后发展

变化最大的就是社会史,而思想史研究方面的情况则变化很小,以至研究思想史的人都感觉这个领域缺少生机了。

那么我们是否可以得出结论说,上面的数据说明,研究思想史的人一直是井底之蛙,妄自尊大呢? 那倒不一定,因为思想史研究重要性的降低只是相对于社会史而言的。再说,尽管研究思想史的人仍然一如既往,但他们凭其敏锐的本能也该感觉到大势已去,江山易主。他们甚至可能觉得我们这样谈论思想史,本身就说明这个领域已经穷途末路了。在他们看来,用数据和图表来探讨思想史简直是荒诞不经。这是把文化问题加以量化的表现,是社会科学对人文学科的越俎代庖,它导致人类心灵生活简单化,最终不啻是缘木求鱼。

也许我们现在需要对这个领域的整体脉络做个主观的评估。但不幸的是,思想史研究没有整体可言,也没有核心课题。研究思想史的人各自为战,群龙无首。有人致力分析精英哲学家的门派传承,有人专攻草民文盲的日常礼仪。虽然视角上有阳春白雪与下里巴人之分,但实际运作时总少不了相互交差。因为它们都不出四个大范畴,即思维观念演变史(研究思想体系,着重哲学著作)、民风民情发展史(包括各种思潮舆论、文学运动)、各种思想观念的社会发展史(研究意识形态及其如何在社会上传播扩散)和文化史(从人类学的视角研究文化,包括各种世界观和心态)。[1]

毫无疑问,像奥古斯丁和爱因斯坦这样的伟人,其思想博大精深,对

---

[1]　当然还可以分得更细一些。最常见的是把思想史跟观念史进一步区分。但大部分史学家,包括拉 Lovejoy 也把这两个概念混着用。对这个领域作条分缕析的例子可以参考 Maurice Mandelbaum, "The Historiography of the History of Philosophy," *History and Theory* 4, supp. 5 (1965): 33 - 66; Hajo Holborn, "The History of Ideas," *American Historical Review* 73(1968): 683 - 695; and Hayden White, "The Tasks of Intellectual History," *The Monist* 53(1969): 606 - 630。

学者们总是格外有吸引力。但二战以后，从事哲学研究和文学评论的人都不大对典籍作品进行历史性的考察，而喜欢关注文本的结构含义和语言层面。在大学里，只有历史学家们才肯教哲学史和文学史方面的课，并因此产生了以历史为中心的哲学史和文学史研究。史学家们不满足于局外视角，努力把自己变成内行。比如，19 世纪末维也纳的卡尔·朔斯克就是用行家的眼光来考察哲学、文学、美术、音乐和心理学的。[①] 其他历史学家则毕生专攻一个领域，但他们跟卡尔·朔斯克一样，致力把握住研究对象的内涵实质，而避免早期跨学科研究那种无关痛痒的浮夸。摩尔顿·怀特、布鲁斯·库克里克和穆雷·墨菲对美国哲学史的研究，既植根于哲学，又借助历史。[②] 埃蒙德·摩根、阿兰·赫尔默特、萨克文·伯科维奇和戴维·豪对清教的研究，远远超过了默尔·柯蒂所达到的高度。[③] 科学史的研究也在不同的方向上有了长足的进展。

　　子学科的不断拓展使得史学研究越来越有深度，但也同时变得越来越专门化。这似乎是个不可避免的趋势，因为史学家为了跟上知识更新，必须成为自己领域的专家。但近来也开始出现相反的苗头，这可能说明社会史的研究方法开始波及思想史的研究。比如，库克里克在他那

----

① Schorske, *Fin-de-Siècle Vienna: Politics and Culture* (New York, 1980); 类似的维也纳文化研究，可参阅 Allan Janik and Stephen Toulmin, *Wittgenstein's Vienna* (New York, 1973)。

② Morton White, *Science and Sentiment in America: Philosophical Thought from Jonathan Edwards to John Dewey* (New York, 1972) and *The Philosophy of the American Revolution* (New York, 1978); Bruce Kuklick, *The Rise of American Philosophy: Cambridge, Massachusetts, 1860–1930* (New Haven, 1977); and Murray Murphey (with Elizabeth Flower), *A History of Philosophy in America* (New York, 1977), 2 volumes.

③ Edmund S. Morgan, *Visible Saints: The History of a Puritan Idea* (New York, 1963); Alan Heimert, *Religion and the American Mind from the Great Awakening to the Revolution* (Cambridge, Mass., 1966); Sacvan Bercovitch, *The Puritan Origins of the American Self* (New Haven: 1975) and *The American Jeremaid* (Madison, Wis., 1978); and David Hall, *The Faithful Shepherd: A History of the New England Ministry in the Seventeenth Century* (Chapel Hill, N.C., 1972)。

本研究实用主义兴起的专著中,就借助了劳伦斯·韦尔塞对大学体制所进行的社会学研究,揭示出哲学观念是如何渗透在现代大学体系的各个方面的。① 而威廉·哈金森在梳理清教神学当中的现代理念之来龙去脉时,也不是只局限于学理的讨论,而是看这些理念是如何传播扩散的。② 布鲁斯·弗里埃的研究则显示,抽象的罗马法典其实同当时的房地产市场有着非常重要的关联。③ 研究科学史的人,特别是罗杰·汉和查尔斯·卢森堡,让我们看到了科学理论的发展中一些利益集团和机构所起的作用。④ 社会史和思想史的互动中,科学史的研究很可能是关键,因为侧重内涵与侧重外延的研究方法之间的矛盾在这个领域里最为突出。当然,有些专家对两者之间的截然划分不以为然。托马斯·库恩把科学发展分为两个阶段,一个是范式阶段,一个是革命阶段。按照这一划分,侧重内涵与侧重外延的研究方法都有可能。但是自从《科学革命的结构》出版之后,托马斯·库恩越来越偏向内涵的角度,对自己先前有关"框架"的理论也有所修正,使得这一理论更多地同内在范式挂钩,而与外在的社会学视角疏离。⑤ 与此同时,注重外延的学者也向我们展示了早期现代英国和德国的政治与文化是如何影响了牛顿学说和量子

① Laurence Veysey, *The Emergence of the American University* (Chicago, 1965).

② William R. Hutchison, *The Modernist Impulse in American Protestantism* (Cambridge, Mass., 1976).

③ Bruce Frier, *Landlords and Tenants in Imperial Rome* (Princeton, N. J., 1980).

④ Roger Hahn, *The Anatomy of a Scientific Institution: The Paris Academy of Sciences, 1666 – 1803* (Berkeley, 1971); and Charles Rosenberg, *The Trial of the Assassin Guiteau: Psychiatry and Law in the Gilded Age* (Chicago, 1968).

⑤ Thomas S. Kuhn, "The Relation Between History and History of Science," *Daedalus* (Spring 1971): 271 – 304; "Mathematical vs. Experimental Traditions in the Development of Physical Science," *Journal of Interdisciplinary History* 7 (1976): 1 – 31, and *Black-Body Theory and the Quantum Discontinuity, 1894 – 1912* (New York, 1978),后者是科学史著作中最为内涵化的其中一本。

力学的。① 这两种研究方法完全可以把科学史研究一分为二——一半
归到社会学研究中去,另一半归哲学与自然科学。但这两种研究方法之
间的矛盾可能会带来更多有创意的研究,而再高深的科学研究也得在特
定的文化语境中获得意义上的定位。②

　　在过去十年里,思想史研究中最大的进步就是对历史背景的强调。
而这方面做得最好的又是政治思想史。昆廷·斯金纳、约翰·邓恩、约
翰·波考克等人在一系列文章专著中告诫我们,要正确理解前人留下的
政治言论,必须了解当时的历史背景和用语习惯。他们的研究把注意力
从文本转向产生文本的时代背景,但目的不是要把思想观念与历史现实
作简单对应。相反,他们从分析哲学的角度,把思想看成是一种言说行
为,从而强调思想观念的相对独立性。意义无法与时代和语言脱节,像
拉夫乔伊所想象的那种脱离时空的意义单位是不存在的。在解读过去
那些伟大的政治理论家遗留下来的作品时,我们得时刻提醒自己,他们
当初写下这些东西时,心里想到的读者可不是像我们这样的人。现代哲
学允许历史学家从历史角度研究哲学,可以像科林伍德那样把抽象观念
进行历史还原。就是靠着这样的方法,昆廷·斯金纳、约翰·邓恩、约
翰·波考克等人对旧的思想史做了一次彻底颠覆。在他们看来,从前那
些有关马基雅维利、霍布斯和洛克的解读,虽然卷帙浩繁,却都是脱离历
史背景的。他们对13到19世纪的政治思想史的研究独辟蹊径,既不忽
略阳春白雪的理念层面,又能借鉴社会史研究对下里巴人的关注,去考

①　Margaret C.Jacob, *The Newtonians and the English Revolution, 1689 - 1720*(Ithaca, N.Y.,
　　1978); and Paul Forman, "Weimar Culture, Causality, and Quantum Theory, 1918 - 1927:
　　Adaptation by German Physicists and Mathematicians to a Hostile Intellectual
　　Environment," *Historical Studies in the Physical Sciences* 3(1971): 1 - 115.
②　"内在"式研究的例子可以参看 Stillman Drake, *Galileo at Work: His Scientific Biography*
　　(New York, 1978)。"外在"式研究的例子可以参阅 Daniel Kevles, *The Physicists: The
　　History of a Scientific Community in the United States* (New York, 1978)。

察一定思想观念向意识形态转化的生成过程。①

最近出版的一些"准思想史"研究也显示出对特定历史背景的关注。尽管有伊拉·韦德、彼得·盖伊和拉什·维尔特的不懈努力,讲时代精神和民族心理的东西已经无人问津。② 特别是在美国研究中,思想史研究 *210* 已经从宏观的视角转向微观的视角。在年轻一代的史学家看来,20 世纪 50 年代所形成的那些有关美国民族性格的共识,不过是中产阶级白人的文化。他们倾向于把知识看成是一定权力和社会集团利益体现。所以,他们对思想史的研究聚焦于职业、职业人士和职业化的思想史。如果说在史学研究领域里最重要的一个话题就是中产阶级的兴起的话,那么,各行各业的专业化研究则大有后来居上之势。③ 对大部分从事欧

---

① 这些史学家写下的文章著述和别人写下的关于他们的文章著述都相当多,可参阅 Quentin Skinner, "Meaning and Understanding in the History of Ideas," *History and Theory* 8(1969): 3–53;John Dunn, "The Identity of the History of Ideas," *Philosophy* 43(1968): 85–104; and J. G. A. Pocock, "Languages and Their Implications: The Transformation of the Study of Political Thought," in Pocock, *Politics, Languages, and Time: Essays on Political Thought and History* (New York,1971), 3–41。比较有实质性的作品包括 Skinner, *The Foundations of Modern Political Thought* (Cambridge, Mass., 1978); Dunn, *The Political Thought of John Locke* (Cambridge, Mass., 1969); and Pocock, *The Machiavellian Moment: Florentine Political Thought and the Atlantic Republican Tradition* (Princeton,N.J.,1975)。

② Ira O. Wade, *The Structure and Form of the French Enlightenment* (Princeton, N. J., 1977), 2 volumes; Gay, *The Enlightenment*; and Rush Welter, *The Mind of America, 1820–1860*(New York,1975).

③ 除了 Daniel Calhoun、Roy Lubove 和 Corinne Gilb 早年写下的作品,还可以参阅 George W.Stocking, *Race, Culture, and Evolution: Essays in the History of Anthropology* (New York,1968); Mary O.Furner, *Advocacy and Objectivity: A Crisis in the Professionalization of American Social Science, 1865–1905*(Lexington, Ky.,1975); Thomas L.Haskell, *The Emergence of Professional Social Science: The American Social Science Association and the Nineteenth-Century Crisis of Authority* (Urbana,Ill.,1977);相关的评论参见 Thomas Bender, *Toward an Urban Vision: Ideas and Institutions in Nineteenth-Century America* (Lexington, Ky.,1975)。

洲研究的人来说,史学是他们的首选。虽说这不能使他们免于偏见,但却让他们有机会写出一批出色的思想家传记。最为引人注目的是约翰·克利夫写的《麦考莱传》和莱昂纳德·克里格写的《兰克传》。而在海登·怀特、南希·斯图埃文、莫里斯·芒德尔鲍姆、唐纳德·凯利和利昂内尔·哥斯曼的笔下,史学史也远远超出传统做法,开始去考察前人对待物换星移的看法及思想与语言的关系。① 研究欧洲的人好像对欧洲的哲学思潮格外敏感,无论是英国的分析哲学,还是法国的后结构主义。而研究美国的人关注的焦点则是美国化了的知识社会学和知识人类学。②

　　但是在思想史研究中,过分强调欧洲与美国之间的差异容易把人导入误区。欧美都很注重社会思潮,这是两者的共同点。也是因为这个缘故,新老一代研究思想史的人有着明显的传承关系。马丁·杰伊、司徒

---

① 　Donald R. Kelley, *Foundations of Modern Historical Scholarship: Language, Law, and History in the French Renaissance* (New York, 1972); Nancy Struever, *The Language of History in the Renaissance: Rhetorical and Historical Consciousness in Florentine Humanism* (Princeton, N.J., 1970); Hayden White, *Metahistory: The Historical Imagination in Nineteenth-Century Europe* (Baltimore, 1973); Lionel Gossman, "Augustin Thierry and Liberal Historiography," *History and Theory* 15, supplement 15 (1976); and Maurice Mendelbaum, *History, Man, and Reason: A study in Nineteenth-Century Thought* (Baltimore, 1971); George Huppert, *The Idea of Perfect History: Historical Erudition and Historical Philosophy in Renaissance Florence* (Urbana, Ill., 1970); Linda Orr, *Jules Michelet: Nature, History, and Language* (Ithaca, N.Y., 1976); and Charles Rearick, *Beyond the Enlightenment: Historians and Folklore in Nineteenth-Century France* (Bloomington, Ind., 1974).

② 　搞美国研究的人常常喜欢引用 Robert K. Merton, *Social Theory and Social Structure* (New York, 1968; first ed. 1949); Peter Berger and Thomas Luckmann, *The Social Construction of Reality* (New York, 1966)。最近又有 Clifford Geertz, *The Interpretation of Cultures* (New York, 1973); 特别是 Thomas Kuhn, *The Structure of Scientific Revolutions*。眼下,研究欧洲的人最为关注福柯,可参考 Hayden V. White, "Foucault Decoded: Notes from Underground," *History and Theory* 12(1973): 23 – 54。

亚特·休斯、大卫·霍林格、摩尔顿·怀特、乔纳森·比彻和弗兰克·曼纽埃尔等人的著作表明,大西洋两岸的学者都很关注思想意识的社会层面。[①] 学者们对社会思想家的情有独钟也体现在新出版的传记作品上。这类著作在欧洲大陆,特别是法国,已经不时兴,但在美国却方兴未艾。在法国年鉴学派看来,传记式的研究太注重个人与个别事件,而不是历史中那些长期性的和结构性的因素。但是美国人乐此不疲,因为他们喜欢看到具体的东西,渴望看到社会理论与现实机制之间的具体联系。所以多萝丝·罗斯要通过斯坦利·豪尔的一生经历来讲述心理学发展史。而巴里·卡尔和约翰·迪金斯则是借夏勒·梅里亚姆和索斯坦·威伯伦的生平事迹,阐发政治学和社会学如何走向成熟。至于彼得·帕莱特和凯斯·贝克尔所写的克劳塞维茨和孔多塞传记也是通过这两个人的生平展现社会政治学的脱颖而出。[②] 光是 1972 年就有三本迪尔凯姆的传记问世。1975 到 1976 年期间有两本讲维柯生平的传记。1977—1978 年期间至少有十几本研究马克思生平的书出版。1978 年是伏尔泰和卢梭的 200 周年祭,有关这两位先哲的文章著作更是铺天盖地。这些新文字再加上此前的旧笔墨,可谓汗牛充栋,没有哪个研究伏尔泰和卢梭的学者能把他们都读完。更何况研究者还得读伏尔泰和卢梭自己写下的作品。这些作品在斯奥多·贝斯特曼和 R.A.李的精心

211

---

① 除了上面引述过的 Hughes、White 和 Manuel 之外,还可以参阅 Martin Jay, *The Dialectical Imagination: A History of the Frankfurt School and the Institute of Social Research, 1923－1950* (Boston, 1973); David A. Hollinger, *Morris R.Cohen and the Scientific Ideal* (Cambridge, Mass., 1975); and Jonathan Beecher and Richard Bienvenu, *The Utopian Vision of Charles Fourier* (Boston, 1971)。

② Dorothy Ross, *G.Stanley Hall: The Psychologist as Prophet* (Chicago,1972); Barry Karl, *Charles E.Merriam and the Study of Politics* (Chicago,1974); John P. Diggins, *The Bard of Savagery: Thorstein Veblen and Modern Social Theory* (New York, 1978); Peter Paret, *Clausewitz and the State* (New York, 1976); and Keith Baker, *Condorcet: From Natural Philosophy to Social Mathematics* (Chicago,1975).

校对编辑之下，如今都已经出版。① 至于研究启蒙运动的人，那是绝对不能不读阿瑟·威尔逊写的《狄德罗传》和罗伯特·夏克尔顿写的《孟德斯鸠传》。② 如果他要探讨欧洲文人对美洲大陆的影响，那他还得钻到杰斐逊、亚当和其他立国先君的档案堆里。20 世纪六七十年代整理出版了很多开国领袖们的文集，这对研究思想史的人来说既是福音也是诅咒。

但不要以为只有研究纯思想史的人才需要面对故纸山。如今流行的社会观念史讲究自下而上，学者们不但要读那些大思想家的有名作品，还要读很多名不见经传的小人物所写下的文字，因为要研究思想观念在社会上的传播和流行，就不能只停留在名家名作上，而必须做全方位的跟踪考察。光是体察大思想家的精神情怀是不够的，还要能体察草民百姓的内心世界才行。但大部分草民百姓都没有留下文字，这给后人的研究带来巨大困难。虽然前人给我们留下的若干文字提供了一些蛛丝马迹，史学家们可以借此揣摩前人的生命体验。但这很有限。第一，这只限于识文断字的人群；第二，这只适用于活版印刷技术出现之后。英国和法国的学者在这方面的研究做得最好，人类生活史已经成为一个独特的研究领域。美国的学者正奋起直追，对教育史、大众文学史、出版

---

① 这类研究实在太多，难以一一列举。比较有代表性的包括 Dominick La Capra, *Emile Durkheim, Sociologist and Philosopher* (Ithaca, N.Y., 1972); Leon Pompa, *Vico: A Study of the "New Science"* (Cambridge, 1975); Jerrold Seigel, *Marx's Fate: The Shape of a Life* (Princeton, 1978); Ira O. Wade, *The Intellectual Development of Voltaire* (Princeton, 1969); and Judith Shklar, *Men and Citizens: A Study of Rousseau's Social Theory* (Cambridge, Mass., 1969)。

② 已经过世的 Arthur Wilson 就是个在英国念了研究生的美国人。Robert Shackleton 是英国人，但在美国讲学多年。跟这篇文章里提到过的其他史学家一样，比如像 Pocock、Skinner 和 Stone，他们代表了史学界的一批人，这些人的研究很难归属到某一个国家的范围里，只能说他们或者属于盎格鲁·撒克逊派，或者大陆派。

史和新闻史显示出与日俱增的兴趣。①

　　伯纳德·贝林正是通过对流行的传单文学的研究改写了美国史。② 他的研究表明，要了解美国当年的独立战争，不能光注重实际发生的事件，还要看当时普通老百姓的态度、观点和立场。他们怎么看待乔治三世及其身边高官们的行为，是跟浓厚的政治文化传统有关的。这个传统是从 17 世纪传袭下来，但对 18 世纪的历史产生了深刻的影响。约翰·波考克、昆廷·斯金纳和约翰·邓恩等人把这个文化传统追溯到文艺复兴时期。当然，这并不是说每个思想观念都可以按图索骥，对号入座，而是说有些雏形观念在后来得到发扬光大。在这方面，研究文艺复兴的学者们开风气之先。比如，汉斯·巴龙、菲利克斯·吉尔伯特、威廉·波瓦马、吉恩·布拉克、马文·贝克、埃里克·科克兰和唐纳德·韦恩斯坦等人的著作就向我们展示了，人文关注的种子如何在佛罗伦萨和威尼斯两地风风雨雨的历史里开花、结果到凋落的过程，又是如何从意大利东渡英伦，经受那里宗教改革运动的大洗礼，最后与本土文化相结合。英国的历史学家们尽管内部常有争论，而且有外来的纳米尔派学者

213

---

① 除了 Richard Altick 和 Robert Webb 早年作的深入研究之外，还可以参看 Elizabeth Eisenstein, *The Printing Press as an Agent of Change: Communications and Cultural Transformations in Early-Modern Europe* (Cambridge, 1979), 2 volumes；这一主题的最新研究，可参阅 Raymond Birn, "Livre et Société After Ten Years: Formation of a Discipline," *Studies on Voltaire and the Eighteenth Century* 155 (1976)：287–312；David D. Hall, "The World of Print and Collective Mentality in Seventeenth-Century New England," in Higham and Conkin, eds., *New Directions*, 166–180。David D. Hall 这篇文章探讨了把法国方法应用在美国历史研究中的可能性。好几个搞美国研究的人，像 Stephen Botein、Norman Fiering 和 William Gilmore 已经对图书室的研究做出重大贡献，这个领域也开始对其他领域产生影响。比如 Henry F. May, *The Enlightenment in America* (New York, 1976) 就是个很好的例子。

② Bernard Bailyn, *The Ideological Origins of the American Revolution* (Cambridge, Mass., 1967), and *The Origins of American Politics* (New York, 1968).

的冲击,但他们有一个基本共识。那就是,英国在17到18世纪期间,意识形态的重要性是不容置疑的。从克里斯托弗·希尔到赫克斯特、劳伦斯·斯通、T.H.普拉姆、E.P.汤普森和约翰·布鲁尔都持有这样的看法。这一共识也在美国史学界产生了回声。像埃蒙德·摩根、杰克·格林、高登·伍德、埃里克·佛内尔和伯纳德·贝林等人就是把这个观点略加改造,拿来解释美国历史的特点。在史学领域发展脉络的每一个阶段上,史学家们都很强调政治思想跟社会体制是分不开的。但他们并不把思想看成是社会组织的伴生物,而是指出政治思想如何将人们的经验赋予导向,使人们感悟出意义;他们不去揣摩那些不着边际的精神性的东西,而是试图让政治语言还原;不是把自己的概念范畴强加给前人,而是尊重前人语言自身内含的逻辑语法。这样,既避免了简单化,又避免了违背历史。他们的研究说明,意识形态研究就像一块局部试验田,会把思想史研究整体中的问题暴露出来,但又会找出解决这些问题的有效方法。①

　　由此再过渡到文化史,精英文化的含量就更低了,思想史与人类学

---

① 这方面的文章著述实在太多,我在这里的介绍远不够全面。这类研究中既复杂又自相矛盾的倾向在某些杂志主办的辩论上表现得最为突出。参阅 Gordon S. Wood, "Rhetoric and Reality in the American Revolution," *William and Mary Quarterly* 23 (1964): 3 – 32; J.G.A. Pocock, "Virtue and Commerce in the Eighteenth Century," *Journal of Interdisciplinary History* 3 (1972): 119 – 134; Aileen Kraditor, "American Radical Historians and Their Heritage," *Past and Present*, no. 56 (August 1972): 136 – 153; Joyce Appleby, "The Social Origins of American Revolutionary Ideology," *Journal of American History* 64 (1978): 935 – 958; Bernard Bailyn, "The Central Themes of the American Revolution: An Interpretation," in *Essays on the American Revolution*, edited by Stephen G.Kurtz and James H.Hutson (Chapel Hill, N.C.,1973), 3 – 31; and Robert Kelley, "Ideology and Political Culture from Jefferson to Nixon," *American Historical Review* 82 (1977): 531 – 562. 最近出版的有关19世纪英国和美国的研究表现出类似的倾向,都把文化放在广阔的视野中加以考察,将大西洋两岸结合起来考虑,请参阅 Daniel Walker Howe, ed., *Victorian America* (Philadelphia, 1976)。

也开始你中有我、我中有你。两者之间的汇合点往往是大众文化，而这是历史学家们的长项。但除了少数像海登·怀特这样的例外，大部分史学家都是东一榔头、西一棒子，撞上什么就研究什么，而没有仔细想过大众文化是否能名正言顺地自成一个学术领域。① 这种情况在有关法国史的学术会议上表现得最为突出。美国和法国的学者在狂欢与民俗这类问题上连篇累牍，喋喋不休。② 从好的方面说，这股文化史热引发了一批颇有创意的研究，娜塔莉·戴维斯、罗贝尔·芒德鲁、马尔克·索里亚诺和卡洛·金兹伯格是这方面的代表。③ 从不好的方面说，则有庸俗化和赶时髦的倾向。虽说研究文化史的热潮是现在的事，但对大众文化的关注却早就开始了。远在 20 世纪初，钱伯就曾讲过大众文化的重要性。比他更早，布克哈特在他的文艺复兴史研究中也把大众文化放在一个很核心的地位上。彼得·伯克最近出了一本书，专门评述已经发表了的那些研究大众文化的文章、专著。这本身就说明这类研究的复杂性与深度都已经达到了一定的程度。④

　　然而，对大众文化的热衷所反映出来的是社会史研究领域的重心转移。这个领域里的领军人物是埃马纽埃尔·勒华拉杜里和劳伦斯·斯

①　Hayden V. White, "Structuralism and Popular Culture," *Journal of Popular Culture* 1 (1974): 759-775. 怀特质疑阳春白雪和下里巴人的划分。尽管他的观点有非历史的倾向和结构主义的味道，总体上他的质疑还是有道理的。对这个问题更深入、更基于历史的讨论见 Peter Burke, *Popular Culture in Early Modern Europe* (New York, 1978)。

②　最近有几次重要会议都跟这个有关，一个是 1977 年在巴黎召开的，另外两个是 1975 年在麦迪逊和斯坦福召开的。斯坦福会议的论文后来还出版了，见 Jacques Beauroy, Marc Bertrand, and Edward T. Gargan, eds., *The Wolf and the Lamb: Popular Culture in France from the Old Regime to the Twentieth Century* (Saratoga, Calif., 1977)。

③　尤其可参阅 Natalie Zemon Davis, *Society and Culture in Early Modern France* (Stanford, 1975)。

④　Burke, *Popular Culture*.

通。他们以前写的书里面总是使用大量图表、统计数据和社会结构的量
化模式。但在最近的著作中，他们开始倚重非量化性的史料，像文学作
品和人类学研究成果。[①] 基思·托马斯所写的《宗教与魔法的衰落》[②]是
几十年来影响最大，也是人类学气息最重的一本书。然而，不但是人类
学家们，就连和托马斯一起从事社会史研究的同道 E.P.汤普森也嫌他人
类学程度不够。[③] 汤普森自己就是社会史学派当中成功地采用了大众
文化和人类学方法的范本。他先是用正统马克思主义的概念范畴来描
述劳工阶级思想意识的发展，然后又由近及远，将他的研究拓展到工业
革命以前的草民文化。[④] 但是所有这些有关庆典活动、杂耍表演、民谣
小调，以及当妻、扶乩占卜和公审处决的研究，最终会导致一个什么样的
结局呢？

---

① 如果把 Emmanuel Le Roy Ladurie, *Les paysans de Languedoc* (Paris, 1966) 与 Le Roy
　　Ladurie, *Montaillou, village occitan de 1294 à 1324* (Paris, 1975), *Le Carnaval de
　　Romans: De la Chandeleur au mercredi des Cendres, 1579 – 1580* (Paris, 1979) 加以比
　　较，再把 Lawrence Stone, *The Crisis of the Aristocracy, 1558 – 1641* (Oxford, 1965) 和
　　他自己那本 *The Family, Sex, and Marriage in England 1500 – 1800* (New York,
　　1977) 加以比较，就会很明显。Jean Delumeau、François Furet、Edward Shorter 和其他研
　　究社会史的人也有类似的情况。

② 中译名为《16 和 17 世纪英格兰大众信仰的研究》。——编者注

③ Hildred Geertz, "An Anthropology of Religion and Magic," with a reply by Keith
　　Thomas, *Journal of Interdisciplinary History* 6(1975): 71 – 109, and E.P. Thompson,
　　"Anthropology and the Discipline of Historical Context," *Midland History*, no.3(Spring
　　1972): 41 – 55。Thompson 后来跟 Thomas 站在一起，反对 Geertz 的理论，参阅
　　"Eighteenth-Century English Society: Class Struggle Without Class?" *Social History* 3
　　(1978): 155。但他早些时候写的评论同 Geertz's 的观点非常接近，可参阅第 51 – 55
　　页注。

④ 比较一下 E.P. Thompson, *The Making of the English Working Class* (New York, 1966;
　　1st edition 1963) 和 Thompson "Eighteenth-Century English Society"，二者对他的研究作
　　了全面回顾，涉及时间和工作纪律、大众的道义经济学、喧闹、平民文化和犯罪不管
　　New Left Review 那伙人是否尊他为正统，汤普森的文学和人类学理论方法都在社会史
　　研究方面影响巨大。

一个最常见的做法就是把这些表面看上去互不相干的研究都放在 *215*
"心态史"的题目下。心态史的研究发轫于法国,在那里红了一阵以后
扩散到英国和德国。可是法国人虽然没少在方法论问题上费笔墨,却没
能在心态史研究方面建立起一套完整的概念范畴。他们对心态史的理
解是涂尔干那套"集体意识表现"的理论和吕西安·费弗尔的"精神能
量说"的混合。而吕西安·费弗尔那一套又是从他那个时候流行的心理
学理论中衍生出来的。① 至于心态史的研究会不会有负众望,目前还不
得而知。但它移植到美国以后肯定会走样。从前德国人的"场"理论到
了美国以后就曾经被弄得面目全非。目前心态史研究在美国本土化的
初步表现是,它正渐渐流为对民情民意的研究。②

　　如果真是这样的话,美国史学家们可能还是只停留在新奇感阶段,
距离脚踏实地的研究还差得远。我们真正需要的是研究那些目不识丁、
半文盲或粗通文墨的人群,看他们怎样用自己熟知的文化形式得心应手
地表达自己。目前这方面已经有了初步的成绩,并且是实证性的研究。
为了找到这些底层文化表达形式的证据,学者们挖掘出很多不易找到的
史料。要论这方面的成绩,黑人历史研究做得最为突出。彼得·伍德用

① 　法国这一领域最新评论参阅 Philippe Ariès, "L'Histoire des mentalités," in *La Nouvelle
Histoire*, edited by Jacques Le Goff(Paris, 1978), 402 - 423;众多法国纲领性文章中,
最优秀的是 George S.Duby, "L'Histoiré des mentalités," in *L'Histoire et ses méthodes:
Encyclopédie de la Pléiade*(Paris, 1961), 937 - 966; and Jacques Le Goff, "Les
Mentalités, une histoire ambiguë," in *Faire de l'histoire*, edited by Jacques Le Goff and
Pierre Nora(Paris, 1974), III: 76 - 94。关于外省人的评价, 参阅 Rolf Reichardt,
"Histoire des mentalités: Eine neue Dimension der Sozialgeschichte am Beispiel des
französischen Ancien Régime," *Internationales Archiv für Sozialgeschichte der deutschen
Literatur* 3(1978): 130 - 166。Reichardt 还讨论了德国文学中对 mentalité 和 Mentalität
的疑虑同英语中 mentalité 与 mentality 的混同异曲同工。
② 　有的学者对这个术语的使用很不严格,见 Higham and Conkin, eds., *New Directions*。
使用上比较严谨的例子有 James A.Henretta, "Families and Farms: Mentalité in Pre-
Industrial America," *William and Mary Quarterly*, 3rd series, 35(1978): 3 - 32。

人类学的方法调查美国南卡罗兰那地区黑奴们使用的语言和他们的劳
动条件。劳伦斯·列文从民间故事和民谣中探讨黑人们是如何利用语
言和笑话帮助自己度过生活中的难关。欧仁·热诺维斯从社会文化系
统的角度对奴隶制加以考察,让人们看到宗教在奴隶生活中的重要
性。① 其他研究劳工史、宗教史和家族史的人也都把社会史和文化史加
以结合,做得颇有成绩。② 其实,社会史和文化史的联姻早就在第三世
界研究中出现了。在这个领域里,人类学家对当地风土人情的调查资
料,成为历史学家必不可少的研究基础。③ 在对美国原住印第安人的研
究中,人类学家比历史学家更忠实于历史。因为历史学家受自己白人视
角和负疚感的局限,完全忽略了 17 到 18 世纪期间印第安人各部落之间
那些争战与外交在他们历史中所占据的重要地位。④

216

---

① 　Peter H.Wood, *Black Majority: Negroes in Colonial South Carolina from 1670 Through
the Stono Rebellion* (New York, 1974); Lawrence W. Levine, *Black Culture and Black
Consciousness: Afro-American Folk Thought from Slavery to Freedom* (New York,
1977); and Eugene D. Genovese, *Roll, Jordan, Roll: The World the Slaves Made* (New
York, 1974).

② 　Herbet G.Gutman, *The Black Family in Slavery and Freedom* (New York, 1976); Daniel
T. Rodgers, *The Work Ethic in Industrial America*, *1850 - 1920* (Chicago,1978); James
Obelkevich, *Religion and Rural Society*: *South Lindsey*, *1825 - 1875* (Oxford, 1976).

③ 　两个借鉴世界各地历史和人类学互为指导的传统的例子,Karen Spalding, "The Colonial
Indian: Past and Future Research Perspectives," *Latin American Research Review* 7(1972):
47 - 76; and Irwin Scheiner, "Benevolent Lords and Honorable Peasants: Rebellion and
Peasant Consciousness in Tokugawa Japan," in *Japanese Thought in the Tokugawa
Period*, *1600 - 1868*, edited by Tetsuo Najita and Irwin Scheiner (Chicago, 1978).

④ 　Richard White, "The Winning of the West: The Expansion of the Western Sioux in the
Eighteenth and Nineteenth Centuries," *Journal of American History* 65 (1978): 319 -
343.只要在当前的人类学著作中稍有涉猎,史学家们就会改变对人类学研究的偏见。
很多史学家觉得人类学研究有三个问题:一是历史深度不够,二是过于笼统,三是过
于注重原始社会。参阅 Clifford Geertz, *Islam Observed: Religious Development in
Morocco and Indonesia* (Chicago, 1968); and S.J. Tambiah, *Buddhism and the Spirit
Cults in North-East Thailand* (Cambridge, 1970)。

历史学与人类学的结合使两个领域都获益匪浅,因为它们的共同目标都是要对某种文化作出解释。做法上可以取长补短,结果上是殊途同归。而且,人类学给历史学家提供了一整套有关文化研究的概念范畴。按照克利福德·吉尔兹的说法,文化是"历史上遗留下来,沉积在各种象征符号中的意义"。① 而这样一种对文化的理解恰恰是心态史研究最欠缺的。当然,要从人类学著作中找到其他有关文化的定义很容易,因为人类学家和别人一样,内部充满分歧。但在诠释文化方面他们却大同小异。这有助于历史学家们在解决类似问题时另辟蹊径,避免南辕北辙。

思想史研究内部尽管有不同门派,但不论是研究阳春白雪还是下里巴人,大家都是要在研究对象中解读出意义来。这说明,很多意义是过去那些单纯的数据体现不出来的。老派的学者对新派的做法摇头叹气,却无可奈何。当然,把学者们分为创新派和守旧派未免过于简单。同样无可否认的是,传统的思想史研究在 20 世纪 70 年代日子不大好过。到了 90 年代,大概再也不会有历史学家去研究时代精神、民族心理或思想流变了,好像越来越多的人在从阳春白雪向下里巴人过渡。但研究思想史的人不必担心自己会被社会史研究的大潮所吞没。虽然不时会遇到挑战,但他们已学会处变不惊。如今,他们的航船正在鼓起风帆,稳健地行驶在新的航线上。

217

附: 有关图表和数据的说明

所有图表里的数据都有长处也有缺点。课目表往往对每门课有详尽的描述。如果授课人不是很离谱的话,这种描述会很准确地反映史学领域的动向。但大部分课程不是按类别划分的,而是按年代划分,所以

---

① 关于这一定义的更深入阐述,参阅 Clifford Geertz, "Religion as a Cultural System," in *Interpretation of Culture*, 89。

没有进一步的调查研究是不大可能知道授课主题的重点是否改变了。但是,少数课程(大约有 25%)是按类别划分的,它们还是比较准确地反映了主题上的变化。我收集的数据的基础是很广泛的。如果能把课程表收集得更全的话,就还会更广泛。有些不完整的数据来自哥伦比亚大学、芝加哥大学和加州大学洛杉矶校区。它们表现出同别的学校的课表大体一致的规律。但就是太不完整,所以没办法用到表 10 - 1 和表 10 - 2 中去。这些数据包括某些本科生可以选修的研究生课程,比如哈佛大学那些 400 系列的课,但不包括单独列的那些只给研究生们上的课。而像"社会思想史"这种在 20 世纪 40 年代很流行的学科交叉的课程,我既没把它们列到社会史里面去,也没把它们算到思想史里面去。至于罗列在政治学之下的课,那课表上必是说得明明白白、专讲政治的。但考虑到一般课程都很侧重政治,所以政治学课程的地位在我的统计表中就恐怕低于实际情况了。

　　由于有《博士论文摘要》提供的便利,我对博士论文的分类应该是比较准确的。但是我的数据只到 1948 年为止,因为在那以前完成的博士论文很少有做成缩微胶片的。到了 1958 年,大部分跟历史有关的博士论文都被收在《博士论文摘要》里。我没有包括美国以外的博士论文,但我参考的月报是 1958 年全年 12 个月的,因为我想有足够的数据去跟 1968 和 1978 年的情况相比。所以,拿到史学博士学位的人在 1958 年大约是 200 个,到了 1978 年就增加到 860 个。70 年代就业市场的萧条并没有导致史学博士生的减少。

　　表 10 - 4 上的数据来自《现代史杂志》《美国历史杂志》和《美国历史评论》。选择这几份刊物是因为它们的综合性质,也因为它们在 20 世纪 40 年代就发行了。在更专门一些的学术期刊里,比如像《社会史杂志》《跨学科历史杂志》《观念史杂志》和《美国季刊》等,新潮的东西可能会出现得更快一些。但是,像《黑人历史通讯》《农业史》和《外交史》

这些刊物所代表的领域就面临一个问题,那就是,这些领域里那些有新锐思想的研究文章都被新潮学科的刊物给吸引走了。编辑部的人事变化也会给杂志的侧重点带来调整。我上面提到的三个刊物都有人事方面的重大变化,但是这类人事变化在各个研究领域发生的程度都差不多,所以用三个老字号的刊物来考察上一代资深史学家在学术研究方面的倾向性似乎是顺理成章的事。为了收集到足够的资料,我查阅了三年期间发表的所有文章。

最后我应该说明,这些收集和统计的工作都是我一个人做的,没有研究生帮忙。我尽可能认真地阅读了所有的课程介绍、论文摘要和期刊上发表的文章,因此,我对史学领域所发生的物换星移有直观的把握。如果我错了的话,那恐怕是从头到尾的错,但至少不会是出于工作上的敷衍潦草。

第十一章　观念的社会史①

启蒙运动的历史一直让人觉得有几分崇高的色彩。特别是那些受了卡西勒影响的人，对纯粹理性顶礼膜拜，以为启蒙思潮代表了 18 世纪思想史的精髓。如果说研究思想史的人给了我们一幅自上而下的图景，社会史学者却一直在对 18 世纪社会进行掘地三尺的深度发掘。如今我们也该对启蒙运动做一番实事求是的检视。随着思想史和社会史这两种研究方法之间距离的加大，有关启蒙运动的情况更加众说纷纭，莫衷一是。那些说长道短的唇枪舌剑，使启蒙运动的庐山真面目变得越发扑朔迷离。一些新出版的研究著作试图把启蒙运动放在当时的社会背景中去考察，它们代表的是一种新的研究方法，那就是"观念的社会史"。

"观念的社会史"的研究创始人之一彼得·盖伊在他那本《启蒙时代》(纽约，1969)第二卷中就很强调启蒙运动的社会背景。② 他这本书出版半年后，法国也出版了一本书，叫《18 世纪法国的书籍与社会》(巴黎，1970)。这本书是关于社会思想史的论文集，共分两卷出版，很有开拓性。作者们都是巴黎高等研究实践院第六部的学者。这两本书合起来读很有意思，因为它们展示了两个不同的史学传统在面对同一问题时

---

① 本文初刊于 *The Journal of Modern History* 43(1971)：113 – 132。如今回过头来看，我觉得它还是代表了一种积极的努力，想把社会史研究和思想史研究结合起来。虽然很多人觉得它对一般思想史研究说三道四，但本文的当初动机并非如此。参阅 Dominick La Capra，"Is Everyone a Mentality Case？" *History and Theory* XXIII，3（1984）：296 – 311。

② Peter Gay，*The Party of Humanity: Essays in the French Enlightenment*（New York，1964），x.

竟会殊途同归。彼得·盖伊继承的是卡西勒的衣钵,而第六部的那帮人走的是年鉴学派路线,用的是达尼埃尔·莫尔内的量化史学方法。有趣的是,这两个史学传统好像互相瞧不起对方。彼得·盖伊的两卷本《启蒙时代》共有 261 页参考书目录,广泛涉及欧洲历史的各个领域,但是却从没有提到《18 世纪法国的书籍与社会》。他偶尔提到达尼埃尔·莫尔内,但都无关宏旨,而且好像根本就没把年鉴学派那一套当回事。同样,《18 世纪法国的书籍与社会》的第二卷(《18 世纪法国的书籍与社会》第一卷的出版时间比《启蒙时代》第一卷的出版时间早一年)问世时也没有提到彼得·盖伊或者卡西勒。事实上,卡西勒《启蒙哲学》的德文原著是 1932 年在德国出版的,比达尼埃尔·莫尔内的《法国革命的思想起源》早一年,比保罗·阿扎尔的《18 世纪欧洲思想史》早了 14 年。但卡西勒的书直到 1966 年才在法国翻译出版,而且没有对法国的启蒙运动研究有什么影响。现在我们有机会比较一下这两个学派的不同研究方法在结果上有什么不同,它们又是怎样体现两个泾渭分明的史学传统,以及它们如何解决现代史早期的一个最难缠的问题,即怎样才能把启蒙运动放在 18 世纪的社会现实当中去考察。

彼得·盖伊是因为想要重新解释启蒙运动才开始做社会史研究的。他想在用卡西勒的方法解读启蒙思想家的同时,也对这些人的人生经历的社会层面加以考察。这反映了眼下社会史研究正在深入人心。但从根本上说,对社会层面的关注不是彼得·盖伊这本书的最大特点。他的书所代表的是过去几十年里在美国很流行的那种思想史研究。从这个角度看,这本书对启蒙运动的叙述从主题到流派有条不紊,脉络清晰。启蒙运动中很多重要人物在 19 世纪就有了定论,但彼得·盖伊绝不拾人牙慧,颇有独到见解。他笔下的启蒙思想家们可不是枯燥乏味的理性主义者,也不是相信人类进步的天真预言家,更不是心胸褊狭的乡巴佬无神论者。这是一些复杂的个人，面对的是一大堆复杂的问题，他们对痛苦与快乐的权衡是非理性的，对文明的进化也不抱乐观态度。彼得·盖伊写出了这些复杂性，特别是第二卷的前两章。他能做到这样是因为他把这些人的思想跟他们的人生经验挂钩，避免落入像什么"理性的时代"那种陈词滥调。他自己使用的标签有时也造成混乱。比如，他说 18 世纪的实证主义是针对理性主义的，是要反其道而行之。（卡西勒，甚至达朗贝尔，早就通过对比把 17 和 18 世纪的思想系统做了清晰的阐述。）但是彼得·盖伊的生动描写使启蒙思想家们栩栩如生，他的长处就在于强调了启蒙先哲们思想的复杂性和人性的成分。

尽管彼得·盖伊的《启蒙时代》对任何想了解过去的人都是一本有益的书，读者们不该忘记，有关 18 世纪历史的书已不计其数，他这本书的原意可不是要成为另一本可有可无的书，而是要开创一种历史研究的新样式。他要把卡西勒那种枯燥的哲学史和生动活泼的社会史研究结合起来，为了这个目的，他用社会史研究的方法去研究思想史。① 可是这样迥然不同的两个领域"杂交"以后产生很大的问题，因为卡西勒关心的是思维状态，比如批判性思维怎么取代神秘性思维等。可是研究社会史的人关注的是历史中各种社会力量的起伏消长，像资产阶级的兴起如何挑战了旧秩序。为了调和这两种截然不同的研究方法，彼得·盖伊采用了黑格尔的办法：他把启蒙运动定义为旨在"追求本体自由的辩证斗争"（《启蒙时代》第一卷，第 11 页。除非另外说明，本文里提到彼得·盖伊的地方都是出自这本书）。

---

① Peter Gay, *The Party of Humanity: Essays in the French Enlightenment* (New York, 1964), x.另，参阅 Peter Gay, *The Enlightenment: An Interpretation* (New York, 1966), I: 427;尤其是"The Social History of Ideas: Ernst Cassirer and After," in *The Critical Spirit: Essays in Honor of Herbert Marcuse*, edited by Kurt H. Wolff and Barrington Moore, Jr. (Boston, 1967)。

史学史领域被"此亦一是非，彼亦一是非"那套诡辩弄得病入膏肓，亟待一场脱胎换骨的改造。但是没有辩证法的话，彼得·盖伊也就没有办法用社会史研究的方法治思想史。所以对辩证逻辑不能轻易否定。彼得·盖伊的逻辑大致是这样：正题——尊典崇古（第一卷）；反题——与基督教的冲突（第二卷）；合题——追求现代（第三卷）。彼得·盖伊自己说过，他研究的启蒙运动是狭义上的，也就是说他只研究当时的名家名作，而不是启蒙时代的各种舆论思潮。他令人信服地说明，那些名人名作可以被当作一个整体的历史现象来研究。尽管这些大思想家之间也有分歧和矛盾，但他们到底同属于一个群体和族系。他们特有的辩证逻辑是他们各自实际生活经验的结果。古典文献对世界所做的非神化的解释让他们觉得心有戚戚焉，他们再反过来把这样的解释拿来作为反基督教神学的武器，最后又摒弃新古典主义，彻底投入现代的怀抱。现代性、自主性，或者说"自由的科学"，意味着要人性化，要有批判性思维，要具备宽容精神并肯于身体力行自由主义。在彼得·盖伊看来，这些才是彻头彻尾符合现代精神的，他不屑于去写那种无所鼓吹的历史。

用辩证的方法来考察启蒙运动会遇到一个问题，那就是，从时间上讲启蒙运动究竟在哪一刻成为一个独特的历史现象？如果彼得·盖伊的辩证定义经不起别人较真，自己又拿不出硬性证据，那么这样一个定义就可能跟黑格尔哲学的其他概念一样，变得飘忽不定。从辩证法的角度说，即便是定义也不能是静态的。所以我们要理解彼得·盖伊笔下的启蒙运动，最好也是一个阶段一个阶段地来，一个主题一个主题地来，比如反宗教的主题、革命的浪潮和启蒙运动的心理层面等。但是有两个主题要留到最后谈，那就是启蒙运动与社会政治问题的关系，以及它和大众文化水平之间的关系。

如果说启蒙运动源于崇尚古典，那么你就得说明古典传统的哪些方面吸引了启蒙运动初期的那些人，为什么同样的东西没有在别的历史时期引起人们的兴趣。彼得·盖伊只说古典精神与启蒙思想的相似之处，但他没说启蒙时代的思想家对古代的东西做了削足适履、为我所用的解读，也没有证明启蒙运动前的 17 世纪作家对前代经典的读解跟启蒙时代的读解有什么不一样。就算他的立论能成立，大家对古典的不同解读本身就是个值得研究的现象，而且这种研究可能会揭示出一些跟彼得·盖伊的命题毫不相干的东西来。但是要证明他的立论正确与否，我们需要做大量的比较文学工作，而且要做得像让·塞内克的《论狄德罗与古典文化》和勒本·布劳尔的《亚历山大·波普：寓言中的诗意》那么深入彻底。彼得·盖伊对文艺复兴的讨论就暴露了这个问题。他说文艺复兴时期的复古跟启蒙时期的托古改制极为相似。但是为了避免逻辑上的混乱，不想给人一个错误印象，以为他的意思是说启蒙运动是文艺复兴的再世，他只好强调从文艺复兴到启蒙运动期间所发生的种种历史变化，如宗教之争的再度兴起以及它所带来的宽容与怀疑精神、17 世纪的科技革命和哲学体系的构建等。在他看来，这些变化是启蒙运动与文艺复兴之间的分水岭。但我们不禁要问，不恰恰就是这些变化才引发了启蒙运动吗？这不跟他的辩证逻辑风马牛不相及吗？彼得·盖伊自己也意识到这个问题，所以他把蒙田、格劳秀斯、培尔、培根、笛卡尔、牛顿和洛克都放在同一章里，并把那一章的题目称为"异教徒基督教的时代"。就像"禁欲的享乐主义者"这种自相矛盾的词汇一样，彼得·盖伊的"异教徒的基督教"也反映了他立论上的薄弱环节。也许蒙田、格劳秀斯、培尔、培根、笛卡尔、牛顿和洛克这些人像阿奎那和奥古斯丁一样思想当中既有基督教因素，又有反教会的倾向。但这里关键的问题是，哪些东西是引发启蒙运动的实质性的诱因，哪些东西是偶然性的诱因。如果在前门打着无神基督教的招牌，而又在后门悄悄塞进蒙田、格劳秀斯、培尔、培根、笛卡尔、牛顿和洛克，是行不通的。一旦包括了这些人，画面的色彩就改变了，原来的辩证逻辑就无论如何都说不通了。

如果说启蒙运动前的那些思想家让彼得·盖伊的立论有些站不稳的话,那么启蒙运动期间抵制启蒙运动的人也对他的解释构成挑战。因为根据弗朗索瓦·布吕什的研究,这些人跟彼得·盖伊笔下的启蒙思想家们一样喜欢西塞罗、霍拉斯、奥维德和维吉尔这些古典作家。① 而《18世纪法国的书籍与社会》一书中也说到,当时粗通文墨的一般公众也很喜欢这些古典作家。要真想说清楚为什么启蒙思想家对这批大家共同拥有的文化遗产有他们独特的反应,恐怕彼得·盖伊就得回到有关启蒙运动起源的标准解释,而这是他一直回避的。他自己的理论没有涉及保罗·阿扎尔和菲利普·萨尼亚克的经典性研究。这两个人都认为,法国的启蒙运动诞生于路易十六统治末期的那段多事之秋。彼得·盖伊也没有借鉴皮埃尔·古贝尔和莱昂内尔·罗特克鲁格最近发表的有关当时意识危机的研究著作。他避而不谈费内隆、圣·西蒙和博兰维尼耶,完全忽略沃班、拉布吕埃尔和布瓦吉尔贝尔。

彼得·盖伊的正题没立起来,反题也土崩瓦解。这里,他的主题是说,启蒙运动的反宗教层面得到极大张扬,而这与怀疑主义风靡一时以及休谟和霍尔巴赫的无神论盛行是分不开的。② 启蒙哲学家们对传统教会是有所冲击,但他们当中很少有人真的就加入了无神论的阵营,即便像霍尔巴赫这样的启蒙运动中坚人物也没有。再说,即便在启蒙运动

225

---

① François Bluche, *Les Magistrats du Parlement de Paris au XVIIIe siècle* (1715 – 1771)(Paris, 1960),294.

② 在 *Mémoires de l'abbé Morellet sur le dix-huitième siècle et sur la Révolution* ([Paris, 1821],I:130)一书中,Morellet 强调说"我们不应该认为,在这个团体(霍尔巴赫团体)里,所有哲学都像它……这些完全自由的意见是所有人的意见。我们绝大多数都是无神论者,且毫不掩饰地说,我们不遗余力地为之辩护,这个优秀的团体一直热爱着无神论。"Paul Hazard 对启蒙运动期间有神论的优势和无神论的劣势有过讨论,见 Paul Hazard, *La Pensée européenne au XVIIIe siècle: de Montesquieu à Lessing* (Paris, 1946)。Alan Kors 即将出版的书也会将霍尔巴赫的"无神论泛滥说"彻底埋葬。

期间也有跟启蒙主题相左的思潮。英国的托兰、伍尔斯顿和法国的诗人圣殿派和革命前十年的宗教复兴浪潮都是例子。这股"反动"潮流席卷了欧洲，波及斯德哥尔摩、圣彼得堡和巴伐利亚。正如奥古斯特·维亚特所说，启蒙运动既是横空出世，也是昙花一现。

启蒙精神与基督教究竟怎么合不来呢？没错，在法国它们是水火不相容，因为那里宗教迫害和反教会的传统都很强。但这样一个传统在法国以外的清教国家是不存在的。也许伏尔泰不愿承认，但启蒙运动可能跟詹森教派有很大关系。至少，罗伯特·夏克尔顿在他那篇题为《启蒙运动：自由探讨与观念世界》的文章里面提出过这一假设。[①] 这篇文章收在已故的阿尔弗雷德·科班编辑的一本新书里面。罗伯特·夏克尔顿看到詹森教派与启蒙思想家们之间存在着一个令人意想不到但又实际上存在的联盟。跟彼得·盖伊强调无神论的潮流不一样，罗伯特·夏克尔顿看到启蒙运动与天主教之间的合作。法国可能没有，但在西班牙、葡萄牙和意大利这些地方，帕西亚内红衣主教和本笃十四世教皇都曾经与孟德斯鸠和伏尔泰在书信中讨论过哲学问题。有时候地中海地区的詹森教派还会保护在巴黎受到詹森派教徒攻击的启蒙运动领袖。而且在伊博园半岛和哈布斯堡王朝这两个区域内，恰恰是詹森教派给抨击天主教传教士提供了理论武器。彼得·盖伊在他的书里几乎完全漏掉了这两个地区。仔细阅读《特雷武报》[②]中那些有关科学的文章我们就会发现，传教士们一方面压制启蒙思想，另一方面他们自己也在追求现代性。哈布斯堡王朝在约瑟夫皇帝统治期间甚为开明，其宗教政策既不违背启蒙精神，又不背离天主教教义。至于在那些清教国家里，宗教

226

---

① Alfred Cobban, *The Eighteenth Century: Europe in the Age of the Enlightenment* (London, 1969), 278 （另见 Robert Shackleton, "Jansenism and the Enlightenment," *Studies on Voltaire and the Eighteenth Century* 57[1967]: 1387–1397）。

② 18 世纪詹森派办的报纸。——编者注

与启蒙运动之间的关系就更为复杂。这点,赫伯特·狄克曼曾经提醒过那些热衷于做简单结论的人。① 在康德的作品中,我们看到更多的是对神明的敬畏之心,而不是无神论思想。德国文学复兴运动中,也主要是由于本土精神能量的爆发,跟伏尔泰的影响没有太大的关系。至于约翰逊时代的英国根本就没有声讨教会的声音。彼得·盖伊是知道这些的。他写的那些有关莱辛和伯克的章节非常出色,他笔下的乔纳森·爱德华兹也没有让人觉得像是本杰明·富兰克林的翻版。但他书里最精彩的一章是讲大卫·休谟的,说明他对启蒙运动的看法绕不出休谟的视角。

彼得·盖伊对启蒙运动所做的综论和他前面讲到的辩证逻辑一样,都有个致命伤。按照他的说法,现代性与自主性的观念是 18 世纪后期的事。到了那个时候,启蒙思想家既不对教会唯唯诺诺,也不再对古典顶礼膜拜。但是 18 世纪后期也是新古典主义盛行的时代。胡夫·昂纳不久前说新古典主义"是 18 世纪末的时尚,是启蒙运动所代表的那种求索精神登峰造极的表达"②。如果胡夫·昂纳没说错的话,那么彼得·盖伊的论述就是违背历史的,他那些有关启蒙运动的论述也有些牵强附会。但如果彼得·盖伊是对的话,那就很难理解为什么像波旁宫和《霍拉斯兄弟誓言》所代表的那种古典精神会出现在 18 世纪末,为什么很具有现代意味的科技革命以及新老对垒会在 17 世纪末出现。③

彼得·盖伊所做的综论,其最大错误还不是将现代性大大超前,而是太过于夸张启蒙运动的激进内涵。对他来说,既然辩证逻辑的三段论

227

---

① Herbert Dieckmann, "Themes and Structure of the Enlightenment," *Essays in Comparative Literature* (Saint Louis, 1961), 67–71.

② Hugh Honour, *Neo-classicism* (Harmondsworth, England, 1968), 13.

③ 在 *The Edge of Objectivity: An Essay in the History of Scientific Ideas* (Princeton, N.J., 1960) 一书中, Charles C.Gillispie 在启蒙运动期间的科学思想中看到了由科学向浪漫的转向、从牛顿向狄德罗和歌德的转向。

中的第二阶段指向无神论,那么第三阶段就一定应该是革命。这样,启蒙运动就与18世纪的革命运动密不可分了。他把这两者之间的联系看得非常重要,并把1688年和1789年作为他那本书的起点和终点。但他很少谈到英国和法国的革命,而只专注于美国革命。在他看来,美国革命是他那套辩证逻辑的终结,却又不可思议地缺少革命性。大家都认为《独立宣言》是激进的启蒙精神在美国开出的硕果,但他对此只字未提,却不厌其详地讨论《联邦草案》,因为他觉得这里面到处都体现了"从基督教神学向现代性的辩证转换"(Ⅱ:563)。这种很反常的观点在学界引起很多困惑。因为凡是读过伯纳德·贝林和阿兰·赫尔默特最近著述的人都不大会相信,美国的开国元勋们会放弃自己的宗教信仰,而醉心于休谟和霍尔巴赫的学说。但是彼得·盖伊的研究方法使他对自然法采取避重就轻的态度。他认为自然法是17世纪形而上学的遗迹,到了18世纪就逐渐被淘汰了。虽然他不否认美国的革命家们也像孟德斯鸠、伏尔泰、狄德罗和卢梭一样往往要借重自然法则,但是他觉得比较休谟对自然法则所做的"革命性"(Ⅱ:455)的批判和狄德罗为自然法则所做的辩护的话,还是前者对启蒙运动所产生的作用更有实质性的意义。造成这种混淆的原因之一是因为彼得·盖伊把启蒙思想家们所倡导的一切都看成具有革命性的意义。他们强调人的天性是善良的,这有"颠覆性甚至革命性"(Ⅱ:398);他们为"情欲辩护",这也是"革命性"(Ⅱ:192)的;他们的史论和剧作中也到处体现了"革命性的思想火花"(Ⅰ:27),更不要说他们对教会的抨击有多么石破天惊了。在艺术领域里,雷诺兹①的创作生涯富有革命意味,但狄德罗和莱辛尊重传统的美学也具有革命性。他怕读者们会觉得他这样说太牵强附会,又补充说,启蒙思想家们对哥特风格的厌恶虽说属于反应过度,但并不出格,整体上启蒙

228

---

① 雷诺兹(Joshua Reynolds,1723—1792),是英国18世纪时的一位重要画家。——译者注

思想家们还是个坚定的革命家群体。但是他发现,跟17世纪的古典学派不一样,启蒙思想家们毫不隐瞒自己的离经叛道,大张旗鼓地用古典来颠覆当下。他们对希腊文化的热衷是瞄星星打月亮,而启蒙运动的战斗精神也是与日俱增。彼得·盖伊笔下的启蒙运动是如此轰轰烈烈,令人不禁心生疑问。如果真像他说的,启蒙运动已经到处播下了革命的火种,全国形势一触即发,那么法国的路易王朝怎么可能会撑到1789年呢!

但是,彼得·盖伊的书没讲到1789年就结束了,他只讲到美国独立战争,这让那些已经被吊起了胃口、等他甩包袱的读者很失望。然而,《联邦党人文集》①一文呼吁大家不要激进,不要破坏社会秩序,这个立场虽说不够革命,但很有道理。因为启蒙运动对法国大革命的影响尚无定论。而彼得·盖伊以前曾在一篇文章中说过,这个影响并没有那么大。② 然而,既然他那么强调休谟和霍尔巴赫学说中的革命性,他总得给这些学说找个产生了影响的去处。于是他就把休谟和霍尔巴赫削足适履,用在美国。其实他本来可以避免这个问题,那就是在行文中不要到处使用"革命性"一词,并且承认启蒙运动不是一场思想风暴,而只不过是场毛毛雨。到了1778年,伏尔泰享受着整个巴黎对他的顶礼膜拜,连尾随他的后生们也都混进了法国上流社会,由国家供养。所以,十年后,到了大革命的前夜,像莫尔莱和杜邦这些曾经鼓吹启蒙的人,为了挽救旧制度的覆亡而不遗余力地保皇,也就不足为奇了。对于旧制度来说,启蒙运动本来可以为其所用。魁奈③、杜尔哥乃至伏尔泰都是走的自由改良的路线,通过缓和冲突达到社会长治久安。

229

---

① 是美国建国初期的一部重要文献。——译者注
② Peter Gay, "Rhetoric and Politics in the French Revolution," reprinted in *The Party of Humanity*.
③ 法国重农学派最具代表性人物。——译者注

他们大概从来没有想到要颠覆社会秩序，因为这在他们看来太恐怖了。他们不仅不想推翻旧王朝的基本框架，而且还要保留它的等级制度。达朗贝尔曾说过："在一个社会里，特别是一个泱泱大国，君君臣臣的高下之分是必不可少的。才华与德行固然可以让人刮目相看，但高贵的出身与显赫的家世才真正叫人肃然起敬。这难道用得着那些高深的理论来解释吗？"①除了像卢梭这样的例外，启蒙思想家们都是些精英人物。他们自己的启蒙都是靠沾了权贵们的光，反过来他们又用居高临下的目光去看待资产阶级和平民阶层。伏尔泰那本《哲学辞典》一书的"品味"条目里就有这样的话："品位跟学问一样，只有少数幸运儿与此有缘。资产阶级家庭里的人成天忙着赚钱，毫无品位可言。"最近有人在研究中发现，自由主义思潮的兴起其实跟中产阶级没有关系，而是从贵族世家那里代代相传下来的。② 启蒙运动也是出自这样一个传统。除了像孔多塞这样的特例，鼓吹启蒙的那些人到后来不过是上流社会沙龙里的小点缀，而盛极一时的启蒙运动就像是法国这块薄皮大蛋糕上面的那层糖霜。

　　如果说在那场包罗万象的启蒙运动中，牧师和爵爷们也有激进的地方的话，恐怕是他们对自然法则的信念。彼得·盖伊大讲特讲革命哲学，可他的革命武库里却恰恰没有把自然法包括进去。比如雷纳尔神甫虽然对法国大革命颇为鄙夷，但他质疑当时的奴隶制，因为他觉得这违

① D'Alembert, *Histoire des membres de l'Académie française morts depuis 1700 jusqu'en 1771*(Paris, 1787), I: xxxii.

② 有关马克思主义对资产阶级启蒙运动的看法，参阅 Lucien Goldmann, "La Pensée des 'Lumières'," *Annales: économies, sociétés, civilisations* 22(1967): 752–770。有关贵族自由主义，参阅 Denis Richet, "Autour des origines idéologiques lointaines de la Révolution française: élites et despotisme," *Annales: économies, sociétés, civilisations* 24(1969): 1–23。Jacques Proust, *Diderot et l'Encyclopédie* (Paris, 1962)一书也有关于启蒙运动是否具有革命色彩的精辟讨论。

背自然法则。他这可不是不痛不痒的人道主义,而是与奴隶制后面的强大势力针锋相对的。后来法国大革命期间,主张废奴的努力遭到代表大种植园主的马西亚克俱乐部的强力抵制。启蒙运动的倡导者们声称,他们所要推行的许多改良举措都是基于"永恒不变的价值"。彼得·盖伊说,这不过是说辞而已。他跟阿尔弗雷德·科班一样,强调霍尔巴赫、贝卡利亚和边沁著作中的实用主义倾向,并把休谟对形式逻辑的批判看作是 18 世纪思想史的转折点。① 但是大部分启蒙思想家们对休谟的逻辑是口服心不服。不管彼得·盖伊对休谟做了怎样妙笔生花的重新评价,休谟骨子里是个保守的革命派。自然法的精神已经渗透到像比尔拉马基所写的《自然权利原理》这种影响颇广的教科书里。尽管这一精神在启蒙运动期间遭遇到狭隘的实证主义、实用主义和休谟断章取义的围剿,但它还是没有销声匿迹。我们为什么不能承认这一点呢?哲学探讨靠的就是矛盾。事实上,自然法则本身既有描述性的层面,又有指示性的层面,这两者就很矛盾。启蒙思想家们总是想把物质的世界和道德的世界结合起来,以便去寻找更高一层的精神境界。正是这种形而上和形而下之间的矛盾才赋予启蒙运动以生命。这一点在许多研究启蒙运动的经典著作中都被讲到过。比如卡西勒的《启蒙哲学》、阿扎尔的《18 世纪欧洲思想史》和贝克尔的《18 世纪哲学家的天城》。当然,彼得·盖伊对贝克尔的书是颇为不屑的。

彼得·盖伊的辩证逻辑的最后一个层面属于心理的领域。这个领域里也出现一场革命,产生了自主务实的现代人格。彼得·盖伊说,心理上的现代化开始于启蒙思想家们集体性的身份认同危机。不错,辩证逻辑再加上认同危机肯定要出问题。彼得·盖伊丝毫也不回避他是从

① Alfred Cobban, *In Search of Humanity: The Role of the Enlightenment in Modern History* (New York, 1960), 3.

爱立克松心理学的角度对此加以评述的。他的参考书目里罗列了整整
三页跟精神分析和性学有关的著述。爱立克松自然首当其冲,弗洛伊德
更是被奉为始祖。他自己承认:"我对性的含义和历史的了解都是来自
弗洛伊德。"(Ⅱ：628)如今,人们把精神分析学当中的很多东西都归到
爱立克松名下,未免有些张冠李戴。据说爱立克松听到男性服装行业也
用"身份认同危机"这种说法,颇不以为然。但彼得·盖伊可不是乱用
标签的。他觉得启蒙思想家们当时跟教会叫板导致了他们这个群体的
身份认同危机,而这个危机的解决有赖于西方文化中的超我意识的发
展。这个超我意识给人们带来了更多的性自由。如此一来,古典的东
西、基督教的东西和启蒙思想家们,这三方的关系就像自我、本我和超我
之间的关系,启蒙运动就是本我对非理性权威的一场反抗。但是这种解
释却是那些爱立克松的忠实信徒们所接受不了的,因为爱立克松曾说
过,文艺复兴才是本我革命的典范。[①] 彼得·盖伊还说,启蒙运动在性
方面的理想很可能是生殖器类型的人格。那么,是辩证法把口腔式和肛
门式综合成生殖器式的了? 如果启蒙思想家们在18世纪就已经现代到
如此程度,那今天的"西方文化"又该摆在什么位置上呢? 难道是同性
繁殖所引起的畸形和变态吗?

232　　　　　如果能放弃彼得·盖伊那些大三段论里的小三段论,事情就会容
易多了。别搞逆向、正题、反题那一套,也别去捣弄那些纠缠不清的综
合,承认史学只有一个逻辑,那就是看谁的研究做得好。史学家之间
唯一的辩证差别就是有人金钟不响,有人瓦磬齐鸣。不幸的是,彼
得·盖伊就属于后者。启蒙运动绝不是一场事关自主性的辩证逻辑
之争。

---

① 　Erik H. Erikson, *Young Man Luther: A Study in Psychoanalysis and History*, 5th ed.(New York, 1962), 193.

如果去掉他那套辩证逻辑,彼得·盖伊用社会史的方法写出的思想史还会有什么价值呢?那就要看看他是怎么处理两个要害问题的。一个是启蒙运动与社会政治问题的关系,一个是启蒙运动和大众文化水平之间的关系。这两个问题都要放在法国历史背景中去探讨,这样我们就可以把他的解释跟《18 世纪法国的书籍与社会》中的说法加以比较。这本书属于法国主流史学中的前卫研究。它的前卫性表现得最为突出的地方,就是它对旧制度法国社会结构的研究。目前这本书已经被广泛选为教科书使用。对这个领域不是很熟的人完全不必从头到尾把埃马纽埃尔·勒华拉比里、皮埃尔·德·圣雅各布、罗热·狄翁、勒内·贝雷尔、阿贝尔·普瓦特里诺、保罗·布瓦、弗朗索瓦·布吕什和让·迈耶等人的研究著作通通读一遍。他们只要看看皮埃尔·古贝尔和罗贝尔·芒德鲁两人写的简明扼要的通俗版法国史就可以了。[①] 读过这些书你就会发现,彼得·盖伊把 18 世纪的社会政治问题简化为革命与改良的二元对立,实在是大错特错。在他看来,法国国民议会和孟德斯鸠所代表的反对派站在一边,进步的改良派和伏尔泰站在另一边。他对复杂的旧制度做过于简单的归纳,同时又把伏尔泰那种过于简单的宣传抬高成历史研究的典范,还说这种宣传对后来几十年里的政治生活都有积极影响,这未免言过其实(Ⅱ:483)。与彼得·盖伊所说的相反,法国的特权阶层赋税不少,但他们却没有那么多相应的特权。当时法国上到王公贵族下到农民都没有什么权益可言。[②] 大革命初期国民议会要捍卫的并不是贵族阶层的权益,而是典型的传统社会里那些盘根错节、犬牙交错的利益分配。只是因为他们所代表的利益比较具有广泛性,才使得他

233

① Pierre Goubert, *L'Ancien Régime* (Paris, 1969); Robert Mandrou, *La France aux XVIIe et XVIIIe siècles* (Paris, 1967).

② 参阅 Goubert, chap. 7; and C.B.A. Behrens, "Nobles, Privileges and Taxes in France at the End of the Ancien Régime," *Economic History Review*, 2d series, no. 3(1963).

们关于自由的那些说辞不显得过于虚伪。到了世纪末,他们已经不是彼
得·盖伊所说的那种封闭性的、内部充满等级的群体了。^① 事实上,同
彼得·盖伊说的相反,杜尔哥觉得这些人在 1774 年被罢免是件好事,孟
德斯鸠对他们的同情也算不上是改变立场。伏尔泰的确是要改良,但他
并不反对特权。他自己就是个精英分子,是当时的名人显要,而且他颇
以自己能跻身于上流社会而得意。

　　伏尔泰并没有怎么抨击特权,对特权的攻击更多地来自诸如掌
玺大臣莫普和财政总监泰雷等非哲人的阵营。有一个名叫夏勒·
弗朗索瓦·勒布伦的人,他的话最能代表呼吁改良的行政官僚,而
这些行政官僚的改良呼声对当时政策的影响最大。我们不妨听听
夏勒·弗朗索瓦·勒布伦在莫普针对高等法院的改革期间是怎么
说的:

　　　　我不想跟启蒙运动那伙人搅在一起,并希望他们把注意力
　　放在别的事情上,就是说别那么跟教会过不去。在我看来,政
　　府完全可以给他们找点儿事做,比如让他们到像内政署这类地
　　方当个一官半职。这样他们就可以把精力放到解决各省之间
　　的纠纷上去,去跟不公正的特权作斗争,去废除那些自相矛盾
　　的传统法律,去把那些五花八门的法律系统加以统一,解决老
　　百姓所面临的天高皇帝远的问题,限制地方官员越界行使权
　　力,约束那些阻碍工业发展的行业公会。法国到处都需要改

---

① 尽管 François Bluche 和 Jean Meyer 对议会制度有过阐述,学者们对这一制度复杂的
社会政治特点至今还有争议。Jean Egret 的研究也质疑传统的标准解释(参阅
Egret, "L'aristocratic parlementaire française à la fin de l'Ancien Régime," *Revue
historique* 208[1952]: 1 – 14 和 *La Pré-Révolution française* [1787 – 1788] [Paris,
1962])。

革,人民也需要启蒙。①

改良的努力能否都归功于启蒙运动? 当然勒布伦是低估了启蒙运动的
作用,但大部分思想史研究者却是高估了启蒙运动的作用。真要想弄清
楚改良的动力来自何方,我们就得看看行政史,而不是哲学理论。法国
大革命期间颁布的许多改革措施,其实是在路易十六统治时期就起草了
的。波什尔的那部《单一职责方案》就是个很好的例子。这本书无意中
体现了社会史研究的方法应该如何应用在思想史研究当中。旧制度留
下很多文档案牍,如果我们想要了解思想观念与政治运作在 18 世纪是
怎样相互作用的,为什么老是盯住伏尔泰不放,而不去档案馆研究一下
档案文献呢? 把法国的事情弄明白了就可以对欧洲其他地方的情况举
一反三。彼得·盖伊认为欧洲的情况是"开明专制",切中肯綮。但开
明专制跟启蒙运动关系不大。欧洲的大部分王室们要通过改良来巩固
自己的权力,但他们的改良靠的是御用官吏,而不是哲学家,他们的改革
理想也是 17 甚至 16 世纪的贤君良政。

　　以《18 世纪法国的书籍与社会》为代表的那帮学者,在研究老百姓
的文化程度和阅读习惯方面做了大量工作。彼得·盖伊对此也略有涉
及。他说,根据结婚证书上的签名来看,法国老百姓当中能识文断字的
人在 1680 年大约有四成,这个比例到了一个世纪以后增加到七成。他
的数据是从哪儿来的很难说,因为他的书中参考书目部分虽然很长,但
注脚却都很简短。1870 年,路易·马吉奥罗做了一个调查,这是对法国
全国文化水平最有历史价值的研究。根据这个调查数据的估计,
1689 到 1690 年期间,大约有 21% 的法国成年人可以在自己的结婚证书

_____

① Lebrun 的自传译本,收录在 John Rothney 编选的阅读选集中, *The Brittany Affair and the Crisis of the Ancien Régime* (New York, 1969), 243。

上签名,1786 到 1790 年期间是 37% ,1871 到 1875 年期间是 72%。①

235　对 18 和 19 世纪大众文化水准的混淆,给历史研究带来严重后果。正如彼得·盖伊所说:"文化事业蓬勃发展的先决条件是要有一个广泛的阅读群体。"(Ⅰ: 58)因为他确信,在 18 世纪的法国,能识文断字的人已经达到了 70%。所以,启蒙运动有了一大批"新听众"(Ⅱ: 61),并给他们增加了财富,改善了身份地位,使他们用不着再仰人鼻息。大众文化水平的提高不但作为先决条件促成启蒙运动,而且使启蒙运动成为具有革命性的力量。彼得·盖伊坚持认为启蒙运动包含很多全新的因素。他说:"这些不断增加的全新因素和因启蒙而带来的不断扩大的自由,既反映也导致了西方政治、经济和社会方面不可逆转的变化,尽管这种变化常常是潜在和微妙的。"这样一个说法用在法国巴黎公社期间比用在伏尔泰时代更合适。

　　对那些用社会学方式研究思想史的人来说,伏尔泰时期的法国是个很令人头大的阶段,因为要了解那个时代人们的精神世界就必须深入到他们的日常生活中去,必须了解他们的行会、教会、行政官署、法律、商业和宗教组织,从他们日常生活中怎样称斤论两、讨价还价,以及怎样养家糊口、衣食住行的方方面面来考察他们的精神世界。伏尔泰童年时,大概大部分法国人都还不讲法语。到 1778 年伏尔泰死的时候,法国的交通有了极大的改善,人口和经济也都增长许多,国家也初具规模。但只

---

① Michel Fleury and Pierre Valmary, "Les progrès de l'instruction élémentaire de Louis XIV à Napoléon Ⅲ," *Population*, no. 1(1957): 71 - 92. Gay 把启蒙运动同"语言革命"联系起来(Ⅱ: 60),认为启蒙运动期间,拉丁文的支配地位让位给法语。他的这一看法似乎来自 David Pottinger。见 David Pottinger, *The French Book Trade in the Ancien Regime, 1500 - 1791* (Cambridge, Mass., 1958)。但 David Pottinger 认为,这个语言革命是发生在启蒙运动之前。他的研究表明,从 1500 - 1599 年间出版的书籍总数中,62% 的书籍都是用拉丁文发表的;而到了 1590 - 1599 年这十年,这个比例降到 29%;至于 1690 - 1699 年这段时间,则只有 7%;1790 - 1791 年则只有 5%(第 18 页)。

是到了大革命和拿破仑以后,法国才成为一个有内聚力的民族。所以,启蒙运动对当时四分五裂的法国社会的影响以及它对全欧洲的影响,都不是很容易弄清楚的。无论在哪儿,启蒙运动的影响可能都没有深入到18世纪欧洲的社会底层,而只是停留在精英阶层。

彼得·盖伊只对精英们有兴趣,所以我们不能指望他去把一个个教区情况作细致的社会分析。精英们都有开放的视野,但如果你在波兰鼓吹启蒙,那肯定跟在英国鼓吹启蒙不一样。彼得·盖伊把这种地域间的差异归结为思想观念以外的因素,但这样一来他就陷到社会史的复杂性里面去了。再拿文化程度的研究作例子。要想养活一批专以笔耕为生的文人,公众当中就必须有一定数量识字的人。从这个角度说,文化程度的普及是启蒙运动的一个重要前提,彼得·盖伊对这个问题的解释也是说得通的。由于法国人口的增长,读书人的总数也增加了,当然,他们的文化程度是低于现代人的。再说,成年男子当中略通文墨的人在比例上提高了很多(如果还是用结婚证书上的签字作为估算依据的话,1686到1690年是29%,1786到1790年是47%),在有些地区,特别是东北部,这个比例甚至可以达到80%。事实上,从圣米歇尔山脉到碧山康贝桑松或日内瓦,有着一条文化程度分界线。在界线的北边,识字的人一直不少于25%;而在界线的南边,识字的人通常不超过25%。[1] 识字人口的有限的和区域性的增长引起另外一个问题,那就是,新的读者是否构成了一个新的文化市场,从而使得启蒙作家们不必再依附于权贵,而敢于写那些激扬文字呢?如果狄德罗的《图书贸易信札》、马尔泽尔布的《出版业陈情书》和皇家有关图书业的那些文告可信的话,情况应该不是这样的。如果说国家档案馆的那份政府薪俸收受者名单显示了什么趋势的话,就是路易十六的政府一如既往地贴补和资助作家,而且

[1]　参阅 Fleury and Valmary, "Les progrès"。

数额上说不定比路易十四时代贴补的还多。蒸汽印刷机、廉价造纸技术和普及大众教育都是 19 世纪的事，在它们出现以前，印刷业谈不上什么飞跃式的发展。文化普及没有给启蒙运动的作家们带来自由，百科全书派也没有给社会带来革命性的改变。

237　　　其实，在书的结尾部分，彼得·盖伊对普及大众教育和革命性的变化这类问题的看法，已经有所改变。他在前边曾十分强调文化普及的历史意义，但随着他的辩证逻辑的展开，文化普及的意义逐渐降低。到最后，还是那些目不识丁的人把启蒙思想家的革命理念发挥得登峰造极、走火入魔。正是出于对贫民们无法无天和愚昧粗野的绝望，启蒙思想家们转而担心暴民政治，对开明专制刮目相看，甚至开始讨论在"民可使由之，不可使知之"的原则基础上建立一种具有约束力的社会宗教。这些虽然跟彼得·盖伊前面的说法有矛盾，但却更符合 18 世纪的历史现实。

尽管彼得·盖伊的辩证逻辑有些不着边际，但我们觉得他谈到的启蒙运动的情况基本靠谱。这是因为他涉及的都是我们熟悉的东西，但又让我们有一种耳目一新的感觉。他的研究不是拓荒性的，而是把已经发表的那些有关 18 世纪历史的研究梳理了一遍。虽然他的辩证逻辑不太灵光，但这个梳理工作还是十分出色的。读他的书就像旅游的时候怀揣了一本《米其林指南》，你可以在个别景点流连忘返，但却永远不会离开既定路线太远。归根结底，彼得·盖伊有关启蒙运动的那些文字还是有价值的，它们最大的价值就在于提供了一个研究综述。彼得·盖伊把自己多年的阅读笔记进行了一番综合整理。大家会本能地把他的书跟 R.R.帕尔默的《民主革命的时代》放在一起。但是，如果把他的东西作为对社会史和思想史所进行的融合来看，就不免有些捉襟见肘，因为他的辩证逻辑只能支撑空中楼阁。

把彼得·盖伊写的那些滴水不漏的综述与收在《18 世纪法国的书

籍与社会》里的那些专题研究相提并论,不免有些风马牛不相及。但鉴于这两者都是用社会史研究的方法研究思想史的,两相对照可以看出很多有意思的东西。法国人开始的时候本来是排斥综述性的研究的。在一定意义上说,他们对启蒙运动的考察力求避免先入为主,不去管那些名人名著,而是在那些引车卖浆之流当中挖掘柴米油盐的日常生活。他们的目的是要把文化按当时原貌加以重构,所以强调文化观念的惯性力量,并要测量传统影响深入到什么程度。他们这样做是步达尼埃尔·莫尔内的后尘,因为后者早在半个世纪以前就尝试过这种研究方法。

当时,卡西勒要对启蒙运动做精神现象学的研究,达尼埃尔·莫尔内则要把启蒙运动当作一个社会现象来研究。其他研究文化的人醉心于钻研 18 世纪的那些名著,但达尼埃尔·莫尔内却追踪一定的观念和想法是通过什么方式扩散到社会上去的。他的研究发现,一些被后人视为杰作的书籍在旧制度流行的范围很有限。[1] 这一发现给我们提出了新问题:18 世纪的一般法国人到底读些什么书呢?进入现代的初期,图书文化中传统与创新之间有着一种怎样的平衡呢?达尼埃尔·莫尔内把这些问题留给了高等研究实践院的那帮后人,特别是写出《18 世纪法国的书籍与社会》的那班人马。这伙人也继承了年鉴学派的方法和传统,更倾向于研究社会心态发展史,而不感兴趣于那些玄乎乎的哲学理念。这使得他们对达尼埃尔·莫尔内发明的那种量化研究方法感到"于吾心有戚戚焉"。

由于旧制度的复杂性和那个时期的文化的多样性,《18 世纪法国的书籍与社会》阵营里的人想在具体的情境中去研究 18 世纪法国的文化

---

[1] Daniel Mornet, "Les Enseignements des bibliothèques privées (1750 - 1780)," *Revue d'histoire littéraire de la France* 17(1910): 449 - 492.

和社会生活。他们要研究那些"读"过或听过某些文学作品的平头百
239　姓、买传统书籍的外省"知识分子",以及出版和消费那些新潮杂志的地
方文化精英和巴黎的时髦读者。

　　在对这四种人的研究当中,研究平头百姓的东西读起来最有意思,
因为这类研究让我们可以感受到18世纪村民们的精神世界。罗贝尔·
芒德鲁的《17—18世纪的大众文化》(Paris,1964)是一本才华横溢的书。
他研究的是17到19世纪流行的那些"小蓝书"。这些书印刷极为粗糙,
由书贩子们在乡下偷偷摸摸地贩卖。罗贝尔·芒德鲁的著作让我们看
到,这样的研究确实可以带我们进入到古人的内心世界。这些一本只卖
一个苏的小蓝书印在廉价纸张上,字迹也模糊不清,直到被看得字缺页
残才算寿终正寝。可这些书为我们了解大众文化提供了线索。要是没
有它们,我们要想研究大众文化就比登天还难。从前村民们常常在晚饭
后聚在一起,女人们缝补衣物,男人们一边鼓捣农具一边听村里认识字
的人给大伙诵读这些书。小蓝书无疑是下里巴人的文化,里边的故事往
往是用"列位客官,话说如何如何"这样的套语开头。但是这种说书形
式传达了什么样的信息呢? 这些书同上流社会的文化又是什么样的关
系呢? 罗贝尔·芒德鲁把这个文化传统追溯到启蒙运动之前,但在地位
上又觉得它远远低于启蒙文化。他让我们看到,启蒙思想家们大讲特讲
人性当中的理性和感性冲突,小蓝书却把人写成是情欲的奴隶,逃不出
宿债孽缘,跳不出七情六欲。思想家们对宗教作出理性的解释,小蓝书
却宣扬天神地鬼那一套。科学家们要在人们心中驱除宇宙的神秘性,小
240　蓝书却向读者和听众灌输降妖祛邪的法术和咒语。作为文学作品,小蓝
书将中世纪的故事传说和17世纪上流社会所不齿的下流段子汇拢在一
起,加以通俗化处理。所以罗贝尔·芒德鲁的结论是,跟精英文化比,小
蓝书所代表的大众文化既有自己独特的地方,也是从别的文化传统衍生
而来。他进一步推断,旧制度的大众文化在老百姓当中起了一个麻痹阶

级意识的作用。农民们沉浸在妖魔鬼怪、神仙法师的虚幻世界里,不去面对真实世界里的压迫与剥削。

　　罗贝尔·芒德鲁的研究是年鉴学派的路数,但他却不是《18世纪法国的书籍与社会》那伙人当中的一员。他的研究给后来的热内维耶夫·博莱姆打下了基础。《18世纪法国的书籍与社会》第一卷里收了热内维耶夫·博莱姆的一篇论文,讲的就是小蓝书的来龙去脉。后来她又写了一篇专门研究历书的论文,因为太长,没法收进《18世纪法国的书籍与社会》第二卷,只好单独发表。热内维耶夫·博莱姆的研究证明,罗贝尔·芒德鲁的思路是对的。所不同的是,罗贝尔·芒德鲁强调大众文化演变过程中的因循守旧,而博莱姆则看重这个过程中的求变图新。博莱姆发现,17世纪那些遁世迷信的东西到了18世纪被一种新的精神状态所取代。人们对死亡、人性、社会关系和大自然都有了一种脚踏实地的现实主义态度。旧的天道观念和神话故事让位给新的科学解释和客观历史。当时人们所表现出来的这种新的社会道德观①、对世界的理性看法②和对时事的关心,说明启蒙精神不仅已深入人心,而且革命的种子已经开始萌芽。尽管罗贝尔·芒德鲁和热内维耶夫·博莱姆的研究有很多相似的地方,但他们的结论却是大相径庭的。一个强调精英文化和愚民文化之间的泾渭之分,一个坚持两者之间的融会贯通,认为大众文化对精英文化有强心补血之效。

241

　　到目前为止,对各种形式的大众文化所做的深入细致的研究还很不够,所以现在还很难说上面的两种观点哪一种更站得住脚。博莱姆的研究是比较详尽的,因为她只研究历书这么一种材料。要厘清这种材料在

---

① Geneviève Bollème, *Les almanchs populaires aux XVIIᵉ et XVIIIᵉ siècles: Essai d'histoire sociale* (Paris, 1969), 84.

② Ibid., 123–124, 16, and 55.

17 到 18 世纪期间的发展变化还是比较容易做得到的。但是要想说清楚村夫村妇们的内心世界可就有个方法论上的问题了。所以罗贝尔·芒德鲁都只能泛泛地和印象式地讲。但博莱姆要超越泛泛印象的水平,她想通过历书进入到当时老百姓的精神世界。在那里,她不只发现了村言俚语,而且发现了康德的哲学概念范畴。① 但是事实上,她发现的这些概念范畴跟康德的《纯粹理性批判》风马牛不相及②,而且让人对她的研究产生疑问:到底是历书当中揭示了老百姓的精神世界,还是她搬用了卡西勒的那一套理论? 只不过是反了个个儿? 博莱姆也没能证明她研究的那些历书是否真的具有大众性。恰恰相反,她用作史料的那些历书很多都装帧得精美豪华;她引用过的文献也多有明显的鄙夷大众文化的偏见③;她以为是反映民俗的那些流行的谚语格言也本来不是针对目不识丁、家徒四壁的一般老百姓的。像下面这样的话就是很好的例子:"书山有路勤为径,学海无涯苦作舟""书到用时方恨少""困兽犹斗,穷寇勿追"。④ 当时很流行的波尔·理查德(法国心腹)是属于托马斯·杰斐逊那班破落贵族的世界的。旧制度时代几乎人手一本历书,王公大臣们也不例外。博莱姆承认历书各有不同,但她还是把它们不加区分地使用。她对 18 世纪人们世界观变化所做出的分析和结论完全建立在 27 本历书上,而且不分青红皂白。为了证明民间也有很多进步意识,她依赖得最多、引用最频繁的一本历书叫《瘸子的信使》。这本书是在贝尔尼、巴塞尔、伊韦尔东、沃韦和纳沙泰尔几个地方印刷的。也就是说,是由瑞士人,甚至是清教徒们印刷发行的。用它们来研究天主教法国的农民情形

---

① Geneviève Bollème, *Les almanchspopulaires aux XVIIe et XVIIIe siècles: Essai d'histoire sociale* (Paris, 1969), 95.

② Ibid., 98.

③ Ibid., 131.

④ 同上,(按引用次序)74,79,75,81。

未免不靠谱。①

但是,就算是最地道的法国历书又有多靠谱呢? 收在那里面的俚语村言通常是牧羊人之间的唱和,具有更多的文艺复兴时期田园牧歌的味道,而不是真正意义上的对话。这种田园牧歌的味道可能源自 15 世纪的一本标准历书——《羊倌的粪堆》,但为了迎合大众水平作了简写。热内维耶夫·博莱姆说,就价值观而言,它们体现了山区百姓的朴素平等思想。然而在我看来,它们体现的价值骨子里跟法国王后的化妆舞会是一脉相承的。历书所代表的是上流社会文化向民间的普及,而不是真正的大众文化。它们是别人针对大众而写的,却不是大众自己写的。它们甚至不是原创,而是从既成的精英文学作品中扒下来的,有时候就是印刷坊的工人从现成作品中顺手牵羊。我们面临的难题不是弄不明白它们的意思,而是确定我们解读出的这些意思是否真正根植当时当地的大众文化。

罗贝尔·芒德鲁觉得历书中的东西应该是植根当地大众文化的。在他看来,这些读物的内容不是由牧人们决定的,而是由出版商和书贩子决定的。这些生意人知道顾客们要买什么,并根据市场需求存货。久而久之,他们便间接地决定了出版商会出版什么样的书。他这个说法听上去很有道理,但只适用于上流社会的文学。因为上流社会的人对时尚的变化要敏感得多,而小蓝书这类读物已经非常千篇一律。跟知识精英们不一样,村民们的文学消费是被动的,他们买什么书没个准儿,兴之所至,逮着什么就是什么,图的是大伙儿聚在一起时能有本书念。再不然

243

---

① 这个版本见 Yverdon and Vévey by Jeanne-Esther Bondeli and Paul-Abraham Chenebié derived from the *Hinckende Bote* of Bern(由一位牧师的儿子 Emmanuel Hortin 制作生产的德国历书)。参阅 Jules Capré, *Histoire du véritable messager boiteux de Berne et Vévey* (Vévey, 1884) and Jeanne-Pierre Perret, *Les imprimeries d'Yverdon au XVIIᵉ et au XVIIIᵉ siècle* (Lausanne, 1945), 74–78。

就是为了自个儿看着玩。正像博莱姆说的，对那些斗大的字识不了一箩筐的村民们来说，书籍有一种奇妙的力量，他们对文字充满神奇之感和敬畏之心。① 这种心理过程跟上流社会那种"奇文共欣赏，疑义相与析"式的阅读是大相径庭的。所以，大众文学中的变化很可能是阳春白雪的余波所及，但却没有在乡村一级被完全吸收和消化。真正的法国大众文化存在于五花八门、不一而足的口述传统中，但这个传统浩如烟海，研究者们只能望洋兴叹。就像去印度传教的人倏忽之间就被那里的人潮吞没了一样，几本书只不过是大众文化这沧海中的一粟。

尽管芒德鲁和博莱姆都没能把 18 世纪法国的大众文化说清楚，但他们的研究丰富了我们对"理性时代"的了解，让我们看到，百科全书之外有着一个浩瀚的下里巴人文化。这个下里巴人文化能帮助我们从整体角度全方位地去理解启蒙运动。《18 世纪法国的书籍与社会》中还有几篇论文也是把文化经验进行分层研究的，他们对特定阶层的特定文化加以分门别类。特别是朱利安·布朗科利尼和玛丽·泰莱斯·波伊西对外省人读书生活的研究，堪称这方面的代表作。她们按体裁和区域对外省的图书消费情况加以考察，发现外省的文人雅士和胸无点墨的农民都对启蒙运动漠不关心。在乡镇村庄那里，传统文化势力根深蒂固，创新求变的呼声只是空谷回音。

1777 年的图书贸易法改革以后，出版商们可以合法印刷在民间流行的书籍，但前提是必须向官府申请许可状。布朗科利尼和波伊西的研究主要就是对外省出版商们写的那些申请信件进行量化分析。这些信件里面包括了每一版的印数，这就给我们研究旧制度时代的文化传播格局提供了精确的数据，比以前别人用过的材料都更有价值。在她们之前，这方面的研究做得最出色的是弗朗索瓦·孚雷，他写的那篇论文收

———————————

① Bollème, *Les Almanachs populaires*, 15－16.

在《18 世纪法国的书籍与社会》第一卷里。孚雷的研究表明,尽管科学书籍和通俗小说的发行量远比宗教书籍增加得快,但当时坊间流行的大量宗教书籍和 18 世纪以前的"经典作品"完全淹没了启蒙运动的声音。孚雷的这一结论是通过对那些申请出版许可状进行量化分析得出的。但他用的那些特许状缺少每一版发行量以及在什么地方营销的数据。布朗科利尼和波伊西正好填补了这个空白。所以她们的研究既是补充同时又印证了孚雷的观点。这些研究殊途同归,都揭示了文化惯性在全国各地虎踞龙盘,而新潮的东西在巴黎以外的地方是没什么土壤的。这其实应该在我们的意料之中,也跟热内维耶夫·博莱姆的结论迥然不同。博莱姆看到的是现代意识在 18 世纪末长驱直入,摧枯拉朽;而布朗科利尼和波伊西在当时的文学作品中看到的是万马齐喑,死水微澜。难道精英们的文学体验和下层老百姓们的文学体验就没有在中产阶级那里交汇融合吗?

这个矛盾跟许多计量史学的问题一样,主要是数据不足造成的。出版许可状申请书并不像布朗科利尼和波伊西说的那样能反映当地的世风民情。因为印刷执照只反映当地出版了哪些书,但实际流行的书籍当中有很多是从别的地区甚至外国买回来或换回来的,这些书恐怕是外省书商库存中最重要的部分。"出版许可状"也不包括为法国出版许可条例禁止但又在民间流行的那些书。当时的出版法漏洞多多,以至宣传启蒙思想的作品大行其道。① 其实,出版许可状只反映外省书市中的一个特殊区域,那就是教科书和跟宗教有关的书。对这些书的需求市场一直很稳定。随着旧特权的消失,外省的书商们替当老师和牧师的人将旧书

245

---

① "出版许可状"的细目参阅 1777 年 8 月 30 日的法令文本,出自 Jourdan, Decrusy, and Isambert, eds., *Recueil général des anciennes lois françaises* (Paris, 1826), XXV: 108‑112.

再版。他们很可能在这个借口之下偷印了很多前卫性的文学作品。像这些书都不会反映在布朗科利尼和波伊西研究的那些出版许可状申请书当中。

尽管她们的材料没能反映外省文化的落后性,但却能反映法国各地区之间在阅读方面的巨大差异。同时,她们的研究也显示了出版业发达与否跟当地人们的文化水平存在互动关系。前面提到过的那个马吉奥罗的研究就说明了这一点。如果以他调查过的区域为准画一条界线的话,那么,"简单许可"的书绝大多数都在马吉奥罗线以北地区流行。这个地区跟洛林和诺曼底地区的情况很像,当地人口的文化水准相对比较高,出版业也比较发达。但是这里对宗教改革的抵制也最为有力。后来到了19和20世纪,这里的选民也表现出对教会最大程度的忠诚。马吉奥罗线以北的读者倾向于喜欢17世纪的那些宗教方面的经典之作,甚至包括詹森教派的著作。而南边,特别是图鲁兹地区的读者则比较喜欢世俗文学。有一些图表已经把这些地区间的差异展示得淋漓尽致。所以,即便她们使用的材料价值有限,布朗科利尼和波伊西的研究还是揭示了法国文化史的复杂性和大趋势。

丹尼尔·罗什对外省学院的研究分两次发表在《18世纪法国的书籍与社会》的第一和第二卷里。如果说布朗科利尼和波伊西注重的是文化的整体情况,罗什关心的则是知识精英群体的特点。他跟所有研究精英文化的人一样,探幽烛微有余而高屋建瓴不够。但他所做的量化分析本身包含有普遍性的意义。为了说明精英文化向大众文化的渗透,他必须涉及大的文化背景。莫尔内曾经在《法国革命的思想起源》一书中提醒过我们研究外省学院的重要性。这对罗什很有启发。他先从分析科学院的社会构成出发,借助一种细腻入微的分类方法把一些大而无当的抽象问题,像启蒙时期资产阶级的特点是什么啊等,小而化之。于是他发现,在波尔多、第戎和马恩河畔的夏龙这些地方的学院,其实就是当地等级社会的缩影,完全被那些钟鸣鼎食之家、锦服绣冠之辈所把持。学院本身就是特权社会中的一个特权机构。其中地位比较低的那些人随着时间推移渐渐变成资产阶级的一部分,但不是马克思主义意义上的资产阶级。学院里那些名不见经传的成员多是公务员和靠一定本事吃饭的人。其中有很多医生,但没有金融家,也没有企业家和商贾。即便在波尔多这样商业发达的中心地区,学院成员里也没有商人。显然,学院代表的是传统的贵族精英文化。对于有真才实学的人它敞开大门招贤纳士,但对于商人掮客则拒之门外。学院对不同思想也能兼收并蓄。内部举行优秀论文评比时,有些论文的题目与启蒙主题不谋而合,体现出从抽象走向具体的人本主义精神和对政治经济的关注。那些欣赏卢梭并决定给卢梭那篇《论科学与艺术》一等奖的人,跟卢梭的看法并不一致。他们不要像卢梭那样回到小国寡民的过去,而是相信科学会给人类带来福祉。

在他的第二篇文章里,罗什对学院系统的文人和参与了《百科全书》工程的作者进行了比较性的研究。后者的名单来自雅克·普鲁斯特写的《狄德罗与百科全书》。他发现,跟学院的文人群体一样,《百科全书》的作者当中也包括很多有专业技能的人,特别是那些思想新近又无处不在的医生们。此外还有学者、技术人员,再加上 20% 的贵族和 20% 的公职人员。但这个组群中没有一个商人。所以,罗什得出的结论是,《百科全书》所反映出来的是传统精英和刚刚崭露头角的资产阶级知识分子在新时代里扮演起思想领袖的角色,而不是工商资产阶级里的老板、业主。但我们对这样一个结论要谨慎些才好,因为这个结论的基础不过是 125 个《百科全书》作者的情况,而我们对这些人的社会地位和事业情况并不了解。当时跟狄德罗一块儿编著《百科全书》的作者共有200 多位。普鲁斯特和罗什看到的材料不一定是最有代表性的。再说,就算他们掌握了所有《百科全书》作者的材料,也还是范围有限,不足以说明这个社会族群的整体情况。不能因为《百科全书》的作者中只有九个神甫、八个国民议会议员、七个律师和 22 个医生,就得出结论说前三种人对《百科全书》的积极性比医生群体差。每个范畴里只要多上十几个人,统计的结果就会完全不一样。正如普鲁斯特指出的,参与编纂《百科全书》的那些人是靠共同的思想情趣凝聚在一起的,而不是靠相似的社会背景。他们也没有摆脱旧的尊卑等级观念。事实上,普鲁斯特发现,狄德罗在与人通信时用什么样的口吻是看人下菜碟的。对像卢梭这样社会地位比他低的人,他用的是居高临下的口气;而对像伏尔泰、布丰、马蒙泰尔这些名作家,他则很谦卑。[1] 但不管怎么说,共同的思想追求将他们紧紧地团结在启蒙运动的旗帜下面。他们要传播自己的思想也必须沿着传统等级制度的渠道,一层一层、由上而下地推而广之。这也符合达朗贝尔和伏尔泰对启蒙过程的预想。那些高高在上、进步超前的思想观念必须像涓涓细流,润物细无声地渗透到下层社会中去。这样一来,普鲁斯特和罗什的研究可以取长补短,相得益彰,既让我们看到传统社会接受新事物的能力,也让我们看到旧体制内的精英与时俱进的本事。但是,这些新思想新观念并不反映新的经济模式或新的社会阶层的利益。在这个意义上,用社会史的研究方法去研究思想史导致了同马克思主义社会学的分道扬镳。[2]

　　《18 世纪法国的书籍与社会》里的大部分文章都强调历史的持续性,而不是变化与断裂。通过宏观考察图书业,并将焦距对准农民和外省,他们揭示了大部分法国人文化生活中传统积习的分量。但是让·路易和玛丽·弗朗德兰夫妇合写的一篇论文主要是讲巴黎的沙龙文化,这

---

[1]　Proust, *Diderot et l'Encyclopédie*, chap.1.

[2]　在我看来,Robert Mandrou 对 Proust 的研究所作的解释是歪曲的,参阅"le XVIIIe siècle pense vraiment bourgeois," Mandrou *La France aux XVIIe et XVIIIe siècles*, 168 - 169。

是当时文化变革的中心。跟普鲁斯特研究《百科全书》作者的情况一样,让·路易和玛丽·弗朗德兰的量化性历史研究也跟启蒙运动撞个正着。这两位作者想通过统计三本日记中提到过的书籍来揣摩巴黎精英分子们的文学经验。这三本日记是约瑟夫·埃默里的《日记》、巴肖蒙的《秘密回忆录》和格里姆的《文学通信》。这三本日记都是写给作者们自己看的,所以它们包含公开出版物里所没有的史料。像《学者报》这种当时出版的刊物,它里面涉及新潮文学的文章都要受到严格审查。《18世纪法国的书籍与社会》第一卷里有一篇论文,对发表在《学者报》上的评论文章和另外一本和由教士们出版的《特雷武报》中的文章进行了量化分析,发现传统价值观深入人心。这跟孚雷和布朗科利尼和波伊西的研究殊途同归。① 但是阅读和编辑这些杂志的巴黎读者就是让·路易和玛丽·弗朗德兰曾研究过的那伙人。弗朗德兰夫妇在当时的地下刊物中看到的是彻头彻尾的启蒙精神。而《学者报》里所展现出来的巴黎人却更像是布朗科利尼笔下的外省人:他们手里都有几本老掉牙的祷告用的书,间或有几本讲历史、法律和科技的书。到底谁对谁错呢?不管谁对谁错,问题都不是史料本身不准确,而是看你选用了哪一类史料。弗朗德兰夫妇使用的史料似乎没什么错,但作为他们立论根据的那几本刊物并没有提到巴黎沙龙圈里那些人读过的所有书籍,而只提到那些非同一般的和引起街谈巷议的书。其实这些刊物就是比较原始阶段的报纸,而不是系统的文学评论。它们能展示当时的文坛风气,但却不能就书籍消费的情况给我们提供一个量化的数据,好让我们把这个数据同孚雷和布朗科利尼的数据加以比较。所以,我们对巴黎的书籍流通情况以及她那

① Jean Ehrard and Jacques Roger, "Deux périodiques français du 18e siècle:'le Journal des savants'et'les Mémoires de Trévoux.'Essai d'une étude quantitative," in *Livre et société*, vol. 1.

里的新派人物和地方上的效尤者之间的文化差距还不是很清楚。

　　《18 世纪法国的书籍与社会》里的其他论文讲的是更加不好把握的现象，即语言。历史符号学目前在法国正吃香走红，因为这个学科注重挖掘的是潜概念，而这是咬文嚼字式的传统思想史研究中所忽略的，所以，从语言的角度入手很有可能在启蒙运动研究领域里独辟蹊径。①　跟传统的修辞学不一样，历史符号学不把个别词语看作是孤立的意义单位，而是把它看成是特定的符号系统和语言体系中的一个组成部分。在这样一个系统中，每一个部分所传达出来的意义都必须通过它在整体中的作用来确定。也就是说，要想确定某一个具体词汇在 18 世纪的意思是什么，你就得弄清楚 18 世纪法国的整个语言系统，把语言看成是一个流动的、被社会决定的沟通方式，而不是固定的思想结晶，更不能把个别词汇随意从整体当中分离出来。在抽象的层面上他们这些话都不错，但实际应用起来却很难。今天的人们对 18 世纪法语的了解仅限于凝固在纸面上的那些文字，要想透过它们去接近当时人们的内心世界可不是件易事。《18 世纪法国的书籍与社会》第一卷里有一份书单，上面罗列了4 万个登记在案的书名，是当时人们行文方式的标本。弗朗索瓦·孚雷和阿莱桑多罗·丰塔纳分析了每一部书的标题，统计出"历史"与"方法"这两个词的使用频率和上下文语境，再用一些符号学模式去解析这些统计数据，为的就是弄清楚这两个词在 18 世纪究竟是怎么使用的。

　　两个人当中丰塔纳的研究更为详尽恢宏，也更能代表这种新的研究方法。他那不厌其详的分析占了一百多页，对"方法"一词在 18 世纪的使用情况做了个"结构性的素描"，并得出结论说，有时候这个词的意思

250

---

① 有关历史符号学的研究情况，参阅 *Actes du 89e congrès des sociètès savantes* (Paris，1964)，vol. 1；M. Tournier et al.，"Le vocabulaire de la Révolution：pour un inventaire systématique des textes," *Annales historiques de la Révolution française*，no. 195（ January–March 1969)：109–124。

是固定的、终极的、具有超越性的含义和数学意味。但有时候，它的意思
又是肢解的、不定的，取决于用在什么领域里。它的这种多变的用法反
映了人们在思维模式上正在从 17 世纪的推理方式向 18 世纪的相对主
义过渡。研究科学发展史的亚历山大·科瓦雷曾谈到过天体物理学中
经历了从封闭宇宙观到无限宇宙观的过程。丰塔纳觉得他发现的思维
模式转移，与亚历山大·科瓦雷的宇宙观转移有异曲同工之妙。

　　因为语言学知识的欠缺，我们很难判断丰塔纳的说法是否站得住
脚。对语言学外行的人可千万不要对丰塔纳的研究挑刺，除非你的语言
知识比《小拉鲁斯辞典》还渊博，否则肯定要掉进符号学的泥潭陷阱中
去。他可能自豪于自己已熟练掌握了年鉴学派的一系列关键词：情势、 *251*
偶然性、共时性—历时性和关键词。但他了解 mathésis、apax、inessif、
hendiadys 是什么？也许我这样说不公平，或者显得对符号学有成见和
无知，但我得承认，我实在看不懂丰塔纳写的东西，而且觉得历史符号学
是哗众取宠，中看不中用。

　　但是两卷本的《18 世纪法国的书籍与社会》代表了一种"力挽狂澜"
的努力。它的作者们要把 18 世纪法国思想史从泛泛之谈中拯救出来，
并把思想史研究同当时的社会现实紧密地结合起来。他们勾画出来的
18 世纪法国文化生活更接近老百姓的实际体验，而不是削足适履去印
证几本传世的经典之作。而且，他们把文化生活同特定的社会组群挂上
钩，从成千上万的引车卖浆之流到略通文墨的外省读者，从地方上的文化
精英到巴黎的先锋派作家，具体入微，头头是道。不管有怎样的缺点，他们
那些富有开拓性的论文让我们看到，用社会史的方式去研究思想史是可行
的。和彼得·盖伊一样，他们可能也没有做到完全改写启蒙运动，但是却
把启蒙运动的研究扎实地根植在 18 世纪复杂的社会现实中了。

　　对彼得·盖伊的《启蒙时代》和《18 世纪法国的书籍与社会》所做的

对比让我们看到,要想用社会史的方法去研究思想史绝不能足不出户。你非得扎到档案馆里去,开掘新资料,发明新方法。闭门造车是不行的,哪怕你在一流的图书馆里做研究,闭门也造不出车来。从书架上拿下一本伏尔泰作品是一回事,深入到 18 世纪的文化生活中去是另一回事。正如《18 世纪法国的书籍与社会》里的论文展示的那样,旧制度时期的文化绝不仅局限于几本旷世之作。可是图书馆叠床架屋要陈列经典作品,却不肯给那些小蓝书一席之地,老觉得这些下里巴人的东西不配登大雅之堂。我们的大学每年都培养上千个西方文明史专业人才,这些人都熟读《社会契约》,却从未听说过《埃蒙四男儿》。用社会史的研究方法去研究思想史的难处不在于把文化作高低之分。像彼得·盖伊那样只弄索引卡片而不做原创研究,他连精英文化的社会背景都搞不清楚,更不要说大众文化了。《百科全书》的金融基础、社会背景和读者情况,只有靠在档案馆里面钻故纸堆才能弄清楚。

如果把彼得·盖伊的《启蒙时代》作为一本传统的思想史著作来读,它好像把很多剪不断理还乱的老问题都给生拉硬扯地弄出个头绪来。《18 世纪法国的书籍与社会》可就没这么武断和斩钉截铁。相反,它要告诉我们的是,新史料的开发会带来一大批新的研究专著,方向上也会五花八门。随着数据性史料的大量使用,《18 世纪法国的书籍与社会》的作者们不断质疑用量化的方式研究文化现象的做法。文学杂志不能被简化成图表,文学影响也很难用计算机来统计。图书消费的数据能让我们对文化生活的情况有个笼统而大致的了解,但却不能解释究竟什么才算是"图书消费"。所以,对思想史感兴趣的社会史学者还在寻找新方法。在找到新的研究方法之前,最合适的方法很可能是卡西勒和莫尔内的结合。如果我们不能把这两位大师结合到一起去改写启蒙运动史的话,那说明我们还没有学到家。看看他们的弟子们的丰硕研究成果,就更会体悟到这两位大师的丰功伟绩了。

第十二章　心态史^①

偷梁换柱的眼珠子

理查德·科布在他《第二种特性》的书里讲述了玛丽·贝纳尔的故事。1952到1961年间，玛丽·贝纳尔被控谋杀罪，很多律师、实验室技术人员和犯罪学专家都介入了她的案子，使这件事成为轰动一时的新闻。但那么多想定她罪的人却被这个伶牙俐齿的农妇质问得无言以对。她指出，那些作为证据装在瓶瓶罐罐里的死者器官已经被人移花接木，不但死者们的肾脏和膀胱被张冠李戴，而且遗体上的眼珠子也曾被偷梁换柱。科布评论说，这个偷梁换柱的眼珠子帮了她大忙，科学家们输了，玛丽·贝纳尔被判无罪释放。科布虽然没有明说，但他的故事是在旁敲侧击地提醒从事社会史研究的人。

科布是牛津大学历史教授，也是当今最有争议、最有创意和最有才华的史学家。他最近的三本书都对传统社会学的思维方式提出很多质疑。在他看来，要想了解法国大革命，我们必须探讨还没人涉足的"革命者的内心世界"，不能指望在图表、数据、经济模式、电脑打印稿和社会系统中发现历史研究的新天地；真正的新天地是像玛丽·贝纳尔这样名不见经传的小人物的内心世界。

---

① 本文曾分成几个部分，先后发表于 *The New York Review of Books*（April 5, 1973）：25‑30,（June 13, 1974）11‑14,（June 27, 1974）30‑32。

科布是唯一进行这种研究的学者。过去 25 年里,他在法国档案馆浩如烟海的卷宗里挖掘出一批人性众生相。这里面有振臂高呼的革命者,有冥顽不化的反革命,有为霸一方的地头蛇,也有我行我素的逍遥派。他所勾画出来的这幅众生相,不但超越了以往的历史写作,给我们提供了当时人们生活状态的图景,而且也让我们看到心态史研究的广阔前景和潜在的问题。①

革　命

时至今日,对法国大革命的研究已经越来越受社会学的影响,变得越来越似是而非。科布的视角新颖独特,不知是否会见容于传统史学。传统史学的混乱源于一场由来已久的争论,争论的问题是究竟该怎样评价 1789 年和 1793 年的历史意义。右翼记者利用有关法国大革命的史学研究攻击左派人士;而左派人士也不甘示弱,连篇累牍、大讲特讲这场革命的开创性意义,以革命传人自居的左派人士一向认为法国大革命功不可没。② 这场论争颇有借古人之尸还现代之魂的味道。争论各方都

---

① 本文涉及的主要著作如下: By Richard Cobb: *Reactions to the French Revolution* (London: Oxford University Press, 1972); *The Police and the People: French Popular Protest 1789 - 1820* (London: Oxford University Press, 1970); *A Second Identity: Essays on France and French History* (London: Oxford University Press, 1969). By A. Abbiateci et al., *Crimes et criminalité en France sous l'Ancien Régime, 17ᵉ - 18ᵉ siècles* (Paris: Armand Colin, 1971). By Philippe Ariès, *Western Attitudes Toward Death: From the Middle Ages to the Present*, translated by Patricia M. Ranum (Baltimore: Johns Hopkins University Press, 1974). By Michel Vovelle, *Piété baroque et dechristianisation en Provence au XVIIIᵉ siècle: Les Attitudes devant la mort d'après les clauses des testaments* (Paris: Plon, 1973).

② *Contrepoint* 5 (1971): 105 - 115; *L'Humanité*, February 18, 1972, p. 8; *La Nouvelle Critique* (1972); and Guy Lemarchand, "Sur la société française en *1789*," *Revue d'histoire moderne et contemporaine* (1972): 73 - 91.

引经据典,你讲马克思,我讲托克维尔;你搬出马蒂厄,我搬出奥拉尔;你引勒费弗尔,我引吕西安·费弗尔。但骨子里,这场论争可不仅仅是为了捍卫古圣先贤和意识形态方面的门派隶属关系。

法国的历史学家们一向热衷于用马克思主义的方法,透过上层建筑的表象去剖析社会实质。[①] 但是英美的史学家们却不断弄出一些马克思主义越来越解释不了的东西来。乔治·泰勒指出旧制度时代经济不符合资本主义的特点。罗伯特·福斯特提醒我们不能简单地在封建主义与贵族之间画等号。贝伦斯向我们展示了特权并不局限于特定社会阶层,而是各个阶层都有自己独有的特权。大卫·比恩和薇薇安·格鲁德考察了军队里升迁的情况,发现有钱人和贵族们虽然想独占鳌头,但对他人分羹却无能为力。J.F.波什尔在研究中发现,王室的统治其实融合和兼顾了各个方面的利益,而不是只体现贵族们的利益。查尔斯·蒂利、西德纳姆、伊塞·沃洛奇和科林·卢卡斯都分别在各自的研究中说明,用阶级的概念去分析革命时期那些复杂和充满矛盾的社会与政治,太过于简单化了。按照马克思主义的基本信条,法国大革命是新兴资产阶级和传统贵族之间的冲突和矛盾所致。但阿尔弗雷德·科班用马克思主义之矛攻马克思主义之盾,将这一说法批得体无完肤。

不错,跟克莱恩·布林顿和R.R.帕尔默一样,科班的反马克思主义史学在法国没什么市场。法国最出色的马克思主义史学家阿尔贝·索布尔在修改他那本《法国大革命简史》(1962)时,对这些反马克思的史学著作

---

① 这方面做得不错而且有代表性的著作包括 Albert Mathiez, *La Vie chère et le mouvement social sous la Terreur* (Paris, 1927); Georges Lefebvre, *Les Paysans du Nord pendant la Révolution française* (Paris, 1924); and Albert Soboul, *Les Sans-Culottes parisiens en l'an II* (Paris, 1958). 最新研究可参阅 Régine Robin, *La Société française en 1789: Semur-en-Auxois* (Paris, 1970), and Claude Mazauric, *Sur la Révolution française* (Paris, 1970)。

视而不见。而与他同时，诺曼·汉普森也出版了他的反马克思主义英文著作《法国大革命的社会史》(1963)。可能只是因为语言的关系才没有发生英法之间的笔墨之战。但是，1969 年皮埃尔·古贝尔出版了《旧制度》第一卷。这本书写得入木三分，精辟深刻，却跟马克思主义不沾边。该书出版以后立刻在法国的很多地方被采用为教科书。弗朗索瓦·孚雷在他那篇题为《革命教义问答》(《年鉴》,[3—4 月,1971])论文中，更是对马克思主义的历史观大肆攻击，导致了至今尚未停火的笔墨之争。

但是如果我们把这场笔墨官司看成是史学领域里美国异军突起造成的，或者把它看成是英美的实证主义与欧洲大陆日趋没落的教条主义之间的冲突，那就大错特错了。与教条主义敌对的人当中颇有一些是法国人。他们的学术底子是法国丰富的非马克思主义的社会史史学传统。尽管如此，法国的马克思主义者的阵营势力极为强大，要挑战他们远比攻克巴士底狱难得多。再说，阿尔贝·索布尔在他那本《法国大革命简史》一书的开篇语中说的话也不是没有道理。他说："法国大革命和 17 世纪的英国的革命运动都是此前长期的经济与社会变革的必然产物。那些变革导致了资产阶级主宰世界舞台。"宏观地看，这样说并不为过，但它有些大而无当。反对马克思主义的人可以不接受马克思主义的理论框架，但却不知道怎么处理这个框架中的材料。他们破坏有余而建设不足。

在这场史学论战中，科布究竟属于哪一方呢？他早期的著作与阿尔贝·索布尔和乔治·鲁德这两个马克思主义史学家一脉相承，他们都是采取"自下而上"的方式去研究法国大革命。"自下而上"这句话如今已经显得老生常谈，但在 20 世纪五六十年代，它代表了一种新的研究视角。它将我们的注意力集中在普通老百姓身上，让我们看到他们是将革命不断向前推进的力量，亦即一个个众所周知的"日子"(1789 年 7 月 14 日,1789 年 10 月 5—6 日,1792 年 8 月 10 日以及 1793 年 5 月 31 日—6 月 2 日)，他们在共和三年(1795 年)的芽月和牧月叛乱中遭到镇压，而后在 1830 年"七月的日子"、1848 年"六月的日子"和 1871 年"五月的日子"里再起。这些反过来又成为 1944 年 8 月和 1968 年 5 到 6 月这两次大规模群众运动的先声。

出于对普通百姓的关注,科布开始研究心态史。心态史要研究的是普通人的世界观和对事情的看法,而不是事件本身。他对革命心态的研究补充了索布尔和鲁德的不足。索布尔和鲁德只研究无套裤汉运动中的组织、政治和经济的层面。科布的研究能让我们感觉到当时的恐怖气氛。他让我们看到普通人想买到便宜面包和享受基本平等的愿望远大于对卢梭的兴趣,他们对反革命阴谋的警觉程度跟实际存在的阴谋不成比例。凭着他常年泡档案馆的功夫,凭着他非凡的历史想象力,也凭着他卓越的语言能力,科布让那些历史中的小人物重获新生。

在《警察与民众》和《对法国大革命的反动》这两本书里,科布另辟蹊径,将视野转向土匪、妓女、盲流、杀人犯、疯子和其他不法之徒。这些人的故事可能读来有趣,但却无助于我们厘清目前有关法国大革命的众说纷纭。因为在科布的笔下,制造恐怖的人和抵制恐怖的人、无套裤汉和犯罪分子、尚武好斗的人和穷凶极恶的人,全都一个样。而且他似乎无意去解释暴力跟革命者两者之间的关系,而只想展示人性中的五光十色和光怪陆离。这似乎要把过去史学中的道德是非观给颠倒过来,矛头所向其实是他从前的同道——索布尔和鲁德。他指责索布尔和鲁德用僵死的教条建构起来的历史缺少活生生的人性内容。他把法国大革命建立起来的新政权描写成专制暴戾的政府,同斯大林主义的差别只在于没有后者的现代技术。他甚至觉得热月政变阶段的无政府状态都比专制更好些。

以我们当前史学战场上的阵营划分来看,科布到底是属于哪帮哪派呢?他跟意识形态和社会学较劲,孤军作战,两面受敌。他既不买马克思主义史学的账,也不领以实证主义为基础的科学史学的情。大家都觉得他特立独行,但他超凡脱俗的历史观却强迫我们用一种新的眼光去审视法国大革命。他的研究最吸引我们的地方就在于,他总是用那些乖张异常的东西来挑战我们。在我们这样一个讲究求同存异的领域,这十分可贵。

以他的《警察与民众》为例,他在这本书中对无套裤汉所做的重新评价就很不同凡响。作为对比,索布尔向我们展示的是无套裤汉在1793到1794年间不断在民众革命和革命政府之间摇摆。也就是说,索布尔向我们解释无套裤汉是怎样把革命推到极左路线上去,又是怎样木匠戴枷,最终被自己推行的专制与大恐怖送上断头台。索布尔论证严谨,资料翔实,让我们看到事件发展的内在逻辑。他对大革命高潮阶段的解释至今仍无人出其右。

但是在科布的历史叙述里,逻辑是没有地位的。他批评索布尔过分高深,把历史写作弄得高处不胜寒,曲高和寡。他还指出,法国大革命不是有组织的运动,而是无政府主义泛滥。他强调无套裤汉做事情绪化,爱说大话,却又天真短见。然而他没能颠覆索布尔的基本立论,却只是把水弄得更浑了。科布采取倒叙的方法,把历史事件的次序由后向前推,从帝国到督政府再到针对共和三年(1794—1795年)的热月反动。他认为共和三年是法国大革命的转折点。因为在上述这些阶段里他没能找到无套裤汉影响的痕迹,他就认为无套裤汉在这些阶段之前的存在也微不足道。这种解释就像是说如果什么东西后来消亡了,那它当初就不曾存在过。这未免太牵强了。索布尔的研究表明,无套裤汉呼风唤雨的日子在共和二年年底就结束了,而且讲了他们怎么垮台以及垮台的原因。科布要重写这段历史,显得有些无的放矢。他有关大恐怖的那段历史叙述,不过是添过油、加了醋的索布尔。

但是科布对外省情况的研究就另当别论了。索布尔对巴黎以外那些五花八门的革命运动语焉不详,而科布是这方面的专家。他写出了地方上各种矛盾的犬牙交错如何限制了无套裤汉,使他们不能在全国范围内成大气候。他不但让我们看到里昂的激进分子和巴黎的激进分子唱对台戏，以及维也纳玩杂耍的流浪艺人如何不买里昂人的账，他也告诉我们巴黎、里昂、维也纳之间的分庭抗礼同巴黎、鲁昂、勒阿弗尔的三足鼎立不可同日而语。他还更进一步向我们展示街区之间的钩心斗角和家族之间的不共戴天。既有同行之间的同心同德、市井游民的争强斗狠，也有男人们为女人而争风吃醋。他到处都发现多样性、特殊性和个别性。他不对历史事件做泛泛的解释。在他的笔下，法国大革命是泥沙俱下，鱼龙混杂。也许对于普通老百姓来说这才是真实的革命。不管怎么说，科布证明了以巴黎为核心的法国大革命研究是多么有局限性。

260

他在更早一点的著作中就已经指出过这一点。在他那本《对法国大革命的反动》里，他研究的是无政府主义者、土匪、罪犯、隐士、疯子和其他各种各样的边缘人物。这些人都跟政治不沾边，政府也管不着他们。他们除了都不想随大流以外，彼此之间也没有共同的东西。因为法国历史上不乏特立独行的主儿，这些人的故事也没什么太大的价值。这些故事既不反映这些人的一般情况，也无助于我们了解那个时代。

因此，看上去恰恰是社会非常态或曰社会边缘群体生活（la vie en marge）的恒常存在吸引了科布。25 年来，他一直把自己埋在档案馆的故纸堆里，寻找各种乖戾特殊的人间尤物。经过精挑细选，写出一系列人物传记，这些传记描画出栩栩如生的另类人物众生相。"凭着选择性地使用这些人物故事，他的历史就像印象主义绘画一样五彩斑斓。"这种方法很适合科布对事物的独特感受和对历史学科的理解。在他看来，历史学家的任务是显示出现象之间的不同之处，而不是它们的相关之处。他的研究不断强调历史的复杂性，提醒我们不能削足适履，把现成概念套用到过去的现实。但他过分强调事物的独特性不免流于抽象与虚无。按照他的逻辑，历史没有规律可言，只有一大堆个案。

他的研究方法中有非理性的因素，但要理解 1792 年 9 月那场腥风血雨,说不定还真需要非理性的视角。要说研究者与研究对象之间应该般配的话,科布可算是楷模了。他对那场大恐怖和反恐怖的描写,完全是以同情的立场从当事人角度来着笔的。但他拒绝从宏观历史的角度去分析这场革命,这使人觉得他的眼光是向后看的,立场过于保守。虽然他对年鉴学派的人、对研究思想史和社会史的人很不屑,但他自己又不肯对别人的研究去粗取精,超越别人。他跟雷蒂夫·德·拉·布雷东纳和路易-塞巴斯蒂安·梅西耶一样,①只想从旁观的角度,对古人的内心世界做一番窥视。对他来说,历史是灵魂史,方法是空洞的。

这种印象主义式的历史研究,其最大危险还不在于它冲击索布尔的坚实立论,或者任何其他系统的研究和分析,而在于它会把科布所感兴趣的心态史研究领上歧途。尽管心态史研究至少可以上溯到布克哈特,但在目前的法国它正经历着一场复兴,而且正在向国外蔓延,就算还没传到北美,至少已经渡过英吉利海峡了。从某种意义上说,它还是思想史,但研究目标不是大思想家而是小人物的精神世界,小人物的喜怒哀乐以及其中体现出来的特定社会的意识形态。吕西安·费弗尔就是心态史研究方面的领军人物。人的精神状态可以是个研究课题,但构不成一个学科。法国人在有关方法论的各种讨论中已经将这个问题做过探讨,但对于它作为一个研究学科应该具备哪些特点却不甚了然。② 科布也不是

---

① 路易-塞巴斯蒂安·梅西耶是法国 18 世纪的戏剧家。——译者注

② Lucien Febvre, *Combats pour l'histoire* (Paris: Armand Colin, 1965), 207 – 239; Georges Duby, "Histoire des mentalités," in *L'Histoire et ses méthodes: Encyclopédie de la Pléiade* (Paris, 1961), 937 – 966; Robert Mandrou, "Histoire sociale et histoire des mentalités," *La Nouvelle Critique* (1972): 41 – 44; Alphonse Dupront, "Problèmes et méthodes d'une histoire de la psychologie collective," *Annales: Economies, sociétés, civilisations* (1961): 3 – 11; Louis Trénard, "Histoire des mentalités collectives: Les Livres, bilans et perspectives," *Revue d'histoire moderne et contemporaine* (1968): 691 – 703; and Jacques Le Goff, "Les Mentalités: Une Histoire ambiguë," in *Faire de l'histoire*, edited by Jacques Le Goffand Pierre Nora (Paris, 1974). III: 76 – 94.

很了然。他最近的两本书都是东一榔头西一棒子,涉及的题目有犯罪问题、盲流问题、城乡冲突、自杀、精神病、大众文化、家庭、妇女地位。这里面很难找到一个一以贯之的主题。

犯　罪

如果说科布的研究有个核心的话,那就是对谋杀的关注。因为他故事里的主角都是些另类人物,或迟或早不是杀了别人就是被别人给杀了。他对此研究多年,已经积累下一些数据。按照他的统计,18世纪最后的五年里,在罗纳河谷一带共有846起与"政治"有关的命案。再把时间和地点因素考虑进去的话,从大恐怖到帝国建立这段时间里,命案陡然上升。尽管命案通常都基于本地事件(比如家族之间的械斗、报仇雪恨等。不过科布承认,要泾渭分明地把跟政治有关的命案与跟政治无关的命案区分开来,是不可能的事),但科布发现,它们发生的频率同全国性的大气候成正比关系。所以他把地方上发生的杀人事件视为一种带有政治色彩的反抗形式。巴黎的革命政权的某些做法弄得有些老百姓离心离德,他们起而抵制大恐怖。从这个意义上说,地方上的命案反映了老百姓的普遍心态,也反映了大规模的群众性运动的式微。

因为科布的数据很杂乱无章,而且他一会儿用这个度量,一会儿用那个度量,使我们很难对这些数据做出准确评估,更不要说用它们相互印证了。比如,他不是直截了当地告诉读者在罗纳河谷地区每年有多少命案,而是这么说:共和三年(1794—1795)在罗纳河谷地区和卢瓦尔部分地区共有50起命案;共和四年,罗纳河谷地区、上卢瓦尔地区共有20起。他没有共和五年的数据,共和六年罗纳河谷地区一地即有四起命案。他也没有共和七年的数据。这样的一个数据基础很单薄,他使用的地理单位一会儿一变,五年里面缺了两年的数字。罗纳河谷地区还是

262

他下功夫最大的一个地区,其他地区的数据就更残缺不全了,通常只有一两年不说,而且包括的地区也往往不一致。

263　　科布没有任何共和三年以前的数据,但是他却说大恐怖后(共和三年及以后)的命案数字跟大恐怖期间(共和二年)一样高,而且比没革命的那些年高得多。这样一个结论必须得有革命前和革命后的两个数据来支持,但科布没有提供这样的数据。他既没有说他的数据的上限误差率是多少,也没有说它们有多大的代表性。他挖掘出来的这些命案数字到底相当于实际命案数字的几分之几呢? 这些数字跟当地人口总数的比例又是多少呢? 我们知道,每 10 万人口中大约有多少命案,这是有标准的统计的。科布也没有把他的数字跟这类统计相比。

科布从来没有问过这些问题。在他回答这些问题之前,我们必须把他的结论当成假设。他一方面对数据颇多微词,但另一方面又很依赖数据。在总体上,他的研究方法是用个别去体现一般,但无论研究对象是妓女,还是逃兵、疾病、盲流以及各种花样的犯罪与暴力,他看到的是 1794 年 7 月以后所有这些现象都有大幅度增加。对此,他的解释是大的政治气候变化所致。这样一个解释初看有点儿似是而非,细看自相矛盾。科布自己承认,他的很多证据都来自 20 年前为研究大革命时期军队情况搜集资料时匆匆记下的笔记。为了做好那个研究,他看了上千卷各式各样的档案,没办法统计出系统的数据。因为系统的数据只能来自同类的资料,经得起条分缕析,分门别类。

科布最近两本书的结论是否会因为数据上的支离破碎而站立不起来呢? 不会的,因为他真正关心的不是暴力发生的频率,而是理解人们对暴力的体验。在《警察与民众》这本书中,他先是罗列出一大堆人命案的数据,进而描述热月政变波及农村以后,一个从前曾用恐怖手段对付别人的人所经历的心路历程。他的丰富想象把乡下生活的阴暗面揭示得淋漓尽致,这对于一本数据上错误百出的书来说未尝不是一个弥补。他还有很多其他精彩篇章。比如,他写老百姓对食物的态度和对匮乏的恐惧。他也描写了那种能在人前夸耀自己家中有粮的骄傲。他还探讨了大众语汇。激进分子对语言的妙用可谓登峰造极。黑色幽默和冷嘲热讽(比如,我要把资产阶级给"生吞活剥"了)是家常便饭。写到这类题目时,科布充分发挥他的历史想象力。因为掌握一定的材料,他说起话来斩钉截铁,不容置疑。问题是怎样才能在零零星星的小故事基础上高屋建瓴,让心态史研究更上一层楼,超越吕西安·费弗尔这样的大师已经达到的高度? 吕西安·费弗尔以前也曾经把敏锐的历史感和博学与文采加以结合去写作历史。

人们的心态和心理既有社会的层面,也有历史的层面,两者之间存在着一种矛盾的关系。这是一个贯穿于科布著作中,但没有得到解决的主题。犯罪现象与人们的心态有着天然的对应关系。一旦把它们作为研究课题来对待,我们可能会解决科布没有解决的矛盾。如果科布肯于涉足自己不熟悉的领域,他本来可以发现丰富的文献矿藏供他开采。但他没有这样做。相反,他在历史学与社会科学之间画地为牢。比如,要是他略微了解一点犯罪学的话,他可能就会对自己的立论更审慎些。他的立论是,法国大革命及其他所激发起来的反响导致了暴力犯罪的大幅增加。而研究犯罪史的学者却有相反的结论,并且用 1871 年和 1789 年的数据加以证明。[1] 同时,研究犯罪学的人有一套办法可以去掉统计数字中的水分。

如果科布哪怕只是随便翻翻任何一本讲犯罪学的教科书,[2]或者浏

---

[1]　André Davidovitch, "Criminalité et répression en France depuis un siècle (1851–1952)," *Revue française de sociologie* (1961): 30–49; and Pierre Deyon, "Délinquance et répression dans le nord de la France au XVIIIe siècle," *Bulletin de la Société d'Histoire Moderne* 20 (1972): 10–15.

[2]　例如,Leon Radizinowicz and Marvin E. Wolfgang, eds., *Crime and Justice*, vol. 1, *The Criminal in Society* (New York: Basic Books, 1971); and Hermann Manheim, *Comparative Criminology* (Boston: Houghton-Mifflin, 1965)。

览一下像《法国社会学评论》或《年鉴》这样的顶级刊物,他就不会在犯罪率这个问题上出错了,甚至有可能让自己在《刑事法案例集成》上名垂千古。这本书所包括的犯罪数据一直回溯到 1825 年,也为盖里和阿道尔夫·凯特莱的研究提供了重要依据。这两个人都是早期的社会学大师,他们也讨论了很多科布描述的历史事件。但他们在研究犯罪问题时对数据得心应手地使用,让科布的东西显得很小儿科。在这两位大师之后,很多研究社会史的学者都是从这本书里选取材料的。①

当然,因为 19 世纪以前有关犯罪的统计资料很不规范,所以我们不能不问青红皂白地把现代犯罪学那一套滥用到过去。但犯罪学采用的角度、方法和提出的问题,可能是社会史研究者永远都想不到的。研究历史的人可以从研究犯罪学的人那里学会把犯罪率和人口情况联系起来,跟人们的年龄、职业、性别和地理地貌联系起来,也跟人们的态度联系起来,既包括犯法的人也包括执法的人。犯罪是神圣的反面,是对社会禁忌的直接反射。一旦放在宏观的角度中去看,它能显示出社会价值体系的物换星移。通过分析刑事判决我们可以看到,法官们何时开始不再执行那些过时落伍的法令。虽然这些法令都还白纸黑字地写在那里,但支撑它们的道德伦理基础已经不合时宜了。

罗贝尔·芒德鲁在他那本研究处罚女巫的书《17 世纪法国的法官与巫师》将这一方法应用得十分到位。如今的报纸每天都有关于堕胎、同性恋、淫秽之类事情的报道。如果有人将这些加以研究,也会揭示出人们在思想态度和行为模式上的变化。所以,昂利科·费里提出过这样一个理论。他说,当人类社会城市化和商业化达到一定程度的时候,犯

---

① A.M.Guerry, *Essai sur la statistique morale de la France* (Paris, 1833); and Adolphe Quételet, *Sur l'homme et le développement de ses facultés, ou Essai de physique sociale* (Paris, 1836).

罪行为也会随之变化。原来比较本能,现在比较处心积虑、计划周密;原来犯罪行为多是针对人的,现在犯罪行为多是针对财产的。① 费里的理论可能已经被人批得体无完肤,但是我们如果要讨论传统和现代、城市与乡村社会之间的异同的话,就会发现他的观察很有指导意义。在古老和以农业为生的村社里,暴力性质的犯罪(比如谋杀、人身伤害之类)发生的频率要高得多。在这些地方,人们的行为受社区内大家普遍接受的道德规范制约,只有少数特殊情况下才会有例外。而在现代城市里,经济性质的犯罪(比如偷窃和欺骗)占多数。在这样的环境里,大家都没着没落,都想赚钱,但又谁也不认识谁。每个人都是孤军奋战,只不过有的人发了,有的人栽了。

　　在进入现代的初期阶段,好像整个西方世界都经历了从感情冲动式的犯罪到谋财图物的犯罪的变化(眼下层出不穷的骚扰行人的行为好像有点儿反常)。与此同时,黑社会也诞生了。罗宾汉和卡图什劫富济贫的传统(很多也不过是神话而已)显然没有被黑社会继承。科布把乡下的犯罪、城市里的犯罪和有组织的团伙犯罪都一刀切,把它们一律看成是病态心理的表现。但从犯罪学角度看,持刀行凶的杀人犯、城市里的扒手和黑社会老大完全不能同日而语。

　　各类犯罪行为之间的异同只有通过比较研究才能确定,比较研究也会帮助科布把他的资料读解得更好,但他却对此嗤之以鼻。他在罗纳河谷地区发现的四桩人命案能说明共和六年期间暴力泛滥吗?假设罗纳河谷地区有大约 20 万人口,那么命案率是每 10 万人口中有两起,这跟当今法国的情况差不多。所以,被科布描述成"血盆大口"的里昂地区很可能在 1789 年期间属于相对平静的状态。科布一门心思搜集有关暴力事件的记载,可能有点儿走火入魔,导致歪曲现实。他研究的那些出

①　Enrico Ferri, *La Sociologie criminelle*, 3rd ed. (Paris, 1893). chap. 2.

于低级下流或仪式的原因而发生的命案都发生在偏远地区，显示出原始性的特点。这跟今天哥伦比亚、缅甸和印度尼西亚的情况差不多。①

　　如果我们要求科布在全球范围内进行跨文化的比较研究那可能不大现实，但他至少应该把自己的研究跟其他研究 18 世纪法国史的学者加以比较。这些人分工合作，已经把里尔、卡昂、波尔多、图卢兹、埃克斯和巴黎的档案馆翻了个底，并且写出了很有意义的研究。他们当中有人在巴黎的弗朗索瓦·比拉索瓦那里做研究，有人在里尔的皮埃尔·德永那里做研究。他们共同发表的研究报告初稿已经很不同凡响。②

　　巴黎的这帮学者发现，从 1755 到 1785 年间，登记在案的罪案中有87%是偷窃案。这样一个数字说明，就偷盗案而言，巴黎在大革命之前就可以跟现在欧洲各大都市相媲美（20 世纪 70 年代，巴黎 99% 的犯罪案件都是偷盗案）。作为对比，18 世纪的法国乡村里登记在案的犯罪记录中，偷盗案只占大约三分之一。命案的比例很低，每 10 万人口中只有一起，而且史料中没有任何有组织的秘密团伙犯罪的记载。即便我们考虑到实际发生的案件和登记在案的案件之间会有一些区别，对于一个生活在 20 世纪末的纽约人来说，法国大革命期间的巴黎简直是个太平的天堂。

　　但对于靠偷窃为生的犯罪分子来说，巴黎可以说是个地狱。通过对这些人出身、职业、住所和家庭情况的分析，我们可以看到他们属于法国悲惨的"流动人群"。他们浪迹四方，到处打零工，食不果腹，衣不蔽体。这些"罪犯"实乃贫穷所致，被他们祸害的人情况也不比他们好多少。而压迫他们的那些人则狠起心来保护自己的财产。启蒙运动期间，巴黎

---

① 据一份 1960 年发表的报告，哥伦比亚每 10 万人口中有 34 桩谋杀案，美国是 4.5 桩；法国是 1.7 桩。参阅 Marvin E. Wolfgang and Franco Ferracuti, *The Subculture of Violence*（London：Tavistock，1967）。

② Abbiateci, ed., *Crimes et criminalité en France*, 187－261；and Deyon, "Délinquance et répression"。

刑事法庭的法官们对扒手偷儿严刑峻法,判以绞刑,处以肉刑,而对其他不会危及自己的犯罪行为却网开一面,比如人身攻击、强奸和通奸。

里尔的史学家们也在自己的研究中发现同样的规律。他们注意到,法国大革命的十年期间,构成犯罪的暴力行为大大减少,整个18世纪里人身攻击行为也大幅度降低,但谋财图物的犯罪却增加了。法官们不再惩罚渎神行为,对个别人不道德的行为也比较宽容,肉刑用得也少了。但对出身低微、身无分文的扒手偷儿,肉刑仍然继续使用。即便是小偷小摸也会被判以重刑。如果案犯是仆人、乞丐、劳工,那就会判得更重。巴黎和里尔的刑事法庭已经不再捍卫传统道德价值观,只是要保护有产阶级的利益不被无产阶级侵害。

巴黎的无套裤汉并不属于社会最底层,他们有稳定的工作、固定的住址和家庭,虽说不见得总能吃得饱,但还是有的吃、有的喝。犯罪分子最集中的地方是巴黎市中心,那里有最便宜的房子。而无套裤汉住在郊区。如此看来,革命引起的暴力事件和犯罪性质的暴力事件是各不相干;冲击巴士底狱和抢别人钱包的出发点完全不一样。即便是采取由下往上的角度看,这场革命所代表的也不是法国社会最底层的人群。

所以,历史犯罪学可以让我们看到很多科布的研究方法无法包括的行为与心理。这不是说科布错了,因为他写的那种历史很难用对错来衡量。但是他的印象主义式的历史研究没有什么前景。通过把他的犯罪研究跟其他搞社会科学的人所做的犯罪研究加以比较就可以看出,心态史的研究应该跟社会学通力合作,而不是与之势不两立,不共戴天。

死　亡

对死亡的研究也显现同样的规律。社会学家、人类学家、画家、诗人、殡仪馆的人都研究过死亡,就历史学家忽略对死亡的研究。尽管死亡一直是伴随生命的影子，可历史学家们硬是对它采取视而不见的态度。历史学家们喜欢生活中戏剧性的时刻，而不是人生中的常态——出生、童年、婚嫁、晚年，还有死亡。然而，常态也是变化的，尽管它变得比较缓慢和不知不觉。看看中世纪的人怎么面对和处理死亡，再看今天的美国人怎么面对和处理死亡，两者之间有天壤之别。中世纪时，死亡是人们信仰生活中一件很核心的事。一个要死的人会按照一定的礼仪规矩安排后事，把死亡看作是自己人生的一个高潮时刻，他面临的不是上天堂就是下地狱，他要拯救自己的灵魂就得死得得体。"从容谢世"成为 15 世纪最流行、最深入人心的文学与艺术的主题。

油画《最后一息》就描画了一个奄奄一息的人躺在床上，在他的周围圣徒和恶魔打得热火朝天，都要抢到他的灵魂。恶魔将他犯下的罪过一桩桩、一件件地展示出来，要他下地狱。如果他能够做到不傲慢、不绝望，他就会有个好死。画上的这个人双手合十，面朝圣城，向天穹呼出最后一口气。这口气从他嘴里袅袅升起，如同新生婴儿被天使们带到天堂。这样一个奇观反映了中世纪人们的现实感。这里面崇高和卑微搅在一起，看似普通平凡的事件中被赋予了超凡脱俗的意义。

中世纪和现代社会早期阶段的人都特别怕自己会猝死，因为这样的话他就不能在自己人生最关键也是最神圣的时刻有所作为了。很多人危在旦夕之际，医生第一想到的就是叫个牧师来。病人只要有哪怕是一丁点儿的死亡可能，医生也要预先告诉人家，不然人家就没时间做准备，也不能按照传统仪式在床上静等死神到来。这人生最后一幕是要在众目睽睽之下演出的。要想"死得体面"，当事人必须在弥留之际对挤在他床边的牧师、医生、家人和朋友，甚至连过路的看客总结自己的一生。要把仇人叫来，给予宽恕；把孩子叫来，给他们祝福；还要忏悔自己的罪孽，并得到最后一次祝福。遗嘱的具体内容当然会因死者的身份地位及事情发生的年代而有所不同，但一般都会对下葬和治丧有详细的指示。用什么棺木,点几根蜡烛,办怎样的葬礼,做几次弥撒,都讲得十分具体。死者下葬后,家人还要穿起丧服为死者守灵,哀悼期的长短有明确规定。等这些都过去了,家人们就可以重新开始生活了。经历了这样的过程,他们也就知道将来自己该怎么从容不迫地面对那一天了。

"死得体面"体现的是赫伊津哈所说的"文化理想"而不是现实。那年头,黑死病肆虐欧洲,人们朝不保夕,说死就死。碰上饥荒年月则饿殍遍野,死人嘴里都含着草根。逢上瘟疫发生,人们常常嘴里还有口气就被遗弃。尸体被堆积起来,一把火烧掉。没烧掉的也往往草草就埋了,谈不上什么葬礼仪式。无论是好年景,还是坏年景,死亡都是司空见惯的事情,人们对它也不陌生。像有关《死亡之舞》的大众文学一样,它甚至是戏谑和社会物议的对象。三百年、六百年前的欧洲,看死囚行刑就跟今天看体育比赛似的,小孩子们在仓房里藏猫猫说不定会踩到一个流浪汉的尸体,人们也会在墓地这样的地方玩耍、放牧、卖东西、喝酒、跳舞和调情。

按照菲利普·阿利埃斯的说法,现代人完全失去了对死亡的主宰地位。在美国,80%的死亡都是在医院里或者老人院里。大部分美国人都是孤独地死去,走的时候身边只有陌生的医护人员,而没有家人在旁边。牧师的角色也被医生代替了。而医生的专业背景满足不了病人的心理需要,因为他的职责是把死亡淡化处理。所以病人往往是糊里糊涂就离开了人世,对进入另一个世界毫无准备。对现代人来说,死亡好像不过是体温计上的度数降下了最后一格。

这个过程里面所表现出来的非人性方面引起了很多讨论。医学界、心理学界和社会学界的学者们也都就这一问题发表过著述。最近,医院和医学院做了许多改进,但这个问题不是靠调整医院管理就能解决的。正如赫尔曼·费福尔、罗伯特·富尔顿、W.洛伊德·华纳、阿维里·魏斯曼和其他社会科学家们的研究所显示的,这个问题在于美国文化中有个根深蒂固的对死亡的忌讳。

271

中世纪晚期的文学艺术涉及女人、污秽和腐烂的主题很多,这些都跟死亡有关。巴洛克艺术也用一种让人毛骨悚然的现实主义精神突出死亡这个主题。照詹姆斯·柯尔的观察,19世纪的陶瓷器皿中体现了维多利亚时代对死亡的讴歌与赞美。但是美国的殡仪师们把死人装扮得像活人一样,尸体还要放在密封的棺材里,再搬运到弄得像花园一样的墓地去。讲到死亡,美国人还弄出一些好听的说法,什么"过去了"啊、"终点站"啊、"不治之症"啊,等等。

在美国,跟死亡有关的那些规矩和仪式也被大打折扣。死者的遗属们既不穿黑色的丧服致哀悼,也不服丧期,而是该干吗干吗。守灵的传统几乎绝迹,很多死者家属对别人送花的态度也是觉得越少越好,他们还要求朋友们把捐款直接寄到慈善机构去。小孩子们常常不参加至亲的葬礼,父母总是回避跟他们谈论和死亡(而不是性)有关的事情,但却不回避和性有关的话题。葬礼上的行为准则也是以节哀为上。总统的遗孀们已经给大家做了不哭的表率,这跟以前的规矩截然相反,那时大家都得哭,不哭反倒不行。用淡化的方式处理后事并极度压抑悲哀的感情,这方面英国的白领阶层做得登峰造极。杰弗里·高乐在《当代英国的死亡、悲痛与哀悼》书里对此做了很感人的描述,称之为"仪式真空现象"。他认为,现代的人们没有了那些既成的表达哀思的方式,没有了安慰遗属的那些仪式,这是一件很悲哀的事情。杰西卡·米特福德也对"美国式的死亡"给予了强烈的批判。她认为,在美国商业利益取代了哀思的表达,商家利用人们对死者的情感来谋取利润。死亡和后事在当今英美两国的含义跟五百年前的情况真是不可同日而语。①

272

———————————

① Jessica Mitford, *The American Way of Death* (New York: Simon & Schuster, 1963); and Geoffrey Gorer, *Death, Grief, and Mourning in Contemporary Britain* (London: Cresset Press, 1965).

　　这样一个变化是怎么发生的呢？曾经写过《儿童的世纪》这本书的社会学史大师菲利普·阿利埃斯最先意识到这个问题的重要。他在最近的一本书《面对死亡的人》里，对这个变化的几个重要阶段做了探索。[①] 他认为，过去人们对死亡的传统态度是罗马帝国崩溃以后的一千多年里树立起来的。中世纪早期，人们把死亡看成是大家共同的归宿，稀松平常，无法逃脱，但也没什么可怕的，因为最终所有基督徒都会走进冥界，就像进入梦乡。直到基督第二次降生，大家都在天堂里苏醒过来。从 1000 年到 1250 年，这种态度开始变化，由强调集体共性到强调个人因素。从中世纪晚期到 18 世纪末，死亡的主要功能是强化人的自我意识。它是一个人在走向救赎的旅程中最要紧的时刻，弄不好可能就会给贬到地狱里去，就像前面提到的油画里描画的那样。所以说，死亡变得更有戏剧性，但本质上还跟原来一样。它还是一件大家都熟知的事，葬礼还是在众目睽睽之下举行，仪式也都一如既往。人们都想死得体面，无论是死在床上也好，不是在床上也好，但一定要有个忏悔的机会，这样死后面临天庭审判的时候才会有好结果。

　　到了 19 世纪，这套仪式被赋予了新的含义。死亡变成亲人之间的生离死别，由原来的稀松平常变成祸从天降、家遭厄运。负责安排后事的家人也显得悲痛欲绝。他们呼天抢地、捶胸顿足，让人想起 19 世纪浪漫主义文学和以酒神为主题的那些墓地雕塑。到了 20 世纪中叶，西方人为了避免伤筋动骨的大悲大痛，干脆淡化后事。先是美国，然后是英国、北欧，现在是拉丁美洲国家，大家都摒弃了传统的葬礼仪式，不让濒临死亡的人直面死神，而且把人生的最后时刻从家里转移到医院里。在

273

---

① 　Philippe Ariès, *Centuries of Childhood: A Social History of Family Life* (New York：Random House, 1965), and *Western Attitudes Toward Death: From the Middle Ages to the Present* (Baltimore：Johns Hopkins University Press, 1974).

那里,濒死的人被当成病人处理,他的弥留之际反映在刻度表上,纯属技术问题,而不是像在传统当中那样,由濒死的人主宰自己人生的最后一幕。

这是个让人震撼的叙述,有着典型的阿利埃斯特有的深刻与大手笔。但他说得对不对呢?在这一类讲人们在态度和心态变化的历史研究中,什么东西可以用来做证据以及怎么样证明自己的观点,没有明确规定。人们在世界观方面的变化通常都是极为缓慢的,也不会有明显的分水岭和转折点。写这种历史不能像以事件为中心的历史那样写。在事件为中心的历史里,某一场战斗、某一个选举获胜,或某一阵子股票市场的涨落,都可以十分精确。心态方面的变化得放在更广阔的历史背景中去考察。可阿利埃斯在他那本书的头一句话里就把什么都说完了,就好像他是年鉴学派的大使,要去约翰·霍普金斯大学汇报自己的研究进展,事先交代一下总体情况。

按照他的说法,西方人对死亡的态度经历了四个阶段的变化。从基督诞生到第一个千禧年结束,属于传统的"驯化"死亡阶段;从 1000 年到 1750 年,人们给予死亡以个性色彩;18 世纪末到 20 世纪初,家庭成员为哀悼逝世的亲人不遗余力;而过去三十年则出现了"忌讳死亡"的现象。也许他的说法听上去太一本正经,太法国气了。但这个说法有个大优点,那就是,他让我们看到,文化在不同的历史时期裂变速度是不一样的。西方人的态度以加速度的方式几经变化,直到目前变得连老家都不认识了。阿利埃斯把现在的情况入木三分地称之为"传统观念和情感世界脱胎换骨的时代"。

阿利埃斯对 20 世纪情况的论述驾轻就熟,因为他可以借助像高乐这样的社会学家的研究。高乐最先向我们展示了当代人对死亡的态度和处理方式已经如何排除了仪式的成分,又是如何地加入了自欺的成分。如果阿利埃斯能吸收死亡心理学、社会学和死亡学方面的研究成果,他的研究就还能更上一层楼。① 要分析过去的人们是怎么看待死亡的,能供他利用的现成东西少,但有待填补的空白却很多。他把不断变化着的人类意识中的一个未知领域替我们做了一次导航。就算他的研究不那么符合现实,我们也得佩服他的勇气。高乐可以通过科学取样、问卷、采访等方式去研究当代英国人对待死亡的态度,阿利埃斯要研究的是过去人们的态度,没有这份奢侈。他得在考古学、语言符号学、文学、法律、图像学等学科里披沙拣金,靠凤毛麟角、蛛丝马迹构建自己的理论。

　　虽然他的证据令人耳目一新,但它们既五花八门又凤毛麟角,这不免影响了他的结论的可信性。比如阿利埃斯说,人们对最后审判的想象从 7 世纪到 15 世纪期间发生了很大的变化。为了证明自己的论点,他提到一座 7 世纪的坟墓、五六个 12 到 13 世纪天主教堂里面的标本、一个 13 世纪的歌谣和一个 15 世纪的绘画作品。读者可以自己想象,这八个世纪里有过多少艺术作品,这里面又会有多少相反的例证。但他对这800 年的历史只用了四页纸,蜻蜓点水,一带而过。

　　而为了证明 13 到 18 世纪期间死亡变得具有个性色彩,阿利埃斯强调教堂里人们捐赠的牌匾的重要性,并引用了一个 1703 年的例子。为了说明中世纪病榻上弥留之际的公共性,他引用一条 18 世纪晚期的证据。他在取证上天马行空,不分地点,不计年代,让读者跟着他从阿瑟王的圆桌跳到托尔斯泰的农奴,再跳到马克·吐温的淘金一族。对证据的这种牵强附会的使用很有问题,因为古代习俗的遗迹在现代西方到处可见。除非你有硬性证据显示某个习俗曾经风靡一时,否则你就不能说它

275

---

① 关于这个题目出版的文章著述之多,充分显示了在死亡问题上我们目前所面临的危机。具有代表性的论述可参阅: Herman Feifel, ed., *The Meaning of Death*(New York: McGraw-Hill, 1959); Robert Fulton, ed., *Death and Identity* (New York: Wiley, 1965); and Hendrik Ruitenbeek, ed., *Death: Interpretations* (New York: Delacorte, 1969)。

在后世的继续存在只是辉煌过去的一个回声。做宏观历史研究并不意味着可以放松证据方面的要求。

针对大众的研究难度最大，因为一般老百姓风风雨雨活了一辈子，却没留下什么痕迹，我们无法知道他们是怎么看待生死问题的。阿利埃斯基本上是回避了这个问题，把研究重点锁定在精英文化和上流社会。他如果想探讨中世纪人们的态度，他就翻《罗兰之歌》。而到了19世纪，他就依赖拉马丁和布龙斯特。他不断引用艺术史上的例子，但通常只限于精英艺术。

这一倾向最突出的例外、也是他那本书最有创意的部分，就是他讨论下葬方面的习俗和墓地设计的那一章。他说，罗马时代的贵族死后都下葬在单独的墓室里，这些墓室都修建在城外。早期基督徒反其道而行之。他们一门心思地认定，死后一定要葬在离圣人遗体比较近的地方，所以要葬在城市中心的教堂里。在以后的一千年里，这种下葬方式本质上一直都有很强的群体性。有钱的人和有家庭背景的人埋在教堂的石板地底下，普通人则在教堂院子里挖个沟就埋了。等这些地方都用完了，死人的遗骨还得挖出来搬家，移葬到一个专门的地方。在那里，这些遗骨被精心地摆置起来，展示出一种阴森森的美感。同时，牲畜、小孩子、店伙计还有婊子，都在墓地里出没。

直到18世纪末，欧洲人对生死之事的态度乱七八糟，还觉得这挺自然。到了18世纪末，法国有头脑的行政官员觉得把人埋在教堂里既不卫生也不得体，开始禁止在教堂里下葬，墓地也都给移到了城外。这时，连普通人也都有自己单独下葬的地方。到了19世纪，刻着死者生平的个性化墓碑被看作是墓地必不可少的一部分。家人可以自己挑日子来此寄托哀思，也可以在固定的扫墓日来扫墓。特别是在拉丁传统的欧洲国家里，一种新的、对死亡的肃穆感开始出现。在这些国家里，富丽堂皇的墓室建筑彻底改变了墓地的形象和面貌。然而，到了20世纪上半叶，

276

这种趋势突然逆转。在当今的英国,大部分人死后都给火化了,不留下一点人生痕迹;死者的遗属们也很少为死去的亲人设牌立位,也不大会在火葬场提供的缅怀册上写下什么东西。

所以,这样一个下葬习俗的历史变化证明了阿利埃斯的观点,即,西方人最先是把死亡看成是所有基督徒都理所当然要面临的一个集体性的命运。后来又把它看成是个人一生中最崇高的时刻,再后来又注入家庭亲情的含义,最后则是以轻描淡写、若无其事的态度而告终。美国的情况不大符合他的这个说法。美国人一直不愿意火化,也有专门的殡仪馆主持仪式,墓地也都修得很豪华。阿利埃斯没有解释为什么他说的这个变化过程在美国不凸显,可他前面说过淡化葬礼仪式的"革命"是在美国而不是在英国最先发生的;英国是后来居上,把淡化革命搞得登峰造极。但不管怎样,阿利埃斯发现了一些西方文化中很有意思但又鲜为人知的方面。

总体上说,阿利埃斯是用精英文化提供的材料来揣摩大众心态。这一方法很不可取,特别是用在近代史研究中的话就更不合适。不错,中世纪的时候精英文化和大众文化尚未分道扬镳。像欧文·帕诺夫斯基这样的艺术史家,还能从教堂历史遗物中解读出其中所表达出的普通百姓的宇宙观。米亚尔·梅斯在他那本《黑死病之后佛罗伦萨和锡耶纳的绘画作品》中,把艺术风格上的潮流同中世纪晚期的时代危机联系起来,黑死病在这个危机中起了很大的作用。赫伊津哈在他那本《巡游中世纪》里也讨论了这个危机,他这本杰作就是受了万·埃克斯的绘画作品的启发才写出来的。阿尔贝托·特能蒂在《文艺复兴时期死亡的意义和生活之爱》《透过艺术看 15 世纪的生与死》二书中也试图通过文艺复兴时期的艺术作品窥测当时人们的精神世界,但做得没有赫伊津哈到位。研究中世纪和文艺复兴时期文学的史学家们,比如让·罗塞和西奥多·斯宾塞,也探讨了精英文化与一般人们对待死亡的态度两者之间有什么

277

联系。这个视角在研究伊丽莎白时期的悲剧时最为有用,特别是分析像
《费尔丽王后》这种剧目时其价值格外明显。凯瑟琳·多勒就指出过,
这部戏里包含的若干主题都源于《最后一息》。

所以,阿利埃斯有丰富的学术资源可以借鉴,而且他在借鉴中充分
发挥了自己的想象力和渊博学识。也许有点遗憾的是,他本应该参考玛
丽·卡特琳娜·奥孔博和南茜·李·贝蒂对《最后一息》所做的透彻研
究,可他却死抱特能蒂。他也没能充分利用 J.M.克拉克等人对《死神之
舞》做过的详尽的研究。但是我们不能怪他没有在自己那本《心态史》
里吸收传统文化史研究的成果。他的错误在于没有认真对待艺术作品
和文盲百姓之间的关系。精英文化究竟是什么时候、又是在什么程度上
跟下层社会脱离开来? 这一问题对研究民心民情至为重要,但阿利埃斯
很少考虑到社会等级这个因素。

高乐发现,在当代英国不同的社会等级之间对死亡的反应有巨大的
不同。比如,一个人的社会等级和地位越高,他孤零零死去的可能性就
越大。在劳工阶层,三分之一的人咽最后一口气的时候有家人在场;但
在上流社会和高薪阶层,这个比例只有八分之一。劳工阶层好像对死亡
更坦然、更少畏惧,旧习俗在他们那里也好像保存得更长久。比如人死
后要把窗帘拉起来这个习俗,在劳工阶层中有五分之四的家庭会这么
做,中产阶级当中有三分之二的家庭会这么做,而中产阶级的高层和拿
高薪的那部分人当中根本就没人这么做。死亡的文化含义在不同的社
会组群里会有极大的差异,其历史变化的规律也会因组群而异。阿利埃
斯完全忽视这些差异,一门心思要找出一个反映整体西方文化的规律。
他不但假想有这样一个规律,而且认定他可以通过研究精英文化来找到
这个规律。

他的假想虽然没有被证明,但可能是对的。阿利埃斯也可能真的给
我们把西方人对待死亡的态度弄出了个大致轮廓。但他是怎么解释他

所假想的那些规律的？我们可以在他早期对儿童和家庭的研究中找到答案。他认为，早期人们无论男女都是一生下来就进入社会群体，被视为某个集体的一员，根本就没有清楚划分的童年阶段，也没机会建立很强的家庭纽带。到了 18 世纪末，家庭承担了教育孩子的职能，童年也才第一次被视为人生发展中的一个关键阶段。当时人口情况出现了一些变化，儿童存活率升高，婚姻中一方早夭的情况也减少，家庭成为社会中最重要的组织，这才有了 19 世纪对死亡郑重其事的态度。与某些人说的相反，19 世纪以后，家庭成员之间的亲情不但没有减少，反而增加了。所以，对于一个现代人来说，一旦家里有人去世，他会悲痛欲绝，因为他的全部感情世界都凝聚在家庭之上，家庭之外他一无所有。所以一旦有某个家庭成员死了，他也只能靠那点儿残留的、内容已经空洞的传统仪式和宗教形式来帮助自己度过这一人生艰难时刻。

279

　　如果阿利埃斯讲童年历史的那本书里的立论能站得住的话，那么他上面的说法也会让人觉得有道理。《儿童的世纪》是一本写得很棒的书，但它太过于依赖教育史，特别是中学和大学教育的历史。进入现代以前，大部分孩子都没有受到过正式教育，学校对于普通百姓怎么看待童年不会有太大的影响，但是所有的孩子都有父母和家庭。跟阿利埃斯说的相反，无论是西欧还是世界别的地方，家庭都一直在儿童的社会化过程中扮演重要的角色。① 在西方，家庭的凝聚力在不同的历史时期可能有很大差异，也许像他说的，今天比以往任何时候都更强。但是我要说，中世纪时期，家庭纽带可能一点也不比现在弱。历史上人们对死亡一事在态度上有怎样的变化呢？他对此所做的解释是建立在家庭史研

---

① Ariès 似乎完全忽视这一关键点令人觉得奇怪，因为这一直是人类学当中的一个中心命题。参阅 G. P. Murdock, *Social Structure*（New York, 1949；reprinted 1965, The Free Press）。

究的基础上的。但因为他的家庭史研究本身就有很多问题,他对死亡问题的讨论也就变成了皮之不存,毛将焉附。

从根本上说,阿利埃斯跟科布一样,是把自己的立论建立在笼统感觉和泛泛印象的基础之上的。把他的研究跟米歇尔·沃维勒《18世纪普罗旺斯的巴洛克虔诚与非基督教化》一书中就同一问题所做的社会学研究加以比较,阿利埃斯的研究方法的缺点就显得非常突出。

280　　　这样的比较可能不大公平,因为他们写的东西分属不同的领域。阿利埃斯写的是一篇论文,这种体裁就是给历史学家以提出创见的机会,让他们去碰那些重大课题,并提出带有普遍性的大问题,同时又不必觉得自己一定得证明什么。作为一篇论文作者,阿利埃斯可以在一百页里纵横驰骋两千年,就算他的粗线条糙笔触没能切中肯綮,他那些独到的设想还是丰富了历史研究。沃维勒的历史写作走的是另一条路线,他研究历史采取的方法是,专注于一个具体问题,然后上穷碧落下黄泉,搜集资料一丝不苟,最后写出一本传世之作。

沃维勒找到一个办法,能让他知道18世纪法国普罗旺斯省的普通老百姓是怎么看待生死之事的。加布里埃尔·勒布拉斯和其他社会学家有关宗教的研究让他看到,通过对普通老百姓的宗教行为进行量化分析,完全可以揣摩出他们宗教生活的实际经验。一定的行为模式体现一定的思想态度。但是到哪儿去找到有关宗教在过去情况的系统资料呢?沃维勒找到一种最古老、也最少被别人用过的材料——遗嘱,共19 000多份。跟今天那种千篇一律、满纸法律条文的遗嘱不一样,18世纪的遗嘱给我们提供了详细的死者生前的精神世界情况。大部分遗嘱都是由死者生前口授给公证人的,所以我们可以看出其精神状态已经不是很好。但是公证人里什么样的人都有,所以他们写下的遗嘱也多种多样。即便他们写得很格式化,我们还是可以看出很多东西来,因为这里面有规律可循,特别是死者生前的行为模式。通过研究普罗旺斯地区

100 多年里遗留下来的巨大数量的遗嘱,并不断对自己的数据和方法加以检讨核对,沃维勒发现,人们对死亡的理解以及围绕死亡而搞的那些仪式在 18 世纪经历了巨大的变化,其程度不亚于阿利埃斯所讲到的20 世纪的变化。

　　17 世纪晚期和 18 世纪初期,写遗嘱的人总是把自己描述成圣灵的信徒,希望得到宽恕,并到天堂里与其他的圣徒和天使相聚。垂死的人先以圣父、圣子、圣灵之名在胸前画十字,然后向一大串神灵的名字祈祷。首先是圣母玛利亚,然后是自己的守护神,最后还要求一批别的神灵,特别是圣玛利,因为圣玛利在最后审判那一天执掌天平,还有圣·约瑟夫,因为他掌管死前身后这点事。这些遗嘱是特地针对每一个基督徒都不可回避的庄严时刻而写成的。到了 18 世纪 80 年代,大部分外省的遗嘱都把传统的套话简化成一句话:"愿上帝接受他的灵魂。"圣母玛利亚和其他的神灵都没了,天庭天使也都不提了,连耶稣基督也退居到背景中去,而天父上帝有时也只是以"神域"的面目出现。很多遗嘱彻底摆脱了宗教色彩,有的干脆把死说成是"来于自然,归于自然"。 281

　　当然,遗嘱在写法上的变化跟司法条文方面的变化有关系。遗嘱的主要职能已经变成财产移交工具,而不再是表达宗教情感。但它还是继续对死亡仪式作出相应规定。这些仪式的变化显示出,宗教内容和法律条文都服务于新的世俗需要。18 世纪早期的葬礼繁文缛节,特别是有钱人家和名门望族就更是如此。一大队人抬着棺材,按照事先预定的路线,在城里兜几圈之后再把死者送到教堂。13 个雇来的伙计每人都一手持火把,一手拿着布条。火把上刻着死者生前用的个性化图标或名字。教师和修女们都穿着黑袍,还有若干医院的代表和一大帮孤儿和贫民,再加上死者所属教会的教友。这些人都拿着火把或蜡烛,将整条街照得通明透亮。四处响起的钟声让人们知道有人刚刚过世。葬礼是做给人看的,来的人越多越显出气派。这些仪式体现出一定的秩序以及死 282

者在那个秩序中的位置。宗教仪式的繁琐程度取决于死者的身份地位。完事之后,送葬的人还要向等在教堂门口的乞丐们分发些零钱,最后是遗体下葬。如果是贵族就葬在自家的墓室或墓殿,如果是名流要人就葬在教堂的石板地底下,如果是平头百姓就葬在公共墓地。死者生前在遗嘱里把所有这一切都交代得清清楚楚,连要用多少根蜡烛都得照章办事。死者要通过这一切增加自己进天堂的机会。他还要通过向穷人施舍钱财来赎自己生前犯下的罪孽,因为受了他施舍的穷人会为他的灵魂祷告。他还要出资赞助成千上万的弥撒,要今后做弥撒的人永远都会在特定的日子念叨他的名字。

到了 1789 年,巴洛克式的葬礼在普罗旺斯省已经几乎绝迹。在马塞勒地区,搞葬礼游行的人数少了四成(这个数字基于 5% 到 20% 的抽样遗嘱。这些遗嘱中的三分之二来自社会的中下层或下层),而且有一个趋势,那就是,越来越多的人要搞简单的仪式,不想弄得很招摇。什么游行啊、火把啊、敲钟啊都几乎消失了。穷人也失去了他们在葬礼过程中的重要角色,因为现在没人觉得他们的祷告有什么用。贫穷日益被视为财拙物窘,而不反映精神状态。四处流浪的乞儿被从教堂门前赶到指定的区域,靠慈善机构接济。这些慈善机构奉行的是世俗人道主义原则,而不一定是基督教普爱众生的思想。跟教会有关的慈善机构的重要性明显降低,遗嘱里面提到神职人员的时候也少了,提到的那些人也都年纪比较大,而且往往不是专职神职人员。死者也不再坚持按照符合自己社会身份的老一套方式下葬,而是一切都让后人决定。在马塞地区,1776 年国王下令禁止在教堂里下葬。以前写下的遗嘱里,对应该葬在哪里根本无所谓的比例从 15% 增加到 75%。总之,在普罗旺斯地区,已经没有人觉得老百姓需要担心自己灵魂能否得救。这个地区的中上层家庭做弥撒的申请也减少了,从 80% 降低到 50%。弥撒的平均数也从 400 降到 100。做弥撒的家庭的百分比在别的组群降幅更大——拿薪水的工人和海员当中,这个数字从 60% 降低到 20%;在农民当中,这个数字从 35% 降到 16%。

沃维勒研究过的所有数据都显示,18 世纪中叶,葬礼的传统宗教含义日益降低,变得越来越世俗化。事实上,我们完全可以把 18 世纪分成两个阶段:1680 到 1750 年是传统宗教态度占统治地位的阶段,而 1750 或 1760 年到 1815 年是个非宗教化的阶段。在这一阶段,旧制度末期燃烧起来的反基督教烈火已成燎原之势。沃维勒自己并没有对传统的历史阶段划分提出公开挑战,但他从人口史、经济史和思想史研究中搜集来的数据却不言自明地指向这一结论[1]。不过,他确实是按照年代顺序、地理位置和社会结构来分析他的材料的。如此一来,他写的东西就不再是简单的描述,而是上升到阐释的高度。

首先,沃维勒通过整理 1 800 份遗嘱,先把年代次序弄得清清楚楚。这些遗嘱来自全省各个地区,涉及 600 多个公证人、198 个地方和普罗旺斯地区一半以上的城镇和村落。尽管这些遗嘱不反映普通百姓的情况,它们显示出人们态度上的变化经历了四个阶段。从 1680 到 1710 年,宗教因素呈增加之势,沃维勒把这一情况归之于 17 世纪宗教复兴的余波和对宗教改革运动的抵制。1710 到 1740 年,宗教影响呈下降趋势,这个情况跟普罗旺斯地区詹森教派引起的轩然大波同时发生。1740 到 1760 年是个稳定阶段。1760 到 1790 年是非基督教运动达到白热化的阶段。

这样一个叙述显示,詹森教派和启蒙运动可能起了传统宗教掘墓人的作用。尽管詹森教派只是要以更投入、更内心的方式信奉上帝,在法国人眼里他们骨子里更像是一帮清教徒。而且,在 18 世纪早期,詹森教派引起了法国不同教派之间的一场激烈论战。与此同时,销声匿迹了一段时间之

---

① 这些领域里的很多著作都把 18 世纪中叶看作是旧制度的转折点。参阅 Pierre Goubert, *L'Ancien Régime* (Paris: Armand Colin, 1969 and 1973), 2 volumes。

后,启蒙运动在 18 世纪中叶再次异军突起,并且在后来的 50 年里广为传播。但是这两个思想运动渗透到法国社会的程度究竟有多大呢?

沃维勒精心挑选了 12 个点,并对它们进行仔细研究,目的是要探讨文化渗透当中的诸种问题。在几个学生的帮助下,他把搜集到的遗嘱进行了深入细致的分析。这些遗嘱来自马塞的公证档案,普罗旺斯地区南部的一个小镇和一个村庄,两个普罗旺斯省北部的镇子。他还选了另外七个镇子和村庄,选择标准取决于这些地方受詹森教派和清教影响的程度。他对每一个地方的分析都老到深刻,都可以当之无愧地作为一个独立研究来看,而且对文化和精神生活的某些方面做到了言人所未言。

285

以洛克威尔为例,这是马塞附近的一个小村子,1765 年时有 2 500 人。村里三分之二的人死前都会写下遗嘱,其中有四分之三的人是农民。沃维勒研究了 1690 到 1790 年间五个抽样调查,一共 500 份遗嘱。他用这样一个相当有代表性的数据去探讨乡村社会里草民百姓对待死亡的态度。结果他发现,百姓们在态度上的变化远较有头有脸的人们来得迅速和彻底。这种情况在全省各地皆是如此。1700 年,80% 的小地主要求做弥撒的时候说些让自己的灵魂得救的话,到了 1750 年这个比例上升到 100%,而到了 1789 年这个比例降到 30%。但在名门望族那儿,这个比例是从 75% 降到 60%,变化幅度远没有那么大。在匠人和店铺主那里,降幅也很大,从 50% 降到 16%。其他的数据也为这一趋势提供了旁证。比如,要申办葬礼的人从 23% 跌到 2%;再看教友死后捐给教堂的财产情况,以前 55% 的教友会这样做,后来只有 1%;遗嘱的措辞也从原来充满宗教色彩的华文丽句过渡到完全世俗化的语言。

所以,在总体上,非宗教化的趋势在下层社会比在上层社会更为突出,至少在普罗旺斯省是这样。在这个地区,经济和人口增长最大,人们在不同阶层和不同地域之间的换位和流动情况也最多。沃维勒在普罗旺斯省北部的偏远地区还发现一个世外桃源。在一个叫巴塞罗那的村子里,宗教习俗几乎一成不变。在那里,抵制宗教改革的势力闭关自守,将各种"异端邪说"拒之于门外。18 世纪初,村里 92% 的遗嘱里都要求做弥撒;到了世纪末,这个百分比还能维持在 81%。另外一个叫曼诺斯克的村子,也是个穷乡僻壤的地方,那里更是"不知有汉,遑论魏晋"。那儿的人过去没像山区的人那样对宗教信仰那么虔诚,后来也没有随波逐流跟着别人一块淡化宗教。那里的人写下的遗嘱大约有 20% 要求做弥撒,属于比较低的比例,但这个数字一直很稳定不变。不同地区之间的比较显示,人们在观念态度上的变化同社会经济密不可分。18 世纪后半叶,社会各阶层之间出现了开放性的相互流动,经济不断发展增长,人的寿命也逐渐延长。这些是不是带来了具有现代性特点的世界观呢?

286

　　沃维勒好像是这么看的,但他不愿意做笼而统之的概括,而宁愿集中精力只关注文化因素的作用,所以他的叙述中才那么强调詹森教派和启蒙运动。他发现,越是在詹森教派根深蒂固的地方(比如像匹甘斯和孔狄亚克)和清教影响没被肃清的地方(比如库寇仑和佩尔蒂),非宗教化运动就来得越彻底。但是,在詹森教派鞭长莫及的地方(比如布利厄克斯和塞内兹),正统天主教以少见的铁腕手段重建自己的霸主地位,使当地遗嘱里面要求弥撒的比例有所上升而不是下降。这一上升趋势直到旧制度末年才陡然跌落下来。沃维勒的书里从始至终都把遗嘱里面要求做弥撒的比例看成是反映人们对待宗教态度的重要晴雨表,所以,如果说詹森教派预示了基督教式微的社会潮流的话,那也主要是在南方那些流动人口当中。①

　　沃维勒的很多图表都显示,1760 年以后,非宗教化的趋势到处可见,而且这同启蒙思想的普及扩散情况成正比。但是态度和观念表现出

---

① Vovelle 就有这种倾向。这在那些从马克思主义角度研究 18 世纪的著作中日渐重要。参阅 *L'Humanité*,February 18,1972,p.8。

不同的心理状态。人们不再用宗教那一套来处理后事,并不意味着伏尔泰的理论学说已深入人心。而且,启蒙运动深入普及到什么程度,这是个无法测量的事情。面对这样一个问题,沃维勒把老百姓的教育程度用来做衡量的尺度,但他也承认这个尺度很不准确,不是很可靠。要了解老百姓识文断字的程度,遗嘱上的签名是目前唯一的线索。沃维勒通过研究这些签名,得出一些非常重要的数据。这些数据证明,以前研究过这一问题的马吉奥罗说得不错。马氏一度影响很大。他指出,法国南部教育程度很低,19世纪反宗教的人都认为普及教育会弱化宗教影响,他认为那是瞎掰。他在研究中发现,有些村子(比如巴塞罗那)村民受教育的程度高和宗教势力强大并行不悖;而另一些村子(比如沙龙)村民受教育程度低,但宗教的重要性也相对淡化。他还让我们看到,在有些地方目不识丁的农民和劳工远不像识文断字的达官贵人那样拿宗教当回事。所以,即便教育水平的提高和启蒙运动的传播两者之间有同步现象,也不能据此就说它对人们如何面对死亡和处理后事有对应关系。

马塞地区的情况好像很特殊。沃维勒发现这儿的中下阶层比其他地区的中下阶层受教育程度高,但宗教倾向却很低。但他的有些数据不大可信。比如,他在第377页上说,到了1789年农村妇女中,识字的人达到45%,而男人当中则降到0。但总的说,这些数据说明在城市里,淡化宗教的倾向和教育程度的提高两者之间的同步发展只是历史偶然,当然,在不同的社会阶层那里两者的同步情况有所不同。在有钱有势有文化的人群中发生了分化,贵族们抱守宗教残缺,新兴资产阶级则抛弃了基督教。到了1789年,四分之三的男性劳工、工匠和小店主都能签自己的名字,他们当中的绝大多数都已经不再要求通过弥撒赎救自己的灵魂。

沃维勒觉得对死亡和后事的态度跟阶级地位有关。有人说,启蒙运动主要是在精英们当中有号召力,而这些精英有的是贵族出身,有的不是。沃维勒的研究跟这样的说法相左。他的结论很符合马克思主义。

马克思主义认为,启蒙运动反映的是资产阶级的意识形态。但是沃维勒 *288*
使用的数据却显示,人们态度上的变化不只是个意识形态的问题,还需
要作进一步的研究。比如,男人和女人在宗教行为方面有着泾渭分明的
不同,这个性别方面的差异在社会下层当中表现得尤为突出;男女之间
在受教育的程度上也存在巨大差距。所以,在 19 世纪,目不识丁的女仆
往往比她的女主人更虔诚;男性劳工躲到小酒馆里喝酒看报纸,而他们
的文盲老婆们却跑到教堂去做礼拜。沃维勒对习俗和观念这类问题的
研究很有见地。他发现,早在受到启蒙思想冲击之前人们就已经在观念
上发生了翻天覆地的变化,因为有了这个前提,普罗旺斯省的人接受起
开明进步观念来才很容易。这跟启蒙运动没有直接关系。

　　可人们观念上翻天覆地的变化究竟是怎么发生的,至今还无人能说
得清楚。把它说成是“精英一马当先,百姓随波逐流”未免过于简单,归
之为教育的普及和城市化的发展也嫌挂一漏万。宗教被淡化的情形在
社会和经济变化大的地方表现得最为突出,而詹森教派、清教运动和启
蒙思潮的冲击可能强化了这一倾向。但是我们却不能用社会经济方面
的变化来解释人们对宗教态度的变化。沃维勒让我们看到的是,在马塞
地区大的社会事变对人们的宗教观念和态度的影响有限。1720 年那场
大瘟疫使马塞城里的人口死了一半,接下来,大批外地农民背井离乡迁
徙到这里,使得城里的人口在比例上有一半都是外乡人。但这些都没有
改变当地人对宗教的态度。沃维勒对此所做出的解释有点“车轱辘逻
辑”的味道:人们对宗教在态度上有变化,是因为他们的态度有了变化。

　　总的说来,他的解释能否说得通取决于你怎样理解他书名里的用
词。他的书名告诉读者,他要考察的是从巴洛克时代的宗教虔诚到后来
基督教影响衰落的历史变化。但他没有说明究竟何为“宗教虔诚”,也
没有界定什么算是“基督教影响衰落”。相反,他利用人们对这些词汇 *289*
的联想来描述态度和行为方面的变化,以及这些变化所呈现出来的规

律。但是"巴洛克"是个格外模糊的概念，它对不同的历史学家有不同的含义。很多人听到"巴洛克式的美感""巴洛克式的道德"和"巴洛克主义"这样的词汇都会瞠目结舌，不知所云。

说基督教影响衰落也有问题。因为沃维勒使用的材料大都讲的是在处理后事方面，人们不再像从前那样一板一眼地坚持传统方式和遵照习俗。但这只能说是传统和习俗的式微，而非消亡。到 1789 年为止，外省有头有脸的人当中仍然一半以上会在遗嘱中要求为他们的亡魂做弥撒。人们不再遵守"巴洛克"那套规矩并不等于摒弃基督教。事实上，淡化宗教仪式可能是出于归本还真、增加宗教纯洁性的考虑。英国的清教徒们就是这样做的。阿利埃斯对沃维勒的数据的解释是，出现的这些变化是因为家庭的重要性有所上升所引起的，而不一定反映处理后事传统仪式的衰落。他认为，死者生前不再面面俱到地安排自己的后事，是因为他们确信家人会把后事处理得很得体。这种信任是以前所没有的。沃维勒的数据详尽周到，但他对这些材料阐述不足，所以，对这些数据可能还有别的更恰当的解读。

很多出色的历史研究已经对 18 世纪法国的经济与人口情况有定论。对沃维勒的批评也可以应用在这些研究上。马尔萨斯曾经做过一个统计，认为法国人口的上限不会超过 2 000 万到 2 500 万。到目前为止，我们还是不清楚为什么人口增长突破了这个上限，为什么旧制度的最后 50 年里农产品价格增加了一半，又为什么发生了一场革命。我们再来思考另一个更为深奥的未解之谜：为什么人们在观念和态度方面的变化大都跟生死之事有关？这些变化都跟当时正在崛起的新世界密不可分，这个新崛起的世界在我们今天看来具有现代的特点，但是我们怎么解释这些复杂的关系呢？沃维勒向我们展示了一个前人不曾涉足过的人类经验领域。即便他没能回答他自己提出的问题，但他的研究给我们探索历史中的大问题提供了一个新的思考方向。

他的研究工作的重要性需要得到强调,因为没几个读者能弄明白他 *290*
那些数据的意义。他的书在数据使用上有着清教徒般的严谨。书里面
的 112 个表格和图形都不是电脑做出来的,也没有用相关系数偷懒。面
对这些东西,谁看了都会头大。可是让历史研究搁浅的往往是那些大而
无当的讨论,特别是探讨世界观、社会舆论和时代精神的文章著述尤为
含糊其词。要超越布克哈特,心态史研究需要找到新的方法和材料。沃
维勒的量化方法和社会学角度使他能够描述出特定社会组群在世界观
方面所经历的重要变化,而这些社会组群的生活情况因为史无记载,使
我们过去对此一无所知。沃维勒的研究让这些人的历史浮出水面,而这
是阿利埃斯没有做到的。

结 论

历史研究中有很多被遗忘了的男男女女,心态史研究就是要进入他们
的内心世界,这是它同其他各种常规思想史研究的不同之处。要进入前人
的内心世界,就得关注人类生存状态中的那些根本的东西,了解当时的人
们怎样看待生死之事。但研究心态史的人也要留心大众文化,从民俗民风
到盲流、家庭关系、情色天地;要了解人们对什么恐惧,为什么疯狂。对这
些五花八门的课题,心态史研究者要用不同的方法对症下药:统计学、人口
学、经济学、人类学、社会心理学——哪种方法有效就用哪种。[1] 尽管目前

---

[1] 举几个尚未发表的著作的例子: Pierre Chaunu 正在研究巴黎人对死亡的态度在几个
世纪里的演变;Jean Delumeau 正在研究西方各种各样的恐惧;J. -L. Flandrin 在研究旧
制度农民们的温情表达形式和性行为;E. -M. Bénabou 在研究 18 世纪巴黎的放荡与淫
乱。J. M.Gouesse 在研究现代早期法国对婚姻的态度。作为一本成功地把人口学与
对死亡的态度联系到一起的书,参阅 François Lebrun, *Les Hommes et la mart en Anjou
aux 17ᵉ et 18ᵉ siècles* (Paris,1971)。相关研究写成的论文发表在 *The New York Review
of Books* (June 13,1974)。

要对心态史的研究做全面评估还为时过早,但对这个学科的初步窥探,特别是通过对科布的研究与历史犯罪学的对照、阿利埃斯与沃维勒的对比,我们还是得到一些方法论上的启示。那就是,要研究心态史也好,要弄清楚某一时期的社会舆论也好,我们必须在某一个社会科学学科里有个牢固的立脚点,再由此出发去把精神领域的现象和经验同社会与经济的现实联系起来。切不能只靠直觉,含糊其词。

291 　　这样一个结论听上去好像很常识,如今,没有几个历史学家会反对在历史研究中应用社会科学的方法。但大家在如何应用的问题上却莫衷一是。我们是把社会科学各个学科都过一遍,一个一个地试,直到找到某一个最适用的学科为止呢,还是不分学科,博采众长?要把态度和观念上的变化同社会经济发展情况挂上钩,博采众长的做法也不一定很奏效。

　　沃维勒的研究在"知其然"方面做得游刃有余,但在解释"所以然"方面则做得略嫌不足。这可能反映了心态史研究本身的弱点。按照皮埃尔·肖努的定义,心态史属于历史的"第三层",是上层建筑的一部分,处在社会和经济这些更根本的层面之上,同时也随这些层面的变化而变化。① 从这样三个层面的角度去看历史变化,同马克思主义史学传统不谋而合,而且同注重功能的社会科学相得益彰。至于应用量化方法

---

① Pierre Chaunu, "Un Nouveau Champ pour l'histoire sérielle: le quantitatif au troisième niveau," in *Mélanges en l'honneur de Fernand Braudel* (Toulouse, 1973) 11: 105 – 125. 这个概念性框架好像已经决定了许多法国历史著作的组织结构。Thus Lebrun, *Les Hommes et la mart:* part 1, "Structures économiques et socio-geographiques," part 2: "Structure démographique," part 3: "Mentalités"; F.G. Dreyfus, *Sociétés et mentalites à Mayence dans la seconde moitié du dix-huitième siècle* (Paris, 1968): part 1: "Economie," part 2: "Structure sociale," part 3: "Mentalités et culture"; Maurice Garden, *Lyon et les lyonnais au XVIIIᵉ siècle* (Paris, 1970): part 1: "Démographie," part 2: "Société," part 3: "Structures mentales et comportements collectifs."

研究心态史那更是顺理成章，因为统计数据所能揭示的观念态度方面的规律属于第三层面的现实。但是，沃维勒根据马克思主义原则，从功能和量化的角度研究历史，却发现他的那些数据和图表显示出来的曲线跟马克思主义基本观点不相符。人们的观念和态度并不总是反映社会和经济现实，或随着社会和经济的变化而变化。

　　由布克哈特、赫伊津哈和吕西安·费弗尔所开创的文化史研究可能被他们的继承人误解了。这些早期的大师都很强调文化的相对独立性，从不把文化看成是社会的附生品。他们对文化的理解跟今天人类学者的看法差不多。人类学者认为，人类是一种渴望意义的动物，他们需要对自己的社会存在进行意义整合。① 这样的观点很可能导致对第三层面的突破，使学者们能够用更新的研究方法去分析和解读法国人从自己历史的丰富矿藏里挖掘出来的许多宝贵史料。不管我这个预言会不会实现，心态史研究已经不容置疑地成了一个重要的研究领域，并且让历史学家们从新的角度去看待人生。

292

---

① Clifford Geertz 对此有过很好的表述，参阅 Geertz, *The Interpretation of Cultures* (New York: Basic Books, 1973)。

第 5 部分

相关学科与触类旁通

第十三章　历史与知识社会学^①

　　近代大部分时间里,文人似乎都说法语,不管他是不是生在巴黎。他从"踩死败类"到"糜平资产阶级"的战斗呼声,回荡在塞纳河左右两岸,响彻寰宇。如今,约翰·洛夫和丹尼尔·罗什都对这个群体做了研究,使我们可以追溯文人在法国崛起的历史,并把他们放在充满法国特色的文坛机制中进行考察。虽然别的国家也有文坛,但在法国它的情形更为特殊。

　　在《法国的作家与公众》一书中,洛夫主要是讨论作家们是怎么获得经济独立和社会地位的。他们常年要看赞助人喜怒无常的脸色,跟小气吝啬的出版商周旋,跟愚昧无知的公众打交道。令人意外的是,在这个过程中赞助人的作用一直没有降低。^② 我们知道,中世纪的艺人只能靠王公贵族的残羹冷炙生活。难怪17世纪的剧作家拉辛一旦拿到宫廷的固定薪俸后,就再也不写剧本了。洛夫的研究让我们看到,作家们的生存依赖有钱有势的人的情况一直持续到19世纪。雨果每年从路易十八和查理十世那里拿到2 000法郎。夏勒·X.戈蒂埃有个荣誉图书馆馆员的身份,每年可以拿到6 000法郎,此外,他还从路易·拿破仑那里拿3 000法郎。福楼拜也是靠着政府每年给他的3 000法郎薪俸才能颐养

---

① 本文初刊于 *The New York Review of Books* (May 31,1979):26–29。

② 这书主要是讨论两本研究作家与文学共和国的著作。John Lough, *Writer and Public in France: From the Middle Ages to the Present Day* (Oxford,1978);Daniel Roche, *Le Siècle des lumières en province: Académies et académiciens proviniciaux*, *1680 – 1789* (Paris and The Hague,1978),两卷本。

298 天年。即便是像波德莱尔这样的人也不例外,他在 1855 年宣称,自己绝不向政府讨俸禄。他说:"我的名字永远也不要上官方的施舍名单!"①可是,这话说过还不到两年,他就向教育部长卑躬屈膝讨俸禄,结果人家只给他区区 200 法郎。

直到 1880 年,作家们才彻底从依附地位中解放出来。那一年,左拉为文学领域中金钱王朝的登基振臂欢呼。他说:"钱,用作品堂堂正正地赚来的钱,使作家再也不必趋炎附势,仰人鼻息。金钱解放了作家,金钱创造了现代文学。"②

在法国,作家靠笔耕吃饭为什么要过了那么多年才能实现? 洛夫认为,这主要是因为文学市场不发达。

1973 年的一个统计表明,法国 14 岁以上的人口当中,有一半的人一年之内没有读过一本书。在 19 世纪 70 年代,法国有差不多三分之一的人口一个字都不识。再往前追溯,18 世纪 80 年代,全国有三分之二的人口是文盲。而同一时期的英国和美国,识字人口的比例比法国要高得多,这两个国家花在图书馆上的钱也远比法国多。1908 到 1909 年,英国利兹在本市公共图书馆上花的钱比法国里昂多六倍,而两个城市的大小相差无几。

伏尔泰曾经警告过国人,一个农民一旦拿起书本,他就会放下锄头。自打那儿以后,法国人一向对公共教育三心二意。理论上,法国大革命在 1793 年建立了公费小学的传统,但因为这场革命所造成的破坏太大,大众教育实际上是倒退了 50 年。再经历两个共和国以后,法国才真正建立起免费的、义务的、非宗教化的小学制度,并开始为文坛培养了一大批读者。

---

① 引自 Lough, *Writer and Public in France*, 308。

② Ibid., 303.

按照洛夫的说法，法兰西第三共和国是个转折点。从这个时候开始，法国真正有了言论自由。此前的三个半世纪里，法国的出版界深受审查制度之苦。第三共和国之后，不再有这方面的麻烦。还不仅于此，在过去报纸要付印花税，印刷商和书商要交执照费，这都对出版印刷业有消极影响。第三共和国之后，这些税收也都被废除了。到了 1880 年，现代版权和稿费制度正式确立。从那时起，作家们可以通过写畅销书赚钱，因为他们可以从售书所得中提成，而不是像过去那样只是在付印前拿到一笔稿费，有时候甚至只是过后拿到一些样书就算了事。

1880 年以后，出版商的境况也有所改善，这也间接地对作家有利。1886 年通过的《伯尔尼公约》就版权问题达成了国际协议，使得法国的图书业不再受盗版之苦。自从 16 世纪以来，南欧和瑞士那些印盗版书的人没少让法国的图书业吃亏。随着机器造纸、转轮印书机、蒸汽发动机、林诺印版等技术的出现，印刷费用也降了下来。假设这些官方数据都是可信赖的，那在 19 世纪下半叶，书的数量和印刷厂的规模都有增无减，在 1889 到 1899 年的 10 年里，这方面的增长达到前所未有的水平，只有 20 世纪 60 年代的数字可以和这 10 年的情况媲美。

新闻业的发展也对作家和出版商间接有利。自从 1836 年《新闻》和《世纪》创刊之后，一个新的时代诞生了。相对廉价的报纸靠广告而不是订户维持生意。在这样一个背景下，副刊诞生了。这类刊物专门刊登小说连载，并因此带来小说写作的黄金时代。到了 1840 年，报纸编辑们争先恐后地抢购巴尔扎克、桑、左拉，还有常在副刊上发表作品的作家，像欧仁·苏、大仲马和弗雷德里克·索利耶等人作品的版权。到了 1860 年，随着各种各样的小报到处出现，什么阿猫阿狗都要写小说。高质量的小说主要有两个发表途径，一是报纸，一是单行本。但是，好景不长，文坛的这种繁荣景象到第一次世界大战爆发就结束了。

随着收入的增加，作家的身份地位也在上升。中世纪的时候，作家地位与宫廷提尔·厄朗斯皮格尔差不多，仰人鼻息，居无定所。文艺复兴时期，写作被看作是绅士们的一点儿雅兴。启蒙运动期间，作家们不过是上流社会沙龙里的点缀。而到了19世纪，作家则受人尊重甚至敬仰。如今，你在巴黎的大街上，每走几步路就会看见一块纪念某位作家的牌子，随便去哪个公园都会看见某个诗人的雕像。法国人对作家的崇拜随处可见，许多学校、广场和街道都用作家的名字来命名，这对美国人来说很不可思议。在美国，新泽西通道入口处边上有个汽车加油站，用的是橄榄球教练文思·兰巴蒂的名字；而鲍勃·琼斯大学用的是一个宗教领袖的名字来命名的。

但是读过洛夫早期著作的人对这里谈到的现象应该不陌生。洛夫在1954到1978年期间出版的三本书都有谈到作家与公众的章节。他目前这本书骨子里就是这些章节的改头换面。[①] 一个作者要重复自己倒也无伤大雅，尤其是像洛夫这样大名鼎鼎、知识渊博的教授，炒炒冷饭也没什么。但是自打1954年以来，很多人都对作家和读者的关系做过研究，他们发表的文章著述对洛夫提出了挑战，质疑他勾画出来的从12世纪的诗人克雷蒂安·德·特鲁瓦开始到20世纪作家萨特结束的文坛发展史。

洛夫在他这本书的注脚和参考书目中列举了若干最近发表的跟他的题目相关的文章和专著，但却极少在正文中讨论它们。比如，在他讲17世纪的那一章里，他一方面承认自己的研究是受了亨利·让·马尔丹的《17世纪巴黎的书籍、权力与社会》的影响；但另一方面，他在这一章里只是重复自己在1954年说过的话，有时几乎是一字不差地照抄旧

---

① *An Introduction to Seventeenth-Century France*（London, 1954）; *An Introduction to Eighteenth-Century France*（London, 1960）; and *An Introduction to Nineteenth-Century France*（London, 1978）. 有些 Lough 的材料来自他那本出色的专著: *Paris Theatre Audiences in the Seventeenth and Eighteenth Centuries*（London, 1957）。

作。不错，他谈到了马尔丹讲书籍生产的数据有不准确的地方，但却不讲马尔丹挖掘出的大批材料有多么宝贵。这些材料涉及图书业的政治、经济背景、作家的社会地位和读者的阅读趣味。

在接下来的一章里，洛夫援引了《18世纪法国的书籍与社会》一书。这本书是一本论文集，作者大部分都是社会科学高等研究院的学者。如果说研究17世纪的人不能不读洛夫的话，研究18世纪的人也不能不读这本论文集。但是，洛夫死抱住自己的老观点不放，还是强调赞助人的重要性，强调作家地位的改善。而《18世纪法国的书籍与社会》一书的作者们已经不再纠缠这些问题，他们更关心的是当时文化界的整体地形地貌。他们对各种各样的史料用量化的方法加以统计，发现在旧制度时代人们的阅读习惯中历史积淀远远多于创新改良。他们的观点不一定对，但是不容忽视。况且，他们的研究对马尔丹的研究构成一种补充。马尔丹认为，在古典时期宗教文学占主导地位，因为半数以上的"作家"都是神职人员。

在最近的大众文学研究中，学者们强调民间阅读中旧的传统多于新的变化。洛夫也承认这一点，但对此避而不谈。照罗贝尔·芒德鲁、热内维耶夫·博莱姆、皮埃尔·布罗雄和让·雅克·达尔蒙的看法，从16世纪到19世纪中叶，大部分法国人"阅读"的东西不外乎是页子书，这些书通常都是大家围坐在火边，由几个认字的人念给大家听。而这些书的内容也往往是有关圣人业绩或古代英雄的。学者们把这些廉价的页子书统称为"小蓝书"。它们都是被排印工人或其他好事之徒从中世纪和文艺复兴时期的文学作品中扒下来，再加以改写而成。也就是说，这些书很难说谁是作者，谁是读者。

如果把"作者""读者"这类概念应用到中世纪时代那就更成问题。洛夫在他的第一章里就犯了这个错误。阿尔贝尔·洛德等人就曾经说过，像《武功歌》这样的古代传奇不应该被当成有固定作者的文本，而应

302 　当被当成是歌手们演唱的台本。这些歌手们每次都根据眼前的听众,对原有的曲目临时加以取舍。久而久之,这些演唱用的台本经人记录下来,就变成有形的文本,再经由印书的人把它们根据出版的需要作进一步的改写,就成了今天流传下来的版本。

　　那些直接针对出版印刷的书是有不同的考虑的。出版业要把文本标准化,这样才好大量印刷卖给读者。在这个过程中,出版业把文学的性质给改变了。伊丽莎白·爱森斯坦在一系列文章中阐述了这一观点。她最近出版的《作为变革动因的印刷机》(Cambridge,1979)一书更是将这一观点发挥得淋漓尽致。洛夫只是把出版业看成是一个长期过程的起点,这个过程最终导致作家们经济上的独立。但对他来说,作家指的是那些写传奇和小说的人。

　　研究作家、读者,包括知识社会学,都应该考虑跟传播与沟通有关的问题。① 这倒不是说一定得加入罗兰·巴尔特、雅克·德里达、兹坦·托多罗夫、沃夫冈·伊瑟、韦纳·博斯、斯坦利·费希等人的阵营,或接受其他时髦理论家的观点。可是,文本是一种话语形式,作者和读者都要扮演预定的角色,在这一点上大家没有异议。读拉伯雷写的东西,让人觉得像是看到他跳上舞台,唠唠叨叨地讲个没完活像在集市上叫卖;读蒙田的东西,让你觉得他像是坐在火炉旁跟你亲热地唠家常;卢梭写的东西则总是千方百计让你听他忏悔,让你觉得这个冷酷无情的世界上只有你才能理解和宽恕他;伏尔泰的作品放荡不羁、愤世嫉俗,让人觉得他躲在后面朝你黠笑;兰波写的东西让人觉得被他抱在怀里般的温暖;福楼拜写的东西则出神入化,让人产生物我皆忘的感觉。历史上,法国作家们的千姿百态值得史学家们好好研究,因为他们为我们了解过去的

---

① 例如这支社会学派,特别是有关知识分子的研究,参阅 Karl Mannheim, *Ideology and Utopia* (London,1936);and *Essays on the Sociology of Culture* (London, 1956)。

人们是怎样体验文学作品的,提供了重要线索。

其中一种是文学的政治体验,作家们在法国历史上所扮演过的最重 303
要的角色便与此有关。18世纪早期的英国作家享有财富和社会地位,
所以他们在政治立场上往往保守和拥护王室。而他们的法国同行则穷
困潦倒,所以常常要抨击不合理的社会现象,而这正是知识分子应该扮
演的角色。现代知识分子阶层的崛起源于法国的启蒙运动。当时,伏尔
泰和达朗贝尔把《百科全书》的作者们称为"文人"。这样一来,后来的
文人们也要效法《百科全书》的作者,在咖啡馆里指点江山,议论时政。
这个颇有法国味道的"清议"传统成为现代作家的重要职能之一。

洛夫不去分析作家们是怎样在自己的作品和公共生活中扮演不同
角色的,也不去讲他们的意识形态和立场;不管他们是詹森教派的教徒
也好,马克思主义者也好,对他都无所谓。他的目光只盯着一件事,那就
是"专业作家"的出现。所谓"专业作家"指的是能自食其力,靠笔耕吃
饭的那些人。这一群体的雏形要追溯到遥远的中世纪时代。专业作家
从寄人篱下到经济独立的漫长历史,在洛夫的笔下变成文人墨客历尽沧
桑的故事。虽然其中不乏妙趣横生的奇闻轶事,但就研究课题而言,洛
夫基本上是在20世纪50年代的水平上原地踏步。

如果想看这个领域的研究有什么进展的话,那得看丹尼尔·罗什写
的《外省的启蒙世纪》。因为法国的作家与读者的关系有些特殊,罗什
的研究在美国不是很容易被理解,所以我要格外强调一下他的重要性。
罗什难以被美国人接受的原因,不是因为他的东西是用法文写的,而是
因为他用了太多的数据语言。英美的史学家也常用数据,但他们很少
用量化的方法去研究文化。而法国人这么做已经由来已久。罗什对 304
1680—1789年期间外省的文化生活所做的研究,既代表了他们在这方面
的杰出成就,也体现了他们的新锐与出色。

　　罗什不是像洛夫那样用一个文本说一件事,而是在他那两卷本的书里罗列了一大堆表格和图示,然后写下很多有关这些图表的解说,读者得在两卷之间的图表和解释之间跳来跳去。出版社把注释和引文弄得很乱,再加上排版上的失误,这本书读起来很费力。但是读这本书的力气不白花,因为罗什对旧制度时代法国文化界情况的描述能提纲挈领,读过这本书的人会对这个题目有一个整体的了解。罗什不但告诉我们外省科学院的社会定位和地理位置,还告诉我们工匠们住在哪里,各地有哪些学校和大学,有多少音乐组织、多少剧院、多少读书俱乐部和书店等。也就是说,他几乎讲到了所有那些在传播启蒙思想的过程中起到一定作用的机构和组织。

　　罗什在他的书里集中讲了32个外省科学院,这是个很聪明的选择。因为在18世纪,这些科学院是文化传播的中心。但是我们不能把它们看成是启蒙运动的有机部分,因为很多科学院都是路易十四建立起来的,皇室建立这些科学院的目的是要在外省的文化生活中渗透国家政权的影响。但是在18世纪下半叶,这些科学院内部开始讨论很多政治上敏感的话题。比如乞丐的数目何以逐年增多、法律条文是否需要修改等。科学院组织这类讨论的方式通常是通过举办论文比赛。很多后来有影响的政治理论就是在这些论文比赛中诞生的。

　　卢梭的《论艺术与科学》和《论人类不平等的起源和基础》就是为设在第戎地区的科学院写的。很多未来的革命家如罗伯斯庇尔、马拉、卡尔诺、巴雷尔、罗兰、布里索,也都试图在这类论文比赛中出人头地。科学院给优秀论文作者公开颁奖,还把他们发展为科学院的通讯院士,通过这些做法,科学院让那些志向远大的学子能凭借自己的才华安身立命。这在现代以前的文坛上是很少见的。

　　所以说,罗什研究外省的科学院是一种策略。他要通过科学院去考察文化潮流中传统与现代的交汇融合。为此,他不遗余力地要把这些科学院放在当时的社会背景中去考察,以致他呈现给我们的不仅是科学院的情况,而且是 18 世纪城市社会的宏观画面。

无论讲到什么主题,罗什都让数字说话。比如,按照他的估计,他研究的这 32 个城市里,每 50 到 200 人左右就有一个牧师,每 200 到 400 个居民当中就有一个政府行政官员,每 1 000 人当中有一个医生,每 3 000 人当中就有一个中学或大学老师,每 1 000 到 4 500 人当中有一个书商。显然,伏尔泰和托克维尔都说得对:法国城市里面神职人员太多,政府庸官也太多。洛夫虽然在这一点上跟罗什没有分歧,但有关各地人口文化水平、图书销售情况和学生数量的零散数据说明,洛夫低估了外省读者群的重要性。

罗什在提供这些数字的同时,也给我们提供了很多其他信息。比如,他提到外省医生到病人家里看病要多少费用,告诉我们教授们的薪水以及他们任教大学的经费情况,讲到不同的工匠团体之间的明争暗斗,还说到药剂学地位的逐日提高,神职人员当中争先恐后想拿到奖金,卢梭同地方教堂执事之间的鸿雁传书,伏尔泰跟皇宫差役的通信来往,暴发户们怎么亦步亦趋效法贵族生活方式,贵族又怎么落魄到自贬身份跟暴发户们混在一起,等等。这本书简直就是旧制度时代外省生活的百科全书。

罗什的本意是把这本书作为一本文化社会学著作来写的,他在骨子里是想回答过去十年里史学家们感兴趣的那些社会学问题。如旧制度的社会精英和文化精英究竟有些什么特点? 他们到底是开明的资产阶级分子、维护传统的贵族,还是启蒙与传统、资产阶级和贵族的大杂烩? 这些问题表面上很枝节,其实都很重要,因为它们涉及阶级立场与意识形态这些大问题。罗什的著作还体现了一个研究视角的变化。20 世纪五六十年代,史学家们热衷于自下而上的视角。现在,罗什对精英文化的研究代表的是一个自上而下的新视角。

罗什的着眼点并不是科学院那帮衣冠楚楚、锦带方巾的文人,而是要通过对科学院情况的考察来探讨 18 世纪的精英文化。当时那些文人在地方上名高望重,相当于我们今天的上层建筑和权力精英。罗什在 18 世纪的市政历书上找到这些人的名字。虽说作为史料来讲历书有它的局限性,但如果你想查一查旧制度时各城市里哪些人有权有势有影响、谁家是名门望族富绅大户,它能让你按图索骥。罗什充分意识到历书的局限性,所以他使用了很多其他有关地方史的材料来补充历书的不足。这使得他能够把历书中的有用资料转化为数据,再根据这些数据得出一些出人意料的结论。比如,他指出,当时的精英分子当中有一半的成员是皇室官员或在法庭机构任职,有三分之一的人是神职人员,只有7%的人是工商界人士。

罗什对 32 个城市的数据分析显示,商业资产阶级一旦被置于当时总的人口状况中去考察,这个社会阶层就显得很微不足道。他发现,在一些重要的商业中心城市,像里昂和马赛,确实有很多商人和实业家。但除了这些商业中心以外,在任何别的地方,商业资产阶级的人数都没有神职人员多,有时候甚至没有贵族多。按照罗什的计算,工商资产阶级在第戎地区只占当地人口的1%,神职人员占了4%,贵族占3%。在贝桑松地区,商业资产阶级占当地人口的3%,神职人员占10%,贵族占2%。在波尔多地区,商业资产阶级占6%—9%,神职人员占15%,贵族占1%—4%。

当然,根据数据做出的结论要想站得住,那数据本身必须十分可靠。罗什需依据各类史料,不仅是前人的研究,还要看历史上的那些税表和婚约。任何人想对一个国家两百多年前各地城市的社会结构做出全面描述,都免不了间或的偏颇。但是罗什描绘出的大轮廓是令人信服的。他的研究最核心的部分,即科学院的社会构成,是建立在 6 000 多个个案研究的基础上的。这些材料来自法国全国各地的档案馆,所以,其中呈现出来的规律性的东西是十分清晰明了的。

对例外情况,罗什都逐一予以个别考察,以便让自己的统计更精确。

最后,他的结论还是一样:商业资产阶级实在是无足轻重。从 17 世纪末到法国大革命爆发,科学院的文人学士有一半都是贵族出身,有五分之一是神职人员。只是到了 1750 年以后,神职人员的比例才有所下降。科学院的那些来自资产阶级背景的成员几乎全部都是平民出身的职员、政府里的下级官员、专业人士(医生远多于律师)和一些股东。科学院中连商人和实业家的影子都没有。

资产阶级分子在外省科学院的固定成员里只占 3%,而在巴黎科学院中他们就更是九牛一毛了。法兰西科学院当中还有几个人是商人背景,而法兰西科学院则一个资产阶级成员都没有,这个学院四分之三的成员都来自贵族阶层。尽管在共济会中商业资产阶级成员很多,但在别的文化机构和组织中(比如皇家农业协会),他们就毫无地位。罗什收集了大量的数据说明这一点。他还仔细地研究了几份名单。一个是从前订阅文学杂志的读者名单,一个是为《百科全书》撰文的作者名单,最后一个是 1784 年出版的《文学法国》一书所罗列的当时知名的文人墨客名单。结果他发现,资产阶级成员在这三份名单上所占的比例都很小,同他们的实际人数不相称。据此他得出结论,现代资本主义的发展并没有伴随着相应的反映其阶级利益的文化。

法国历史学家当中一直广为流行一个看法,即启蒙运动跟资产阶级的兴起分不开。罗贝尔·芒德鲁有关这一点的表述代表了法国史学界的正统,被很多教科书采用。他说:"18 世纪的思想就是资产阶级的思想。"[1]如今,罗什的结论对这一传统观点提出挑战。他书中有 166 页的数据和图表,

308

---

① Robert Mandrou, *La France aux XVIIe et XVIIIe siècles* (Paris, 1967), 169. Ernest Labrousse 在另一本教科书中也重复了这个公式,参阅 *Histoire économique et sociale de la France* (Paris, 1970), II: 716: "Le XVIIIe siècle pense bourgeois"。类似的言论在别的教科书里也有,参阅 Albert Soboul, *La France à la veille de la Révolution* (Paris, 1961), I; 134–138。

让我们清楚地看到资产阶级在城市社会的三个层面,即他们的人数在全体人口当中的比例、在社会名流当中的比例和在学院成员中的比例,都形单影只、微不足道。

到了 1789 年,金融资产阶级在旧制度的经济体系中已经牢牢地立稳了脚跟,但他们在公共事务,特别是文化领域当中却没有什么发言权。他们入得了共济会,却进不了学院的大门。就当时的文坛而言,既没有来自他们这个阶层的作家,也没有很多来自他们这个阶层的读者。法国的经济在朝着工业化的方向上走得步履蹒跚,它的文化机构也牢牢地掌握在传统精英的手中。然而,法国的精英分子却能接受启蒙思潮。这场启蒙运动是自上而下发生的,而不是因为中产阶级的崛起才发生的。

在书的最后一部分,罗什探讨了文化的内容。在这里,他也是用量化的方法,看当时的学者们讲演时都选了什么主题,每个主题有多少人讲,讲了多少次。他还看为论文比赛而写的那些文章,看哪些题目谈的人多,哪些题目谈的人少,并把这些数字用图表列出来。最后,他把这些人的著作的流行情况也理出了头绪。他的研究方法和前提假设很能代表新一代的社会文化史学者。事实上,在法国用计量方法研究文化已经蔚然成风。我们不妨看看这股风气是怎么开始的,以及这对我们意味着什么。

20 世纪 30 年代的时候,厄内斯特·拉布鲁斯给经济史研究带来一场革命。他把历史跨度很大的史料进行系列编排,按照可比性进行分类,然后对它们做量化分析。在他之后的三十年里,社会史学者,从乔治·勒费弗尔到年轻的弗朗索瓦·孚雷,也都用一系列数据来分析社会结构。如今,罗什这一代人正在用同样的方法研究文化史。皮埃尔·肖努曾在题为《系列史研究的新领域:从计量到第三层面》①一文阐述了他们的想法。在这篇文章里他声称,计量的方法已经刷新了经济史和社

---

① *Mélanges en l'honneur de Fernand Braudel* (Toulouse, 1973), II: 105 - 125.

会史的研究,如今要进军文化史研究。

　　虽说到了 20 世纪 80 年代,计量法已经不那么时兴了,但是在 20 世纪 70 年代,法国的历史学家们可是常常引用皮埃尔·肖努的宣言。法国的博士生们写毕业论文也都遵循这一套路。这些论文一般都有固定路数: 第一部分,经济与人口情况;第二部分,社会结构;第三部分,上层建筑、文化和集体心态。① 罗什虽然没有那么僵化,但他解释自己的研究方法时也提到皮埃尔·肖努,并用皮埃尔·肖努的语言和词汇来阐述自己的主题。这种做法在分析文化精英时十分奏效,但用来分析文化本身就有些捉襟见肘了。人们对世界的看法和态度很难编织成串,变成图表。当然,有些文化现象是可以做些统计的,比如书籍的销售情况、某些剧目的演出场次和票房收入,以及做了多少场弥撒等。但是数据只是表象,一旦把数据都收齐了,历史学家们还是得解释意义系统中所发生的那些变化,而这些变化是无法用计量的方法去测量的。

　　法国搞计量研究的那些人不去做解释性的工作,而是把数据中呈现出来的规律和文化中的变化直接画等号。罗什在地方科学院举办的学术讲演的统计数字中看到启蒙运动。米歇尔·沃维勒通过计算宗教仪式中用掉了多少蜡烛来对人们的宗教信仰称斤论两。让·图萨埃尔通过计算人们入教受洗时用了多少酒来断定教规是变严了还是变松了。所有这些照搬皮埃尔·肖努的做法都隐含三个错误的前提: 第一,他们觉得研究仪式和文化形式时,可以通过外在的表现去测量内部的意义。第二,他们把经济、社会和文明切条分块,不只是为了分析上的方便,而是在他们的眼里这些领域本来就是可以相互分离的。第三,文化现象可以通过考察相关领域(比如经济史与社会史)的关联数据来解释。

　　罗什的书就有上面所说的第三个问题。他指出,旧制度时代的精英

310

---

① 参阅上一章第 294 页的注释 1。

们虽然吸收了进步思想，但他们的社会背景是偏于传统和保守的。他这样说是因为他认定文化的东西一定跟社会结构直接相关，所以他觉得这两者之间有矛盾。但是如果我们把社会与文化作为一个整体来看，把文化看作是渗透到 18 世纪生活各个方面的东西，从买面包到读书都是文化的一部分，那么就不会觉得处在传统社会地位上的人吸收进步思想有什么不可思议的了。

洛夫忠实于原始文献，避免了文化研究中很多人常犯的削足适履的毛病。但这样一来，他不免重复文学史研究的老路，更谈不上回答罗什提出的那些问题了。结果是，这两位学者都让人觉得法国文学史还有待进一步的研究。洛夫的考察不免蜻蜓点水，从文本到文本；而罗什的轮廓性描述也太拘泥于数据，让人觉得隔雾看花。然而，虽然两人的方法都不尽如人意，但他们都以各自的方式让我们不但看到过去人们的文学生活，而且看到今人解读过去的特定方式。

第十四章　历史与文学①

　　一本书怎样才能成为经典？什么样的文字,通过什么样的过程才能够脱颖而出,受世人瞩目？它要经历怎样的文坛风雨、版本春秋,又是怎样从平淡无奇的简装本、不起眼的二手书店,最终鱼跃龙门、登堂入室,上了经典的书架？

　　让·斯塔罗宾斯基写的《透明与障碍——论让-雅克·卢梭》为我们提供了一个很好的例子。这是一本现代文学批评的经典之作,它先是在 1957 年作为博士论文出版,在日内瓦大学的博士论文档案里的编号是第 158 号。一年以后,巴黎的普隆出版社去掉了原著中的那些学院式包装,将它再度出版。1971 年伽利玛出版社将这本书的版权买下,又印了一版。不过,这次再版时出版社对这本书作了很大修改,不但附上了七篇讨论卢梭的研究论文,而且是把这本书作为“思想史研究系列”中的一部来出版。可是,若干年后这家出版社又决定改变这本书的定位,把它放到另一个低价位的流行书系列中去,分别在 1976 年和 1982 年各出了一个新版本。如今,这本书又有了阿瑟·古德汉姆翻译的英文版,而且译得很漂亮,由芝加哥大学出版社出版。这本书的意大利文版 1982 年面世,德文版 1988 年与读者见面。本来是一本学术著作,但显然它在好几个国家都变成了流行读物。这个例子正好可以让我们来看一看,为什么这本书如此有生命力。30 年前,它是作为研究卢梭的专著写的,那么,它跟别的卢梭研究相比究竟有哪些不同呢？

---

① 本文首刊于 *The New York Review of Books*（October 27, 1988）：84–88。

312　　　　能把书的内容概括得十分准确的书名并不多见,但斯塔罗宾斯基的这本书却做到了这点。这本书从头到尾都在讲透明和障碍这两者之间的矛盾,以及这个矛盾是怎样遍布卢梭的作品和个人生活中的。从卢梭童年时期受到的伤害开始,透明和障碍之间的矛盾就成为他人生的主题。他小时候因为不肯承认一桩不是他干的坏事,受了不公平的惩罚。

　　　　这件"坏事"本来没有什么大不了,但这个经历让少年卢梭产生了深重的破灭感。卢梭小时候被日内瓦一家姓朗贝尔希耶的人家收为养子,斯塔罗宾斯基通过仔细阅读卢梭的《忏悔录》,发现在这个家庭内部大家彼此之间在沟通上十分透明,每个家庭成员都能直抒胸臆,畅所欲言,同时也都能准确体会到别人的心思。这种体会不是用脑子去认真捉摸的结果,而是靠灵魂之间自然而然地相互呼应。这种透明的程度听上去有点乌托邦的味道。有一天,家里的仆人出门时把梳子忘在厨房里了,等她回来发现梳子给人弄坏了。表面上看小雅克最有嫌疑,因为别人都不曾进过厨房。朗家讲究的是为人要正大光明,东西坏了无所谓,但犯错误的人要老实承认。现在卢梭嫌疑最大,他们自然要他认错。但是卢梭觉得自己很清白,没错可认。所以,任凭朗家人对他怎样苦口婆心,他就是不认错。最后,朗家人失去了耐心,揍了他一顿。

　　　　小雅克的世界崩坍了。他用那些落下的断砖碎石在自己内心筑起一道墙,墙的一面是他自己的内心世界,另一面是别人的思维和看法。因为自己经受的委屈,他学会了在"好像是怎样的"与"实际是怎样的"这两者之间加以区别。他失去童真怪不到谁,也不能怪朗贝尔希耶家的人。要说是谁的错,那也是人生本身的一个难题,即人与人之间在沟通上存在着隔膜和死角,就像一条条在暗夜中航行的船只会误读彼此发过来的信号。

　　　　按照卢梭自己后来对这件事的反省,他的快乐童年结束的地方也就313　是人类历史开始的地方。朗贝尔希耶厨房里发生的事情与人类脱离自然状态的历史有异曲而同工之妙。他在《论人类不平等的起源和基础》一书里对此有进一步的阐述。在他看来，个人也好，全人类也好，大家在沟通中都做不到绝对透明，所以要想办法克服各种各样的障碍来缩小彼此间的距离。这些障碍包括语言、财富和各种社会机构和组织。这些东西虽然有利于维系社会，但却导致人与人之间在心灵上的疏远。

在斯塔罗宾斯基看来，卢梭的写作生涯从一开始就受着"自述"冲动的驱使。在他的早期作品中，这种冲动同更为广阔的社会和政治问题挂上钩。到后来，则有点走火入魔，越来越陷于自言自语状态了。用斯塔罗宾斯基的话说就是："卢梭渴望心灵的沟通与透明，然后他在这份期待中受挫了。于是，他选择了相反的道路：接受乃至挑起障碍，这障碍使他得以退隐到逆来顺受的状态以及对其清白无辜的确信之中。"①

斯塔罗宾斯基在卢梭的文字后面体会出作者的用心良苦。卢梭对一整套人生主题和哲学观念进行了探索，并把它们用文字加以整理、组合和表达。他为了能够表达得准确和忠实，在写作上不辞辛苦、字斟句酌。尽管他的作品可能感动了很多读者，但卢梭自己却总觉得有很多言不尽意、词不达意和无法言说的地方。

卢梭在把自己的人生倾注到语言文字里的过程中，也替18世纪乃至20世纪的作家们界定了写作中的核心任务。斯塔罗宾斯基说：

> 唯有行文至此，我们方可估量卢梭作品的全部革新性。语言变成了直接经验的场域，尽管它仍是一个中介工具。……言语是本真的自我，但它另一方面也表明，完美的本真性依旧阙如，完满性仍有待争取；如果见证者拒绝接受，那么没有什么是

314

---

① 译文引自《透明与障碍——论让·雅克·卢梭》，汪炜译，华东师范大学出版社2019年版，以下引文出处同。——译者注

确定无疑的。文学作品不再试图唤起读者对作者及其读者大
众之间的,作为"第三者"的某个真理的认同;作家用作品展示
自身,并诱使读者认同作家的个人体验的真理。卢梭早已发现
了所有这些问题;他确实发明了一种崭新的姿态,它将成为现
代文学的姿态(它超越了感伤的浪漫主义,而让-雅克总被人们
看作这种浪漫主义的始作俑者);可以说,卢梭是感受到自我与
语言之间危险契约的第一人,他是一个典范:在这种"新联盟"
中,人变成了语言。

　　斯塔罗宾斯基对文学创作过程中意识的作用所做的分析不同于文
学传记,更不同于文本阐释学,而是另外两种方法的结合。其中之一是
把作家和作品综合起来考察,这在法国有源远流长的历史;另一种是透
过作品看作家,也就是说通过字里行间或明或暗的表述去捕捉作家的内
心世界。

　　他的这种做法跟日内瓦学派的主张如出一辙,特别是跟马塞尔·雷
蒙和乔治·布莱等人为代表的研究方法极为接近。[1] 这意味着他淡化
了很多卢梭生活环境中的细节。结果,《透明与障碍》一书对日内瓦当
地的社会和政治冲突根本没有涉及,而这些冲突是卢梭童年生活的关键
背景,也是卢梭日后为革命事业奔走呼号的原因之一。斯塔罗宾斯基也
没有讲卢梭在巴黎怀才不遇、穷愁潦倒的那段经历,而这段经历很可能
影响了卢梭的写作,也影响了卢梭对语言文字的态度。斯塔罗宾斯基的
书根本就没怎么提到旧制度的那些机构和组织,而正是这些机构和组织
为卢梭对很多社会和政治问题的思考提供了基础。显然,《透明与障

---

[1]　参阅 J. Hillis Miller, "The Geneva School," in *Modern French Criticism: From Proust and Valery to Structuralism*, edited by John K. Simon (Chicago, 1972)。

碍》的作者意不在此，而是另有打算。

斯塔罗宾斯基想让我们看到的是贯穿卢梭所有作品的核心主题，即卢梭苦心孤诣地追求与人沟通当中能够畅透明了，避免出现障碍现象。在斯塔罗宾斯基看来，这个主题是把卢梭作品编织成一个有机整体的轴线。斯塔罗宾斯基要把这个意思说透颇费了些心思。他的这本书无论是在 1957 年刚出版的时候，还是令人印象深刻的 1988 年的当下，读起来都会让人觉得作者颇能自圆其说。斯塔罗宾斯基指出，卢梭有时候把人际交往中绝对透明的状态投射到想象中的过去（比如在《论人类不平等的起源和基础》和《论语言的起源》两部作品中，他都这样做过），有时候他把这种理想状态投射到未来的乌托邦（比如《社会契约论》），有时候他用虚构的情节来描绘这种理想状态（比如小说《新爱洛依丝》），有时候他用纯真的幼年来加以象征（比如《爱弥儿》），有时候他用普通百姓自然而然的狂欢来说明（比如《致达朗贝尔》），有时候他用人与自然水乳交融般的和谐来暗喻（比如《一个孤独漫步者的遐想》），但在所有作品中贯穿始终的是他对自己灵魂的内省（《忏悔录》是最突出的例子）。

斯塔罗宾斯基从卢梭所有作品中都看到这同一主题，应验得让人怀疑。像卢梭这样一位既复杂深奥又富于矛盾的作家能被一个主题就概括了吗？任何一本书如果能把纷纭复杂的对象条分缕析，讲得头头是道，都会成为研讨课上的必读书，并在图书馆的书架上占有一席之地，成为大学里的经典教材。但是《透明与障碍》一书的成功并不是因为斯塔罗宾斯基能将复杂的研究对象简化为一个主题，而是因为他能深入浅出、以点带面，用一条线索顺藤摸瓜，而没有削足适履去迁就一个最小公因数。

比如，斯塔罗宾斯基指出，卢梭在他的小说《新爱洛依丝》中有关收获葡萄的那段描写跟他在《致达朗贝尔》中讲到民间节庆场面的段落如

315

出一辙,与《社会契约论》中讲到大众民主的地方也殊途同归。同舞台上的演员不一样,收获的人们既是演员也是观众,他们没有道具、没有角色分工、没有剧本,也没有任何其他媒介,但是仍然能够演上一出人生的活剧。我们在他们那里看到的是自然而然的真情迸发和集体欢愉。从结构上说,演员/观众的双重性关系跟一个理想共和国里公民/臣民的双重性关系存在着某种对应。看与被看浑然不分,所有的人都是集体意志的一部分,既表达这个集体意志,同时也从属于这个集体意志。有些文字在卢梭作品的某一部分看上去像是政治理论,但在另一部分却像是散文诗。斯塔罗宾斯基帮助我们看到这两者之间的联系,他让我们不但看到卢梭思想当中一以贯之的地方,也看到卢梭在行文风格、主题结构、修辞排比、言传意会上独到的东西。他这本书写得真是精彩绝伦。

你一旦用斯塔罗宾斯基的眼光去读卢梭,连卢梭作品当中最让人捉摸不透的地方也会显得一清二楚。比如,卢梭的音乐理论讲的是如何超越人为音符所造成的障碍,让人们直接感受音乐旋律本身。卢梭讲花花草草的那些话也是为了表达一定的情感状态。到树林中或山脚下去采集植物标本,再把它们一样一样地摆放在标本集里,其中自有心旷神怡之妙。连他对矿物学的兴趣也跟追求"透明"有关,因为他总是幻想着把实体性的物质都变成玻璃一样透明。不管斯塔罗宾斯基把目光盯向哪里,他都看到卢梭对透明与障碍一以贯之的关注。

但他是不是有些过分了呢?任何成为经典的著作都往往有以偏概全的倾向。一旦做的登峰造极便有过犹不及的危险。这样的著作可能是过去丰功的里程碑,但不会是未来伟绩的催生剂。《透明与障碍》一书明显地带有它写作年代的时代印记,它的参考书目和引文注脚将其门派隶属展示得非常清楚。乔治·布莱写的《时光与人》(1950年)、莫里斯·梅洛-庞蒂写的《知觉现象学》(1945年)、让·伊波利特写的《黑格尔精神现象学的起源与结构》和雅克·拉康写的《论偏执狂精神病及其人格的关系》(1932 年)都出现在斯塔罗宾斯基的参考书目上,使他的学术谱系一览无余。这些书反映了当时百家争鸣的学术潮流,什么现象学啊,黑格尔研究啊,弗洛伊德的精神分析学和存在主义啊,等等,不一而足。《透明与障碍》一书就是在这样的文化背景下写出来的。斯塔罗宾斯基能做到兼收并蓄,博采众家之长,目的不是要自成一家之言,而是要理解卢梭。

在各家学说中,斯塔罗宾斯基发现有关"异化"的理论最为有用。异化说渗透在很多发生在 20 世纪四五十年代的思想论辩当中,但是追根溯源这个概念最早则要上溯到黑格尔。或者更确切地说,应该上溯到卢梭。过去大家只知道卢梭是感伤主义鼻祖、浪漫思潮之父,却不知道卢梭还曾经是存在主义默默无闻的先驱。

斯塔罗宾斯基笔下的卢梭把人脱离自然状态看成是失去透明的过程。在透明状态下人与人之间的交往和沟通不需要媒介,直截了当,肝胆相照。后来,各种各样的社会和文化因素带来了文明的发展,但也带来了人与人之间沟通上的障碍。文明的发展使灵魂受到进一步的阻碍和掩盖,所以,在卢梭的作品中历史进步被视为陷阱:我们越是醉心于追求艺术与科学的发展,就越是同真实的自我疏远。

只有一个办法能跳出这个怪圈,那就是否定之否定的辩证法。斯塔罗宾斯基在每一个关键点上都应用这个公式,甚至在《新爱洛依丝》的三角恋爱关系当中他也看到辩证法。在这本书里,女主角朱丽深爱圣普乐,遭到父亲的干预和阻挠。她只好服从父命,默认了家里给她安排的婚姻,让自己的天性屈从于传统习俗。但是结婚后,她发现丈夫沃尔玛呆板迂腐到极点,导致她更坚定了对圣普乐的爱。她不顾婚姻的障碍,蔑视死神的威胁,一直对圣普乐保持着柏拉图式的爱。在这个否定之否定的过程中,她对圣普乐的爱代表着更高形式的自然,并最终赢得了胜利。

　　卢梭的政治思想也经历了辩证式的跃进发展。在《论人类不平等的起源和基础》一书里，他描述了人为的文化对天性自然状态的否定。在《社会契约论》中他又给我们看到，更高形式的文化可以再一次否定低级形式的文化。黑格尔和恩格斯都把这样一个辩证逻辑融入他们的历史观中去，而康德和卡西勒则把这样一个辩证逻辑编织到他们的伦理学和美学理论当中去。

　　但是斯塔罗宾斯基只盯着卢梭的内心层面。因为在自己的周围到处都感受到人与人之间的隔膜，卢梭渐渐不再跟外部世界打交道，而转向内心世界去寻找绝对透明，最后变成疯子。卢梭的疯癫状态是一种异化形式，骨子里是对人类原初纯真状态的极度自恋。

　　尽管斯塔罗宾斯基偶尔使用心理学术语，而且他自己以前曾学过医（他学过精神医学，但没有去搞精神分析），他并不把卢梭当成个病人一样去诊断，也不把卢梭发疯看成是病态。相反，他把卢梭的疯癫看成是个哲学问题。卢梭不但把透明与障碍作为他作品的核心主题，也是因为要在生活中追求绝对透明而不得才变疯的。

　　按照斯塔罗宾斯基的解释，卢梭早期作品中的主题到了他的晚年更有一发而不可收拾之势，呈现出一幅卡夫卡式的荒谬、怪诞、阴森的世界图景。卢梭在耄耋之年的爱弥儿身上寄托着自己。爱弥儿完全受他的仇敌们摆布，这些冷酷无情的仇敌假借一位善良导师的身份，故意把爱弥儿身边所有的意义标示都弄错乱，以此来增加对爱弥儿的精神折磨。即便是他逃离开法国和瑞士那些迫害他的人，投到英国的哲学家大卫·休谟的门下，也发现自己还是跳不出如来佛的手心，因为休谟也是他们一伙的。他本来以为他跟休谟都是哲学家，都相信人性本善，两人应该心心相印才对。可是见了面以后，他却大失所望，他们之间同样有隔膜。在世人眼里休谟是个谦谦君子，但这个形象在卢梭那里却轰然崩坍，卢梭看到的不过是另一个更阴险的敌人。

斯塔罗宾斯基对卢梭的疯癫给予同情和理解，请看他的精彩描述：　　319

> 对让-雅克来说，生活在一个饱受迫害的世界里即意味着
> 自己被一张由种种协调一致的符号所构成的罗网捕获……这
> 些符号准确可靠，但它们自身所透露的信息却是透明之不可能
> 性。符号意味着揭去面纱，然而需要被揭去的面纱却是不可逾
> 越的障碍。故而，卢梭虽探察了一个又一个符号，却一无所获。
> 他不仅没能解开谜团，反而要直面更深厚的黑暗：孩子们的鬼
> 脸、菜市场上豌豆的价钱、普拉特里街上的小商铺——所有这
> 一切都暗示着同一个阴谋，而其动机却永难参透。卢梭徒劳地
> 整理着他发现的各种符号，徒劳地想把它们连成一条严密的逻
> 辑线索，可最终却总是通向同样的黑暗。

末了，卢梭觉得还是干脆避免同外部世界打交道稳妥，只在自己的内心世界去寻找绝对透明的状态。但即便是这样，人的反思能力本身就跟"浑然一体"的直觉把握背道而驰，甚至不共戴天。因为反思有一种要命的本领，那就是把人从直观状态中拉出来。尽管卢梭死前的作品都非常抒情，但最后他还是像加缪小说中的存在主义"反英雄"主角一样。但是，斯塔罗宾斯基下一本人物传记讲的是个成功的故事，包括从异化到反思，再从反思到入世的过程。传记的主人公是蒙田。①

《透明与障碍》一书的了不起之处就在于，它能把卢梭生活和作品当中本来不相干的细节串联在一个主题下，并赋予它们一个极其言之成理的解释。斯塔罗宾斯基让我们看到，卢梭个人生活中的跌宕起伏

---

① Jean Starobinski, *Montaigne in Motion*, translated by Arthur Goldhammer（Chicago, 1985）.

有助于我们理解 19 世纪和 20 世纪的时代主题。用斯塔罗宾斯基的话说:"他的工作开始于历史哲学,最终在存在之"体验"中结束。这项工作不但预示了黑格尔,也预示了黑格尔的反对者克尔凯郭尔。现代思想的两股力量均发生于此:理性的历史发展;个体救恩之追求的悲剧性。"

320　　这样一种解释在 20 世纪 50 年代甚为流行,《透明与障碍》也在当时被奉为文学评论的经典之作。它唯一的问题也是所有经典作品的通病,即把话说得太到顶了。如果一本书写得太好,会让人觉得它把这个话题都说完了,别人没话可说了,如此一来,这本书也就会被人敬而远之,束之高阁,它讨论过的话题也就没人再去碰了。那么斯塔罗宾斯基对卢梭的讨论是不是已经尽善尽美,没有人能够再达到他的高度了呢?

要回答这个问题我们就得考察一下过去 30 年里卢梭研究跟文学评论之间的互动情况。

搞文学评论的人有些因循守旧,也有些人,特别是 20 世纪 60 年代以后,试图把文学评论跟文学理论挂上钩。在后者写下的文章著述中有关卢梭的题目比比皆是。结构主义和解构主义理论中最重要的一些著作都拿卢梭说事。看得出来,文学理论中的一些核心概念都要用卢梭的例子来验证,看看这些概念是否说得通。这样做的目的不一定是要证明这些概念是对还是错,而是通过讨论卢梭看这些概念怎样在实例中应用。一旦把这一点弄清楚了,我们就可以看看《透明与障碍》与后来的那些拿卢梭说事的理论著述之间有多大的差距,以及它们各自追求的目标究竟是什么。

斯塔罗宾斯基对卢梭的解释是从存在主义角度出发的,克洛德·列维-斯特劳斯则是把卢梭编织到自己的结构主义理论当中去。列维-斯特劳斯最有影响的《忧郁的热带》一书在某种意义上是一本现代版的《忏悔录》。他曾宣称,他在亚马孙热带雨林中的那些日子里,卢梭一直是他的精神导师。这样的公开坦白让法国的知识分子们都十分震惊。①

　　启蒙运动高潮时期,卢梭也曾声称,他在加尔文教派的教义中受到启迪。这在当时也属于惊世骇俗的话。对于一个去热带丛林中探险的人来说,途中读读马克思、弗洛伊德或者索绪尔也就罢了,可是读《论人类不平等的起源和基础》《社会契约论》和《爱弥儿》,太特别了吧?列维-斯特劳斯还好意思承认说,他对卢梭的这些书爱不释手,读得废寝忘食。更让人不解的是,他还尊卢梭为现代人类学之父。

321

　　列维-斯特劳斯的这番话是在跟亚马孙地区的南比克瓦拉土著们谈论政治时说的。南比克瓦拉是列维-斯特劳斯在巴西旅行期间碰到的最原始的人群。尽管他们也有个族长,但这个族长做事好像都是根据大家伙的意思。他每天的工作就是把自己的财富分给大家。比如,他收藏的小饰物在他手上待不了多久就送人了。大伙对他的工作所给予的主要报酬不过就是让他拥有好几个老婆。这在法兰西第三共和国的价值体系里是不可思议的事情。查阅当年法国老牌的左翼期刊《现代杂志》,找不到一篇讲南比克瓦拉人文化的文章。连葛兰西和莫斯也都没碰过这个题目,只有在卢梭的作品中才能找到对这些原始文化的解释。

　　学术界一直有个老生常谈、但并不准确的说法,认为卢梭是"高贵的野蛮人"的倡导者。列维-斯特劳斯没有拾人牙慧,很难能可贵。他笔下的卢梭代表一个转折点:从卢梭开始,哲学第一次要把文化作为一种政治力量来解释。从《社会契约论》的角度来看,南比克瓦拉人的原始性表现在他们能把复杂的政治简化为一些单纯而基本的东西。他们的生活方式包含采集、狩猎、希望与恐惧,但他们能把这些轻而易举地转化为一个权力系统,按照大家的集体意志和平共处,相安无事。但是可惜的

---

① Claude Lévi-Strauss, *Tristes Tropiques* (Paris, 1955), chaps.28, 29, 38.

是,这样的社会不久就会被西方文明摧毁。对于一个社会科学学者来说,这是件很可悲的事情,但他无能为力,爱莫能助。

　　列维-斯特劳斯出版《忧郁的热带》10 年之后,雅克·德里达在自己那本《论文文字学》里针锋相对,把列维-斯特劳斯批得体无完肤。德里达特别指出,列维-斯特劳斯讲南比克瓦拉文化的那一章表面上是抬高原始文化,但骨子里仍然流露出自己的种族优越思想。列维-斯特劳斯不屑也不肯深入探究南比克瓦拉人的内心世界,而只是按照自己的想象去塑造亚马孙这个文化"他者"。列维-斯特劳斯使用的那些对应概念,像自我与他人、人类学者与被研究对象等,也没有跳出社会科学那一套范畴,而这是很有局限性的。德里达和列维-斯特劳斯一样,都痛心疾首帝国主义在思想文化方面对这个世界所造成的破坏。在亚马孙地区,前面是代表西方文化的推土机披荆斩棘,鸣锣开道;后面接踵而至的就是西方思想。热带雨林中到处都弥漫着西方人的种族主义毒雾,连人类学家也不能幸免。他们把西方有关纯朴的观念投射到非西方文化中去,而生活在这些文化里的人根本就不认同这些西方观念。①

　　再说,南比克瓦拉人也不见得那么淳朴。《忧郁的热带》一书中有大量证据表明,他们很凶残、很狡猾,也有内斗,在很多方面都非常世故老道。但是列维-斯特劳斯用自己的左倾有色眼镜去看他们,结果是怎么看怎么觉得自己先入为主的观念得到了印证。列维-斯特劳斯借着讨论南比克瓦拉文化同法国历史上的经典作家展开对话,重新考评蒙田、狄德罗,特别是卢梭的现代意义。德里达用不无揶揄的口吻说,如果列维-斯特劳斯要借尸还魂,他根本不需要离开巴黎跑到亚马孙的深山老林里去,因为他的"思想实验室"所需要的材料在卢梭那儿都有。

---

① Jacques Derrida, *Of Grammatology*, translated by Gayatri Chakravorty Spivak (Baltimore, 1972), part 2.

沿着这个思路德里达发现，卢梭跟历史上另一个思想实验也息息相关，那就是笛卡尔的怀疑主义。怀疑主义把思维中自然发生的自我意识作为形而上学的基础。笛卡尔"我思故我在"的宣言代表了一种新的思维方式，强调的是当下和现在。在这一点上，笛卡尔和黑格尔一脉相承。但是卢梭让人们看到这一思想立场的一大漏洞，即对写作过程的忽视。德里达指出，卢梭看到，哲学家们在思考与言说的状态中是可以听见自己的内在声音的，但是一旦他们坐下来要将思考的内容形诸文字，问题就来了，那些写在白纸上的黑字总会歪曲内在的真实。所以，写作过程变成哲学中的一个核心问题。

323

　　列维-斯特劳斯对卢梭的这一真知灼见是有深刻体会的，所以他赞美南比克瓦拉文化时特别说到这是一群不会写作的人。但是德里达更进一步，在他看来，卢梭把写作看作是对口头表述的一种补充，而这种补充是不可能完美地体现原来的意思的。卢梭的这一思想同解构主义的基本立场十分接近。也就是说，所有形诸文字的东西都有这种不可避免的不完美，也都可能被解读出原本没有的意思来。在本质上，补充的东西依附于已经存在的实体，目的是让原已存在的能够更完美。但是有时候补充的东西也可能取代原有的实体。比如，百科全书总是不时地增补和改写内容以反映最新的研究成果，如果我们要查看某一词条的话，不一定要看原文，而只需要看新增补的部分就够了。所以，在哲学意义上，"补充"总是免不了既有得也有失。狄德罗的《布甘维尔旅行记补篇》可能是一部杰作，但它还是不能取代真正沿着布甘维尔航线同南海岛民作实际接触。在哲学和文学中，写作过程可能有助于你走近真理，但它永远不会把你带到真理面前。

　　把一件事用文字写出来是一回事，把它写得明明白白、准确到位则是另外一回事。这两者之间的差别使得德里达在读解卢梭时看到另外一道鸿沟。这条鸿沟将自然与文化分离开来。在鸿沟的一面，人们对真理的体验是自然的：直截了当，浑然天成，内外一体。在鸿沟的另一面，人们对真理的体验是通过文化实现的，面对各种各样的外部干扰、社会关系的阻隔和媒介的限制、写作中的言不尽意与词不达意、文明规范的繁文缛节等人类历史的全部内容：沉沦与进步、奴役和自由。

但是德里达觉得卢梭还不够彻底。他质问道：为什么在言说和写作之间作认识论上的截然划分呢？为什么不在人的思维过程的深处寻找答案呢？言说也可以被看成是一种写作、一种建构，要通过人为的声音能指来表达。所以，内在的声音还是经由了媒介，并不是那么直截了当。在德里达看来，相对于写作来说，言说的过程不过是意指和能指之间没完没了的互动过程。① 虽然卢梭的观点是针对形而上学的，他最后还是向语言投降了。按照德里达的解释，卢梭自己就解构了自己。

但是德里达自己也面临被解构。保罗·德曼把自己对卢梭《论语言的起源》一书的解读拿来跟德里达的解读唱对台戏。② 两个解读的差异泾渭分明，在保罗·德曼看来，德里达误读了卢梭的语言学理论，把卢梭的理论同 18 世纪的另一个有关再现和表达的理论弄混了。后者没什么新意，漏洞也很多，但在当时很流行。德里达以为，卢梭的意思是说文字写作表达的是言说的内容，而言说则表达思想。而实际上，卢梭是把语言看成是比喻性和形象性的表达，跟音乐差不多。在《论语言的起源》这本书里，言说同写作之间的关系就像音乐中的旋律跟和弦之间的关系一样。旋律表达的是一个乐章的灵魂在不同阶段的状态，所以它具有一种直截了当的品质，而这种直截了当的品质是再现性的表现形式（比如

---

① 反驳德里达的文章可以参阅 John R. Searle, "The World Turned Upside Down," *The New York Review of Books* (October 27, 1983): 74 – 79。

② Paul de Man, *Blindness and Insight: Essays in the Rhetoric of Contemporary Criticism* (Minneapolis, 1983; 1st edition 1971), chap. 7. 另见 de Man, *Allegories of Reading: Figural Language in Rousseau, Nietzsche, Rilke, and Proust* (New Haven, 1979), part 2。

绘画和文学)所不具备的。保罗·德曼通过这样来解释卢梭,把德里达予以彻底否定。但我们不禁要问,德里达在别的问题上洞若观火,他对卢梭所做的解读怎么会出现这个盲点呢?

对这个问题,要在斯塔罗宾斯基那里才能找到答案。按照保罗·德曼的说法,德里达的问题出在他不去仔细阅读卢梭的原文,而是依赖别人对卢梭原文的解读,包括斯塔罗宾斯基的《透明与障碍》。这本书代表了对卢梭解读的集大成者。保罗·德曼不敢说自己没有盲点,相反,他把盲点跟独到见解相提并论。不过,他强调绝对不能依赖前人的解读,因为此前所有关于卢梭的研究都有问题,靠不住;跟所有的文学一样,"卢学"本身也亟待被彻底解构。

325

1983 年保罗·德曼去世时,当时学术界正处在这种解读与误读反反复复的拉锯战状态。随着对卢梭原文的批注解读越来越多,研究者们对原作者卢梭的关注反倒越来越少了。那个历史上真实存在过的让·雅克,那个生活在 18 世纪写出了这些作品的卢梭,从研究者们的视野中消失了。

对于从事阐释学这一行的理论家来说,"真实"的卢梭的概念是个非常天真的想法。今人怎么可能真正了解一个两百多年前的生命?关心作家的生平又有什么意义?正像罗兰·巴特说的,任何作家在本质上都已经作古,留下的只有他们的作品和别人对这些作品的解读。① 所以,理论家们,至少他们当中那些跟罗兰·巴特和德里达在认识上一致的人,便不再去顾及时代的因素。他们把卢梭埋葬在一层又一层的诠释当中。如果说他们在自己的论著中也提到卢梭的话,那也已经是被断章

---

① Roland Barthes, "The Death of the Author," in Barthes, *Image*, *Music*, *Text* (New York, 1977), 142–148.

取义的卢梭,被用来不分时间地点地去证明或否定某种哲学观念,柏拉图也好,胡塞尔也好,反正历史是不存在的。

对文学作品的这种非历史性的研究在学术界大行其道,这使得《透明与障碍》一书显得不合时宜,只好被束之高阁。当然,理论家们有时会在注脚当中提到这本书。事实上,我们在德里达有关当下的形而上学理论和有关"补充"的那番议论中都可以看到斯塔罗宾斯基的影子,听到"透明"与"障碍"主题的回声。对于卢梭把真理的基点放在内心体验上的做法,斯塔罗宾斯基也跟德里达一样,把这看成是因为语言的阻隔而带来的必然结果。所以,斯塔罗宾斯基说过,不但对于卢梭来说语言是所有直接经验的核心,对于整个现代文学也是如此。他的这个说法后来被德里达称之为"语言中心论"。① 但是,为什么在文学理论界有关这些问题的讨论当中,斯塔罗宾斯基没能占有一席之地呢?

326　　从根本上讲,斯塔罗宾斯基以及他的追随者们对这些问题的理解跟后来的理论家们不是同一个思路。斯塔罗宾斯基是想理解卢梭,理解卢梭的人生和作品,并把这一切作为一个整体来探讨;但是后来的理论家们根本就不屑于去讨论作家作品。斯塔罗宾斯基想把所有跟卢梭的生活和作品相关的碎片编织成一个完整而统一的解说,而其他那些理论家们则是要"解构",要把成形的东西拆开,根本就不承认有什么统一的东西。斯塔罗宾斯基是想弄懂卢梭,而其他那些理论家们是要建构自己的理论。对他们来说卢梭只是个话题,或者用列维-斯特劳斯的话来说是

---

① 这方面的著作可以参看 David Lodge, ed., *20th Century Literary Criticism* (London, 1972); Francis Barker et al, eds., *Literature, Politics and Theory* (London, 1986); Cary Nelson, ed., *Theory in the Classroom* (Chicago, 1986) 和 Clayton Koelb and Susan Noakes, eds., *The Comparative Perspective on Literature: Approaches to Theory and Practice* (Ithaca, N.Y., 1988)。值得注意的是,这些著作都没有提到斯塔罗宾斯基 (Starobinski)。

个切入点。他们对卢梭采取的是断章取义、削足适履的做法，目的是用卢梭来证明自己的正确，或者把他用作武器去攻击别人。

随着理论热的消退，我们可以很有把握地预见，历史上的卢梭会在尘埃落定之后重新进入人们的视野。《透明与障碍》已经被翻译成各种语言，正改头换面再版面世。这本书的芝加哥版包括了罗伯特·莫里塞写的一篇文章，出版社还附上了一份做得很好的索引，这些都对读者极有帮助。不过，不知为什么，这个版本没有把1971年版以后发表的"卢学"书目加进去。但不管怎样，《透明与障碍》的再版有助于我们重新发现卢梭，以及在他身上凝聚着的整个18世纪的风风雨雨和精神文化。

尽管研究卢梭的文章著述已经汗牛充栋，但这个领域仍大有可为。仅看斯塔罗宾斯基是不够的。正像我前边说过的，在历史细节方面《透明与障碍》实在是乏善可陈。这本书的价值不在于史实，也不在于它避免了用历史为理论服务的毛病。解构主义的理论已经让我们看到，文本是多么不可靠，包括收藏在档案馆里的那些文献。但是，新一代的文学理论正在地平线上崛起，他们在人文科学特别是人类学中汲取营养，稳健扎实，备受瞩目。

列维-斯特劳斯把卢梭视为人类学之父并没有错，但把卢梭用于18世纪的欧洲文化研究，比用在南比克瓦拉文化研究上更合适。卢梭发明了人类学，就像弗洛伊德发明了精神分析学，两人都先用自己的理论去分析自己。卢梭渴望理解自己的生活，为了此目的，他要研究自己在从一个社会环境到另一个社会环境的过渡中是怎样吸收和消化不同文化的。他的人生足迹到过日内瓦、意大利、萨伏依和法国，经历上也是从工匠铺子里的小学徒到华伦夫人的闺房情人，从贫民窟的食不果腹到贵族豪宅里的盛大晚宴。这些经验使他看到文化在塑造个人和社会方面的巨大能量。他目睹了戏剧、小说、游戏、育婴方式、教育制度、语言、宗教等对人们怎样面对和处理现实中的问题，以及何时何地该怎样行为举止所产生的深刻影响。在卢梭看来，这些文化形式不只是传达一定价值的工具手段，它们本身就体现着一定的权力。卢梭对权力的各种表现形式都做了分析，他写下的政治理论、教育学、小说和自传无不涉及这一内容。

我们现在可以看到卢梭有多么了不起。新潮的理论家通过卢梭的作品总结出自己的理论，传统的学者则通过发掘出大量的史料来重构卢梭时代的社会现实。他们不曾忘记历史上的卢梭，但他们缺少斯塔罗宾斯基的开阔眼光。结果，他们对卢梭见仁见智，抓其一点，为我所用。自从《透明与障碍》出版之后，研究卢梭的专著和文章已经又发表了不下数百。有人把卢梭作为一个知识分子斗士来研究，有人把卢梭作为伏尔泰的冤家对头来研究，有人把他看成是法国大革命的精神领袖，有人在他身上看到加尔文教派的影响，有人把他看作政治家，有人觉得他是个自然神论者或者仇视女性的人、思想家、植物学家、教育家、音乐家、流浪汉等。这些分散的见解亟须被综合整理到一起。面对这个任务，我们应该当仁不让。①

328 　　所幸的是，我们现在有拉尔夫·李编订的 46 卷本的卢梭书信集。他为编辑这本书所做的研究工作实在令人叹为观止。仅是这本书的注脚就可以作为卢学研究书目辞典独立出版。每一卷卷首的序言如果合

① 这方面的例子有 Benoît Mély, *Jean-Jacques Rousseau, un intellectuel en rupture* (Paris, 1985); Henri Gouhier, *Rousseau et Voltaire: Portraits dans deux miroirs* (Paris, 1983); Louis-Pierre Jouvenet, *Jean-Jacques Rousseau: Pédagogie et politique* (Toulouse, 1984); Maurice Cranston, *Jean-Jacques: The Early Life and Works of Jean-Jacques Rousseau 1712—1754* (London, 1983); Carol Blum, *Rousseau and the Republic of Virtue: The Language of Politics in the French Revolution* (Ithaca, N.Y.: 1986); Joel Schwartz, *The Sexual Politics of Jean-Jacques Rousseau* (Chicago, 1984); and Asher Horowitz, *Rousseau, Nature, and History* (Toronto, 1987)。

在一起出版的话,也会是最好、最权威的卢梭生平传记。[①] 拉尔夫·李在 1987 年 12 月去世,未能看到这项宏伟工程的最后完成。他去世时卢梭书信集还有最后三卷没有出版。这最后三卷都跟卢梭在法国大革命期间的影响有关。此外,还有几卷索引。在拉尔夫·李之前,斯塔罗宾斯基所做的卢梭研究已经让我们觉得够了不起了。现在看到拉尔夫·李的成就,越发觉得人外有人,天外有天。

看来,对卢梭研究进行一次新的综合的时机已经成熟,这项工作至少应该可以和目前正在进行当中的多卷本伏尔泰传记并驾齐驱。[②] 斯塔罗宾斯基写的卢梭传记虽然不是不可逾越的高峰,但今后无论谁再写卢梭传记,都必须站在他的肩膀上。而且,关于卢梭的话恐怕永远也说不完,永远都会有人继往开来。如果说过去 30 年的"卢学"告诉了我们什么的话,那就是卢梭的作品和思想实在是博大精深,以至卡西勒称之为"卢梭问题"。卢梭的生平是如此离奇,他的作品又如此丰富,这注定会激发人们不断的兴趣和不同的解释。正像我们在《透明与障碍》的例子中看到的,卢梭不但自己写出经典作品,而且让别人写他的作品也成为经典。

---

① R. A. Leigh, ed., *Correspondance générale de J.-J. Rousseau* (Oxford, 1965).

② *Voltaire et son temps* 是由 René Pomeau 主持的五卷本伏尔泰生平传记。其中由 Pomeau 写的第一卷已经出版,即 *D'Arouet à Voltaire 1694—1734* (Oxford, 1985)。

第十五章　历史与人类学①

　　有一天,我参加了一个语言符号学的研讨会。会后在回家路上发生了一件很有意思的事。当时我正从图书馆 C 层拐角走过,看到一则从《纽约时报》上剪下来的广告,贴在图书馆专供学生写作业用的小单间门上。上面写着:"飞斐济来回只要 499 美元。"我因为刚刚听过查尔斯 S.皮尔斯的讲座,脑袋里面全是跟符号学理论有关的东西,立刻把这张广告作为一个符号来看。广告上的意思很清楚:你可以去斐济旅行,飞一个来回只要 499 美元。但是它出现在此时此地,意思却有所不同。显然,这是个写论文写烦了的学生跟校园里的人卖弄俏皮,意思好像是说:"我想远走高飞,去呼吸些新鲜空气,晒晒太阳。"你还可以想象出一些别的有声有色的东西来。但要理解这个俏皮,你必须知道这种小单间是学生们写论文的地方,而写论文是要花功夫、费时间的。你还得知道,对学生们来说普林斯顿的冬天就像身上裹着一件湿衣服那样让人不舒服。总之,你得对校园文化有所了解,才能充分理解这个俏皮。当然,如果你就是校园文化中的一个分子,那另当别论。但是对于校园文化以外的人来说,新鲜的空气、充足的阳光并不稀奇,所以也就不大可能充分体会到

---

① 本文首刊于 *The Journal of Modern History* 58（1986）：218－234），作为对批评我的人的回应。他们的批评针对的是我那本 *The Great Cat Massacre and Other Episodes of French Cultural History*（New York, 1984）。例如 Roger Chartier, "Text, Symbols, and Frenchness," *The Journal of Modern History* 57(1985)：682－695。因为 *The Journal of Modern History* 的编辑们不赞成对批评文章针尖对麦芒,他们建议我把回应的文章改写成一篇讲象征的论文,避免在逐条反驳 Chartier 的评论文章过不去。

小单间里学生的苦衷。对生活在校园文化里的人来说,花499美元跑到斐济玩一趟的幻想会引起会心的一笑,但对校外的人来说,这可能显得有些学生气。对我来说,这则广告涉及一个经典的学术问题,即象征符号是怎样作用于我们的感知的?

我在1984年出版了一本书,叫《屠猫记:法国文化史钩沉》。这本书出版以后受到很多人的批评。我对上面这个问题的思考跟这些批评有关。在那本书里我想让大家看到,为什么在1730年的巴黎,一帮印刷作坊的学徒工人会觉得郑重其事地杀死几只猫特别带劲。我想通过此事来了解当时的工匠文化,并弄懂文化史中象征符号究竟是怎么发生作用的。我那本书出版后,批评它的人提出了一些问题。那天看到"飞斐济来回只要499美元"这则广告以后,我忽然想到,那些批评我那本书的人所提出的那些问题都跟怎么读解这则广告有关。所以,我现在想讨论一下那些问题,目的不是为了要反驳人家,因为我至今坚信我在那本书里的观点是站得住脚的。但是我想随便谈谈在历史研究中该怎样理解象征符号、仪式和文本的含义。

罗杰·夏蒂埃在他那篇写得很长的书评中,说我的《屠猫记:法国文化史钩沉》一书对象征符号的理解是完全错误的。[1] 在他看来,象征所表现的是能指和意指之间直接的"代表关系"。他引用了安托万·孚

---

① Roger Chartier, "Text, Symbols, and Frenchness".其他谈到 *The Great Cat Massacre* 一书中涉及的理论问题的文章有 Philip Benedict 和 Giovanni Levi, "Robert Darnton e il massacro dei gatti," *Quaderni Storici*, new series, no. 58 (April 1985): 257–277。我曾和 Pierre Bourdieu、Roger Chartier 有过一场辩论。那次辩论以"Dialogue à propos de l'histoire culturelle"为题,发表在 *Actes de la recherche en sciences sociales*, no. 59 (September 1985): 86–93。自此,别人也介入了这个讨论,参阅 Dominick LaCapra, "Chartier, Darnton, and The Great Symbol Massacre," and James Fernandez, "Historians Tell Tales: Of Cartesian Cats and Gallic Cockfights," *The Journal of Modern History* 60(1988): 95–127。

雷蒂埃编纂的 18 世纪辞典中的话："狮子是勇武的象征。"我同意，当下出版的很多词典有助于我们对词汇的含义追根溯源。但是我觉得像孚雷蒂埃这样的精英作家不一定弄得明白那些文盲的劳工阶层是怎么理解和使用象征符号的，所以他对象征的解释在民族志研究中也不是很有用。

　　研究民族志的人对象征有非常不同的理解。事实上，他们喜欢让不同的观念争出高下来。但不管他们隶属于哪一个理论派别，都不会用"狮子代表勇武"这样的例子来解释象征的作用。相反，他们认为象征符号具有多重含义，每一个象征符号的具体含义都会因地制宜，见仁见智。正像迈克尔·赫兹菲尔德说过的："象征符号没有固定的对应。与象征符号对应的东西永远都是因时因地而决定的。"①赫兹菲尔德自己在研究希腊农民时发现，象征符号可以有好多种含义，而且大部分含义都是让人意想不到的，局外人也永远不会理解。谁要想知道这些象征符号的含义，谁就得跟乌鸦、番红花、鹅卵石和其他当地文化中频繁出现的东西常年打交道。一代又一代的人类学家都有过同样的经验。不管走到哪儿，他们都会发现，当地人赋予象征物的意义既十分复杂，也出人意料。比如，根据詹姆斯·费尔南德兹的研究，中非加蓬共和国的芳族人用竖琴来象征响尾蛇；而凯斯·巴索在研究中发现，亚利桑那州的阿巴齐族人用蝴蝶象征屎壳郎；罗萨尔多·雷纳托的研究告诉我们，菲律宾的伊富高族人用树来象征林间小径；E.瓦伦丁·达尼尔的研究让我们看到，印度南部的塔米尔人用房屋来象征鲜花。② 这种例子数不胜数，看

① Michael Herzfeld, "An Indigenous Theory of Meaning and Its Elicitation in Performative Context," *Semiotica* 34 (1981)：130；另见 135–139。

② James W. Fernandez, "Symbolic Consensus in a Fang Reformative Cult," *American Anthropologist* 67 (1965)：902–929；Keith Basso, "'Wise Words' of the Western Apache：metaphor and Semantic Theory," in *Meaning in Anthropology*, edited（转下页）

看几个个案研究可能会对我们更有益。

劳瑞·丹福斯用赫兹菲尔德的象征理论去研究希腊农村里的死亡仪式。[1] 他发现，葬礼跟婚礼互为表里，异曲同工。人们在葬礼上使用的象征符号和仪式有助于农民们节哀，因为它们都有起死回生的寓意。比如，守丧期间死者家里的女性成员要穿上黑衣服在墓地周围守灵，还要编唱一些歌曲。她们常常在歌曲中加上一些对死者牢骚抱怨的话，怪他给大家带来这么多痛苦和悲伤，怪他的去世是"给大家的生活下了毒药"。这个"毒药"变成女人们流不尽的眼泪，落在墓地上，滋润了那里的土壤，让万物得以生长。这样，死者在阴间也可以有吃有喝，颐养天年。所以，在这些民间哀歌中，死者也往往会用积极向上的比喻来安慰伤心的家人。

> 生人熟人本家人，
> 前来吊我莫伤心。
> 赐我几许离别泪，
> 久旱禾苗遇甘霖。
> 泪滴化作倾盆雨，
> 流到阴间万物春。

（接上页）by Keith Basso and Henry Selby（Albuquerque, N.M., 1976）, 93 - 122; Renato Rosaldo, *Ilongot Headhunting*, 1883 - 1974: *A Study in Society and History*（Stanford, Calif.: 1980）; and E. Valentine Daniel, *Fluid Signs: Being a Person the Tamil Way*（Berkeley and Los Angeles, 1984）. 更多例证可参阅 Basso and Selby, eds., *Meaning in Anthropology*; J. David Sapir and J. Christopher Crocker, eds., *The Social Use of Metaphor: Essays on the Anthropology of Rhetoric*（Philadelphia, 1977）; and Janet L. Dolgin, David S. Kemnitzer, and David M. Schneider, eds., *Symbolic Anthropology: A Reader in the Study of Symbols and Meanings*（New York: 1977）。

[1]　Loring M. Danforth, *The Death Rituals of Rural Greece*（Princeton, N.J., 1982）.

烹饪沐浴用不尽，
洗面净发美容醇。[①]

根据丹福斯的研究，在干旱的希腊内陆，跟水有关的比喻是意味深
332 长的。潮湿意味着孕育和生命，干燥意味着贫瘠和死亡。水能渗透墓地干燥的土壤，会加快死者的腐烂。寡妇们往墓地上泼水，对死者说自己已经被悲伤烧干了。她们要穿黑颜色的衣服，尽量多流眼泪，因为眼泪会像水一样流向死者。水和毒药结合在一起，在生死之间搭起桥梁。这座桥梁由一系列的对立概念构成，沿着由强到弱的层次，最终会聚在眼泪所具有的象征意义里（见图 15－1）。

生命
潮湿
水
眼泪
毒药
干燥
死亡

图 15－1

虽说诗歌不能起死回生，但至少它可以在短时间里缓和死亡所带来的痛苦。诗歌是怎样发挥这个作用的呢？它不是通过机械的对应表现，而是通过情感的自然宣泄来超越现实世界中的种种界限。历史学家们循规蹈矩，按部就班，由果及因推理演绎。但是在日常生活中，大部分人必须自己琢磨出各种各样的象征意义来。不管他们在生活中是干什么的，都得跟比喻打交道。这不是说经济关系和权力关系不能独立存在，

---

① Loring M. Danforth, *The Death Rituals of Rural Greece* (Princeton, N. J., 1982), 110－111.

而是说这些权力关系要通过一定的象征和符号来实现。金钱本身就是个符号，一个对文化符号一无所知的人是赚不到钱的。人生中的生老病死、喜怒哀乐，都有相应的象征符号来表达其意义。有些是直截了当的对应，比如黑色代表死亡。但很多其他的象征就没有那么确定的意义，它们的含义在我们的感知中飘浮不定，极其多义。

有些从事文化史研究的学者认识到，他们要研究的核心就是事物之间的比喻性关系。所以，赫伊津哈在讲到中世纪的宗教经验时说：

> 看到玫瑰在刺丛中开放，马上就会联想到贞女和殉道者在其迫害者中的傲然荣光。这其中相似性的产生，是因其同样的特征：玫瑰的美丽、温柔，它的纯洁及色彩，正与贞女如出一辙，而花的红色，恰如殉道者之血。但是，如果联结两个象征概念术语的东西是两者都具有的某种共同本质，那么，这种相似性就有了一种神秘的意味。换言之，要是红色和白色的概念不过是基于物理光量之类的差异，原始人、儿童和诗人们也就不会着迷入神了。①

赫伊津哈跟丹福斯一样，也强调象征符号所具有的本体意义，而不是表现上的关联。在他看来，不能说玫瑰代表贞女和烈士，而要说它在本质上和贞女与烈士相同，属于同类。

赫伊津哈在不懂语言哲学、也不懂符号学的情况下对象征做出的解说已经在当前的人类学研究中被广为接受。特别是在维克多·特纳的

---

① Johan Huizinga, *The Waning of the Middle Ages* (Garden City, N.Y., n.d.; original ed. in Dutch, 1919), 203–204.译文来自刘军等译，《中世纪的衰落》，北京大学出版社2014年版。——译者注

334　研究中,赫伊津哈的影响更为明显。特纳在津巴布韦从事田野调查多年,他发现,恩登布人的文化中到处都是象征符号,风景中、空气里,有时候单义,有时候多义。恩登布人热衷于繁杂的仪式,并对自己的仪式津津乐道。当地有一种植物叫穆迪树,恩登布人称之为"奶",又称奶树。这种树在他们的生活中十分重要,恩登布人不管讲什么事都要用这种树作比喻。特纳经过精心研究,反复核实,最后得出结论说,恩登布人赋予这种树的含义五花八门,千变万化。他写道:

> 奶树的标准象征意义当中包括女性、母性、母子之爱、少女及笄、母系、女人之道和恩登布社会的团结与长治久安。它还代表所有那些有价值的人际关系。这些关系可以是跟家庭有关的、跟法律有关的,或跟政治有关的。跟青春期沾边的那些仪式中,上面这些涵义都有突出的体现。树的象征意义在内涵和外延两个层次上共同强化了恩登布文化中女性的支配地位。除了上面这些抽象含义之外,在感性和视觉的层面上,奶树让人联想到母乳(因为这种树会流出奶汁一样的液体)、母亲的乳房和少女婀娜的身材。这种树通常在恩登布人的村落附近就有,它在各种仪式中表达着重要的文化主题。①

如此天衣无缝的民族志研究不免让人有些狐疑,不知道这种情况在津巴布韦以外的地方是否也存在。但是特纳的研究应该有助于我们理解日常生活中的象征符号。我看到"飞斐济来回只要 499 美元"的广告

---

① Victor W. Turner, "Symbols in African Ritual," in Dolgin, Kemnitzer, and Schneider, eds., *Symbolic Anthropology*, 185. 如果想看更多的讨论和史料,可以参阅 Turner, *The Forest of Symbols: Aspects of Ndembu Ritual* (Ithaca, N.Y., and London, 1967), esp. chaps. 1, 3, 4。

时,发现查尔斯·皮尔斯的理论很灵验。印在广告上的英文字母是符号,它们的表层意思是说坐飞机去斐济的费用,但实际的意思是说一个玩笑:"我想远走高飞。"事实上,如果我把自己想象成这则广告传播网上的一个点,那么在我这个点上,这则广告引起好几层反应。在一个层面上,我觉得查尔斯·皮尔斯有关符号学的话讲得很有道理;在另一个层面上,这个广告也让我想到,我们作老师的是不是给学生的作业太多了。我还想到,学生们现在越来越机智俏皮了。那么我的这些想法是不是很离谱呢? 那些涉及我自己怎么想的部分当然没有什么离谱的地方,但是,我的解读跟贴这张广告的那个学生的本意沾不沾边呢? 我忍不住想问问这个学生,看这个人自己怎么说。第二天,我又来到图书馆 C 层,在标号 H9 的小单间门上敲了敲。开门的人是一个名叫艾米·辛格的女研究生,学的是近东研究专业。她告诉我说,那张广告是她在两个星期之前贴上去的,当时正要大考。那天又是这个冬季最阴冷的一天,偏巧《纽约时报》上有这么一则广告让人遐想一个遥远而又温暖的地方。艾米看上去像是那种很阳光、很乐观的女孩(我后来了解到,她那次大考考得很好)。她说,她觉得那个广告主要是让人产生逃避的幻想,是个玩笑,而不是发牢骚,就像一张贴在车牌照上的短语标签。在她这么说以前,我从来没把图书馆小单间的门跟车尾牌照联系起来。显然,我对这个广告的理解不完全跟她的用意吻合,但起码我能悟到其中的俏皮含义,也因此更加觉得查尔斯·皮尔斯了不起。

　　我并不是想在这里鼓吹查尔斯·皮尔斯的符号学理论,而是想说明一个简单的道理:一旦建立了比喻性的关联之后,我们讲述这个世界的方式跟思考这个世界的方式是一样的。事物之间的比喻性关系牵涉到符号、图像、索引、换喻、举隅等手法,这些都是修辞中常用的技术手段。哲学家和语言学家们将这些技术手段分门别类,但是我不大愿意仅从一家,不二法门。我喜欢比较广义地使用"象征"一词,不管它是声音、形象,还是姿态。只要它传达一定的意义,对我来说就有了象征的意义。
什么是象征性的行为,什么是非象征性的行为,它们之间的差别可能跟
眨一下眼睛与眯一下眼睛之间的差别一样微不足道,但是对于理解人与
人之间的沟通和文化阐释来说,这两者之间的差别可是至为重要的。所
以,研究文化史的人对象征符号的理解应该是多义的、流动的和复杂的,
绝不能是简单的"狮子代表勇武"那种简单化的对应。

　　但是为什么有些象征符号具有特殊的力量呢? 为什么它们具有丰
富的内涵? 要回答这些问题,我们得看看列维-斯特劳斯是怎么说的。
他曾经说过,有些东西就是给人的肠胃预备的,有些东西则是给人的大
脑预备的。人们不只是用抽象的方式表达自己的思想,也通过物件和行
为。比如一个烧好的猎物,谁可以吃,吃哪个部位;营帐内沙子的堆法;
在奶树下睡大觉;或者杀几只猫,这些都表达人的思想和态度,因为这些
行为都具有一定的寓意。任何一件东西和事物都跟另外的东西和事物
有相通、相像、相关联的地方,要么是颜色上,要么是形状上,要么就是它
们同周围事物的关系上。①

　　但如果没有一套范畴体系像筛子一样把我们的生活经验加以排列
组合,这些关系是无法想象的。语言本身就是个最基本的筛子。我们给
事物一个称谓,就是把它给放到一定的语言概念范畴里面去。这些概念
范畴有助于我们把世界上的事情分门别类。我们说这是鱼,那是禽,彼
此都知道对方在说什么。所以,怎么样称呼一个东西,反映你对那个东
西的理解,因为你要在一个概念系统中给它定位。但是,我们称之为"自
然"的世界里,各种各样的东西并没有分类,更没有概念标签贴在它们上
面。往往正当我们觉得已经把大千世界条分缕析得清清楚楚的时候,会

---

① Claude Lévi-Strauss, *The Savage Mind* (Chicago, 1966; original ed. in French, 1962),
esp. chap. 1.

出现一些我们没想到的东西,让我们吓一跳。比如蛇这种动物,它同时跨越好多概念范畴。它既不是鱼,也不是飞禽,它在陆上行走的样子像是在水里游泳,看上去黏糊糊的却又不能吃。人们说损话时会常常用到它。比如"斯蒂夫在草地上走路的样子像一条蛇一样"。这类很难放在一个单一概念范畴里的事物给我们的秩序感造成很大威胁,也给我们的认识画上大大的问号。这类东西有能量,也很危险。至少在人类学里我们把这类东西称之为"禁忌"。

337

人类学者们在世界上好多地方都碰到多种多样的禁忌,并写下过不少文章著述。最近,玛丽·道格拉斯重新挑起有关这个问题的讨论。她发现,所谓"脏"的东西实际指的是那些无法归纳的东西,也即这些东西对我们的概念范畴产生冲击,所以我们觉得它脏。① 古代以色列人不吃猪肉,这并不是因为猪很脏,而是因为在《利未记》中猪的地位很模糊。根据《利未记》,动物分成两大类,要么是反刍类动物,像牛就不被看成是什么禁忌;要么就是有蹄子的动物,像羊也不属于禁忌一类的动物。猪不反刍但却有蹄子,这对《圣经》中建立起来的范畴分类构成挑战,所以受到排斥。另外还有一些动物也有"杂交"的特点。比如蟹类,它们有脚,可以像陆上的动物那样在地上行走,但又生活在水中。再比如昆虫,也有脚,像陆地动物,但生活在空中。这些动物都不讨人喜欢,因为它们都违背了上帝创世时所立下的分类原则。上帝创造了大地、海洋和天穹,目的是让万物各有所归。所以,对于犹太人来说吃什么、不吃什么,这是敬畏上帝的一种方式,也是维持他们世界秩序的一种方式。猪虽然不能入口为食,但却可以成为被思考的对象,进入人们的大脑。

道格拉斯对《圣经》的解释听上去有点玄,但她讲的话以前也有别

---

① Mary Douglas, *Purity and Danger: An Analysis on the Concepts of Pollution and Taboo*(London, 1966), 35. 后面两个段落的讨论基于本书。

人讲过。A.R.拉德克利夫-布朗早些时候也问过这个问题：为什么有些动物在仪式中具有特殊的意义？列维-斯特劳斯对这个问题的回答方式是把社会功能放到一边去，而重点考察动物在概念范畴中的地位和分类。道格拉斯给我们看到的是，什么东西成为禁忌跟它跨越不同概念范畴有关。她在非洲中部所做的田野调查显示，莱利人有一套非常详细的、专门用来描述动物和对它们进行分类的概念范畴。他们的着眼点主要是动物的食性。在举行最神圣的仪式时，他们要吃穿山甲或者食蚁兽，因为这些动物跟他们对动物所做的分类不符。穿山甲像鱼一样身上有鳞，像猴子一样会爬树，像鸡一样会下蛋，又像猪一样哺育幼崽，像人一样每一胎只生一只，对一个普通的莱利人来说，这东西太怪异了。所以，在举行各种仪式时可以把它吃了，它的肉让人能生育。跟其他被视为有神性的东西一样，穿山甲让人们的概念范畴显出漏洞，让人们看到，人们对事物所做的界分是任意的、人为的，所有的东西都可以另有归属。

根据这个逻辑，人类学家们把奇奇怪怪的各种动物都分门别类，已经多到可以专门开一个"珍禽异兽"动物展览馆了。我在这里不可能把他们的所有发现都面面俱到地讲一遍，但是我可以给大家做一个简要的介绍。从道格拉斯的穿山甲到拉尔夫·布尔默的食火鸡、埃德蒙·利奇的母狗和坦比亚的水牛，这些动物的共同特点是，它们都因为在标准的分类系统中不好归类，被打入另册。它们常出现在人们骂人的话里，而且斋戒和祭祀的时候也不能用作牺牲。人类学家们的研究让我们看到，当地的人们之所以这样对待这些动物，是因为在他们的文化框架中，在他们制定的范畴体系中，这些动物属性含糊而被视为禁忌。

布尔默注意到，新几内亚的卡兰人跟别的高原地带的人不一样，他们把火鸡单独立项，而不像别人那样把火鸡视为鸟类。卡兰人跟火鸡有关的禁忌不仅很多，而且很反常。他们到山上的森林里去猎取火鸡时讲"潘丹奴"话，这是一种专用语言，为的是避忌讳。他们在同一片林子里

339

采集干果时也用这种语言。他们不敢让火鸡出血，因为他们怕火鸡的血会毁了他们种在家里的山芋。所以，他们要用木棒打杀火鸡，结果每次都弄得鸡飞狗跳。把火鸡打死后，他们要先吃了火鸡心脏，然后几个月都不敢走近种山芋的地方。布尔默发现，卡兰人对宗族关系的看法跟他们对火鸡的态度有很像的地方。卡兰人的母系社会是建立在近亲繁殖的基础之上，他们用森林里潘丹奴树大叶子上的纹路来标志这些姻亲关系。族人之间打架的时候都用木棒，而不能用尖锐的武器，尖锐的武器只能在跟外族人打仗时使用。如果本族人之间有人被打死，活下来的那个人要吃一颗猪心才能把死者的阴魂给赶到森林里去。卡兰人关于自己民族起源的神话中说，有一个当哥哥的把自己的妹妹给套住了，这个妹妹于是变成一只火鸡。后来，一群外来的人把她给骗走吃掉了，惹得这个当哥哥的把这群外来人都给杀了，再把这些人的妹妹抢来做老婆，从此就有了卡兰族人。卡兰人告诉布尔默，他们都把火鸡称为"姐妹"，视火鸡为自己的本家。这让布尔默恍然大悟。卡兰人把火鸡看成是同类，在他们的思维里这就是个简单的分类学问题。他们对世界的划分是围绕着本族人和外族人的界限的。基于此，再去分清森林与花园、自然与文化、生命与死亡之间的界限。①

　　埃德蒙·利奇在自家后院里也发现了相似的现象。我们盎格鲁-撒克逊人也有禁忌。我们把近亲结婚和吃狗肉视为大逆不道。我们骂人的时候，称对方是"母狗"或者"狗娘养的"②。但为什么不说"牛娘养的"呢？在我们的概念范畴里，乱伦、忌食、下流等概念有什么共同的地方呢？利奇同意道格拉斯的说法，也觉得这些概念很模糊。他也同意列维-斯特劳斯

---

① 　Ralph Bulmer, "Why Is the Cassowary Not a Bird? A Problem of Zoological Taxomony Among the Karam of the New Guinea Highlands," *Man*, new series, no. 2(1967): 5-25.

② 　此处英文原文是 bitch，这个字的意思既可以是"母狗"，也可以是"婊子"。——译者注

的看法,认为这些概念的模糊性来源于它们的"中间地带"性质。宠物在这方面是最好的例子,它们横跨相互对立的世界,处在人与动物之间、驯化与野性之间。我们可以画一张示意图,图上的东西以它们跟人之间的距离远近来划分,那么,我们可以把宠物摆放在跟它属性相同的东西一起(见图15-2)。正如我不能跟自己的妹妹结婚一样,我也不能吃宠物;但是我可以跟邻居结婚,也可以吃我养的牛羊。这些概念范畴之间互有流动,而介于它们之间的那些概念往往跟禁忌有关。所以,对我们来说,狗不但在骂人的时候有用,思考符号学问题的时候也很有用。①

340

自己——房子——田地
自己——妹妹——邻居
自己——宠物——牲畜

图 15-2

  人类学家坦比亚分析了泰国乡下人对生活中事物所做的划分,发现水牛在他们的生活中占有特殊位置,体现出的道理跟别处一样。泰国人跟水牛的关系,同英国人跟宠物的关系是一样的。从孩童时代起泰国人就在水田里看着它,盛夏的日子里又会在牛背上睡觉。等长大成人了,他们也会在脏话里加进很多跟水牛相关的字眼。在泰语中,水牛跟人的生殖器在发音上差不多,这就给骂怪话的人以可乘之机。泰国人还把水牛看成是有德行的动物,所以到了斋戒日他们就不让水牛下田工作,而别的动物就没有这个待遇。他们也不会吃水牛肉,虽然很多仪式的场合都有水牛肉,但那一定是别人家的或者别的村的。

---

① Edmund R. Leach, "Anthropological Aspects of Language: Animal Categories and Verbal Abuse," in *New Directions in the Study of Language*, edited by Eric H. Lenneberg (Cambridge, Mass., 1964), 23-63. Leach 的图表和讨论涉及一整套复杂的关系,而且前后矛盾,我在这里略作简化处理。

水牛在泰国人的家庭生活中占有特殊地位,这是因为泰国人的房屋本身就很特殊。泰国人的房屋都是按照严格的空间原则建造在一些柱子上面的。卧室部分都靠北边,跟客房和起居室由一道门槛分开。卧室又细分为西厢和东厢。西厢给女儿们住。如果女儿结婚了,女婿也可以住西厢。东厢给父母住。家里未成年的男孩子都跟父母一起睡,等他们进入少年时代就搬到客房里去睡。父亲要睡在母亲的左边,是卧房里面最靠东的位置;而女婿要睡在女儿房间最西面的位置上。这种安排为的是强化两性间的禁忌,女婿绝对不能进入东厢或离他太太的姊妹们太近。这里的禁忌原则同泰国人对空间的等级划分暗合,因为他们把东面看成是神圣的、吉祥的、富于男性特征的,而西面则是跟不洁、不吉利和女性化的东西相关。盥洗间设在最西面的下一层,它的下面被看成是最醒龊的地方。水牛一般就拴在卧室下面。如果哪头水牛挣断了绳索,跑到盥洗间下面的泥水里,那会被看成是很不吉利的事情,得举行一个特殊的仪式来消灾免难。

在泰国人的分类系统里,水牛是跟所有的动物划分到一起的。这些动物里有的能吃,比如树鼠,这毫无疑问属于野生世界;有的不能吃,比如水獭,因为它一会儿在水里,一会儿在陆上。坦比亚把它们统统作了一番普查,又研究了家居的空间安排,再把这些跟社交礼节和婚姻中的规矩相参照,最后再把这些数据做出一张图表。这个图表可以横着看,也可以竖着看,上面显示出一系列禁忌,都很有规律地排列在那里。比如,乱伦与女婿僭越和水牛跑到盥洗间下面都排在一个系列上。而图表的另一极则是正面的对应:明媒正娶的婚姻、同睡在客房里的亲戚和吃别人家的水牛都排在同一个系列里。有关空间安排、性关系和什么能吃什么不能吃的规矩同属一个相关系统。这个图表就像一个文化导航器。[①]

① S. J. Tambiah, "Animals Are Good To Think and Good To Prohibit," *Ethnology* 8 (1969): 423−459.

但是人类学家们弄出来的这种图表有时候看上去更像无线电说明书,而不像是文化解剖图。人类学家们往往错在太过于形式主义。但是一旦这些图表能解释原始数据,形式主义跟田野调查就是珠联璧合,并让我们看到象征符号的作用不仅取决于自身的比喻性功能,而且取决于它们在特定文化系统中所处的位置。

象征符号的多义性和动物在仪式中的价值都会帮助我们理解历史上发生的一些现象,这些现象表面上看去似乎荒诞不经,比如 1730 年前后,巴黎市一家印刷作坊的学徒工们屠宰了一大群猫。我对这件事已经有过详细讨论,不想在这里重复,但是我觉得重温一下这一个案可以让我们看到,人类学的理论怎样才能有助历史学家分析历史问题。①

先谈文献的问题。屠猫这件事我们只是从一个参与其事的人那里知道的。这个人叫尼古拉斯·孔塔,他在事件发生几年后把它写了下来。虽然我们可以在当时的印刷作坊档案里查到确有孔塔这个人,也可以找到他的故事的许多旁证,但我们还是不能肯定事情的经过完全像他说的那样。相反,我们必须把他的话去掉些水分,打一些折扣。他写的东西在风格体裁上属于劳工阶层特有的一种自传体,这种自传体被孔塔同时代的两个印刷业同行弄出了名气。这两个人一个叫本杰明·富兰克林,一个叫尼古拉斯·爱德米·雷蒂夫·德·拉·布雷东纳,他们俩都用这种文体写过自传。这种自传体还包含另外两种文体的因素:一是"诉苦"的传统,这种文体专门讲某些行业的工人日子过得怎么艰辛;另一个文体是那些教人怎么干活的技术操作说明书。这种文字在印刷

① 参阅 Robert Darnton, *The Great Cat Massacre and Other Episodes in French Cultural History* (New York, 1984), chap. 2。这件事在 Nicolas Contat, *Anecdotes typographiques, où l'on voit la description des coutumes, moeurs et usages singuliers des compagnons imprimeurs*, edited by Giles Barber ([Oxford, 1980], 48–54)中有记述。以下所有引文都出自这本书。

工人当中很流行。因为孔塔是按照既定的文体风格来写的,我们不能直截了当地把他的记述拿过来作为研究他人生经历的依据。①

　　经过几代历史学家对历史真相孜孜不倦的执着探求,我们现在知道该怎么克服文献证据方面的问题。如果真想知道某件发生在过去的事情的含义,我们就得在阅读流传下来的文献时,从字里行间体会出那些文献中没有说或说得有偏差的东西。一个作者写东西时总要考虑到一定的语境,并借用现成的意象,在读者心中唤起一定的联想。通过这样的手法,他不需要把意思明说,读者也会领会他的用心所在。故事中的意蕴跟表达方式是分不开的。越是做得不露声色,要表达的意思就越能让人接受。相反,如果过分显得神秘兮兮,反倒没人能弄懂是什么意思,因为理解一个人或一篇作品取决于大家共享的意义系统。所以,我们读孔塔的记述时,不必去细究事件当中的具体人物、怎么回事、在哪里发生和什么时候发生的等;相反,我们要知道的是这件事对于当事人有什么含义。一旦我们对此有了初步的推测,便可以去参阅其他文献来验证,比如同时代的人搜集的民谚、民间故事、自传、印刷说明书和"诉苦"故事。通过对文本"入乎其内,出乎其外"的阅读,我们就能够弄清楚它们的社会意义。也就是说,我们不但能读懂屠猫这件事的含义,也能读懂"飞斐济来回只要 499 美元"的含义。

　　我不想把当初用过的那些史料都再拿来炒冷饭,但是我认为有必要指出,孔塔对屠猫一事的记述最初只是基于两个印刷作坊学徒的诉苦故

343

---

① 这方面的例子可以参阅"La Misère des Apprentifs Imprimeurs,"由 Giles Barber 印刷在 Contat 的 *Anecdotes typographiques* 一书之后,101 – 110。这些说明书或指南可以追溯到 16 世纪,内含大量的有关民风和印刷技术的信息。下面两个说明书虽然成书较晚,但和 Contat 的文本内容非常相似:S. Boulard, *Le Manuel de l'imprimeur*(Paris, 1791); and A.-F. Momoro, *Traité élémentaire de l'imprimeur ou le manuel de l'imprimeur*(Paris,1793)。

事。他们俩一个叫杰尔姆，一个叫雷维耶。两人成天给老板干活，睡在
又潮又冷的作坊院子里，吃的是腐烂发臭、连老鼠都不要碰的肉。在"诉
苦"这种体裁里，大多数故事的基调是幽默多于怨愤。当学徒的嘛，就该
被别人寻开心，待遇不好是正常的。他们正处在从少年向成年过渡阶
段，吃点苦也是应该的。孔塔详细描述了很多当时的仪式和礼节，从一
个学徒到作坊那天起，到他成为一个可以独当一面的工人，不同的时候
有不同的仪式，各个阶段绝不相互混淆。这些新来的学徒都是些愣头
青，不肯循规蹈矩、老老实实做事。他们常常胡作非为、惹是生非。就是
靠着鸡鸣狗盗、连蒙带骗的手段，他们从老板那儿拿到令箭，把老板娘的
宠猫给宰了。这件事具有标准的闹剧色彩。

　　但是孔塔的这个故事跟另外一个背景分不开，即学徒工跟老板之间
的对立情绪。在故事的开头他提到一个传说，说从前的印刷作坊多么像
一个理想共和国，老板跟技工之间平等相待，大家同吃同住同劳动。可
是后来这些资产阶级老板拼命盘剥技工，他们通过雇佣伙计来压低技工
的工资。巴黎书商行会的档案文献显示，17 世纪末到 18 世纪初技工的
地位确实有所下降。但是孔塔不只讲到工资问题，还讲到两种针锋相对
的文化。他让我们看到，铺子里的活都是技工们做，而老板们只管睡大
觉，肥吃肥喝，还要指手画脚，装腔作势，享受着高高在上的资产阶级生
活方式。

　　在猫的身上，充分体现了这两种生活之间的对立。在资产阶级眼
里，猫是宠物。孔塔讲到，在当时的印刷作坊老板们当中，养猫成为一种
时尚。有一个老板家里有 25 只猫，他给这些猫好吃好喝，还请人给它们
画像。但工人们可不把猫看成是宠物。在工人们看来，家猫跟野猫一
样，它们的用处要么就是在圣约翰节那天被生吞活剥，要么就是在闹洞
房的时候将它们大卸八块。猫会在深更半夜叫春交配，令人讨厌。它还
有妖魔性，夜里四处游荡，跟巫婆似的。所以，如果你走路时碰上一只猫

并对它棍棒伺候，那么，第二天准会有一个老巫婆身上青一块紫一块、一瘸一拐从大街上走过。很多迷信和谚语都把猫和家庭生活联系起来，特别是女主人以及她身上的隐私部位。在18世纪法国人的俚语中女人的阴部和猫是同一个字，这在今天的英语俚语里也是一样的。另外，一个女孩怀了孕，在俗语里就说"她纵欲造孽了"。民间还流行一个说法，说喜欢猫的男人都特别会哄女人，以至俗话说："左妻右猫，殷勤周到。"

孔塔在他的记述中充分利用了法国民间的这些传说和迷信，把猫跟巫术直接联系起来，对猫的呵护是老板家庭生活的有机部分。他还暗示，女主人跟猫的过于亲昵，有性的色彩。在他的笔下，女主人像是一个欲壑难填的荡妇，她对猫的宠爱有加被解读为是对老公的不贞。孔塔注意到，学徒杀猫这件事对老板和老板娘有不同的含义：对老板娘来说，学徒们百般凌辱她这只宠猫其实就是对她的凌辱；对老板来说，学徒们这样做是为了坏他的名声。这件事让我们看到，猫是一个多么值得深思的题目。

我们在这件事当中还看到猫所具有的仪式性的价值。杀猫的行动不是乱来的，而是严格按照事先设计好的步骤执行的，这些步骤综合了很多仪式因素。这一切先从胡闹开始。学徒们被一群叫春的猫闹得晚上睡不着觉，可他们天不亮就得起来，给来上早班的技工们开门。他们的资本家老板却可以酒足饭饱，像死猪一样继续睡懒觉。所以，这群少年学徒决定给老板来个恶作剧。他们当中那个名叫雷维耶的是个天才演员，学什么像什么。他故意到老板睡觉的房间屋顶上一边跑来跑去，一边学猫叫，而且叫得很响，弄得老家伙睡不着。

这个老板在铺子里是个专制君王，但特别迷信。他认定猫闹的背后有女巫做法，所以让学徒们对这些夜里闹事的猫严惩不贷。有了他这话，学徒们从铺子里抄起家伙，在杰尔姆和雷维耶的带领下对群猫大开杀戒。女主人警告他们不要吓着她那只宠猫，学徒们就先把这只猫干

346

掉,把它的尸体丢到下水道里。接下来,所有的工人都参加了"打猫队",对整个居住区里的猫全部格杀勿论。最后,在印刷作坊的院子里,他们把一大堆半死不活、奄奄一息的猫堆在一起。工人们还指定了专人警卫,专人替猫作忏悔,专人行刑,然后就对这些猫开庭审判。接下来,他们哈哈大笑着把一只只猫都给吊了起来。女主人跑过来,看到这情形不禁大叫起来,她以为在空中荡来荡去的死猫里有自己心爱的那只宠猫。工人们跟她说,他们对她一家尊崇有加,不会伤害她那只猫的。老板跑过来,看到这情形大嚷大叫:"你们这帮混蛋,不去铺子里好好干活,却跟猫干上了!"老板娘对她老公说,这帮狼心狗肺的,他们不敢把你怎么着,就把我的猫给弄死了。在这群开怀大笑的工人面前,这两口子悻悻离去。老板嘴里嘟囔着铺子里的活儿耽误了多少,老板娘则为失去她的宠猫伤心不已。在她眼里,所有这些工人的血加在一起也不足以洗涮他们的罪过。

在接下来的几个星期里,雷维耶在铺子里用哑剧的形式一遍又一遍地表演前边发生过的事情。这家伙可以即兴发挥,惟妙惟肖,不比邻街小剧院里那帮专业演员差。铺子里的工人们用世代相传的方式给他叫好,他们拿铺子里的工具为他击节打点,学山羊叫,闹得不亦乐乎。这番嬉笑怒骂针对的是资本家老板,学徒们拿他开涮,把他当猴耍。老板一次又一次地在这种作坊间活报剧里成为被戏弄的对象,工人们在自己的俚语中把这种演出称之为"活报剧"。在活报剧中,老板被工人们在虚拟的法庭上作为罪人加以审判,其形式跟工人们前边对群猫进行公审的法庭相类似。这一切都带有狂欢节的味道。正像在狂欢节上年轻人敲锣打鼓、狂呼乱叫寻开心,在搬演活报剧的过程中学徒们也为所欲为。孔塔写道:"雷维耶、杰尔姆和他俩的随从们手舞足蹈,发号施令。"这帮人越闹越来劲,渐渐在演出中加进审判女巫的内容。他们把猫碎尸万段是为了消弭巫术,这符合中世纪以来的民间信仰。但这帮学徒心里明白,"群猫作祟"事件是他们弄出来的,既然老板上钩,他们就可以借此羞辱他老婆。她的贴身宠猫被乱棍打死,这已经暗示她是巫婆。而"猫"这个词因为同女人的阴部是同一个字,所以"乱棍打猫"就又有了强奸老板娘的寓意。在象征的层面上,把猫打死也就是把老板娘打死。可老板娘除了骂他们胡闹,又说不出什么别的来,因为学徒们把用意都隐藏在比喻中了。

当然,这些比喻的含义还是昭然若揭的,而且不同的人能从中体悟出不同的意思来。孔塔是从工人的角度讲述这件事的,所以,他的记述给人的印象是资本家老板被他铺子里的徒工们耍了。在这些学徒们的眼里,老板娘所宠爱的那只猫也是他的宝贝,所以,弄死那只猫也就是对他的最大羞辱。他老婆对这件事的反应说明,她看明白了学徒们"含沙射影"的把戏。他们明里是针对猫的,暗里是针对她和老公的。所以她才说:"这帮黑心肝的!他们不敢拿老板怎么样,却拿我的猫出气!"但是老板本人还蒙在鼓里,他朝学徒们发脾气只是因为觉得工人们胡闹耽误了铺子里的活。

虽然这件事当中的幽默经不起刨根问底,我觉得我们还是可以得出结论:学徒们开的这个大玩笑是非常成功的,因为他们在标准的文化主题基础上变了些花样,把多义的象征跟多义的仪式结合起来,使这一幕活报剧演出得非常精彩。其间的象征意味体现在好多个层次上:从猫到女主人、到老板、到法律和社会秩序。他们采用的仪式也相互配合得天衣无缝,使得他们在四个基本场景中左右逢源,出入自由。这四个场景是:先把屠猫行动变成清剿女巫的行动,再把这个行动变成一次盛大狂欢,再把狂欢变成公审,最后又以街头活报剧的形式加以演出。不错,他们没有按部就班、循规蹈矩地搬演其中任何一段,因为那样的话就只能丁是丁卯是卯了。如果他们把那些猫烧死而不是绞死,那他们的行为就会更接近狂欢节的传统。但那样一来,就不会有公审的内容了。如果他们没有敲锣打鼓,那公审的场面就会弄得像真法庭一样肃穆,如此便不足以弄得老板心烦意乱不自在,也没法把作坊铺子变成剧院了。总而言之,他们对仪式和象征的使用很灵活,不拘泥。所以,我们在解读他们那些嬉笑怒骂的所作所为时,要避免太死板、太较真。如果我们一定要在孔塔的记述中找到完全符合规矩的细节,那可能会缘木求鱼。孔塔让我们看到的是,这些工人们在搬演那些传统仪式时,采取的是断章取义、为我所用的态度。只要能帮助他们把自己的意思表达清楚,他们才不管是不是张冠李戴、牛头不对马嘴呢! 他们屠猫这件事之所以好笑,是因为在这个过程中许多传统仪式本身都被戏耍了一番。①

　　当然,这种开放式的解释可能让很多读者都觉得不踏实。史学家喜欢把事情弄个水落石出,不喜欢模糊无定。对老派史学家来说,象征符号同时可以有多重含义,有隐有显;说不同的仪式之间可以你中有我,我中有你;说工人们会对不同的仪式断章取义等,这都太违背史学研究的基本信条,增加解读历史时主观主义、望文生义的危险,在屠猫这件事情上也似乎有点太抬高学徒们的味道,他们不过是一群混沌懵懂的孩子,不是知识分子。对此,我的回答是,我并没有说所有的工人心里都很明白屠猫演戏所蕴含的所有含义。有人可能就参加了屠猫那一段并到此为止了,但别的人可能看出这件事的其他意味了。我觉得,屠猫这件事有点像戏剧演出,同一出戏在不同的演员和观众那里会有极为不同的演出效果,但这并不等于说这出戏怎么演都行,正如《绿野仙踪》再怎么多义也不可能是《李尔王》。仪式虽然具有多义性,但这些意义是在一定范围里的。人们在仪式中做什么、不做什么以及他们行为的意义都还是

---

① 就这一点而言,这个玩笑显示了 Arthur Koestler 所说的那种"含沙射影,指桑骂槐"的技巧。参阅 Arthur Koestler, "*Wit and Humor*" in *Janus: A Summing Up* (New York, 1978)一书。

349

有一定之规的。尽管史学家不一定确切地知道历史上的人具体选用的是仪式的哪一层含义,但他可以探索这些仪式一共有多少含义,并把它们精确地描绘出来。

史学家怎么解决证据不足的问题呢?我不能根据孔塔的记述就认定老板娘说过"这帮黑心肝的,他们不敢拿老板怎么样"这番话。这些话不过是孔塔放到她嘴里的,用来描述她对屠猫这件事的反应。何况孔塔是在事件发生很久以后写下来的。但是她的原话是怎么说的并没有太大关系,重要的是,这些话让人产生的联想。孔塔的记述可能缺少细节上的精确性,但他对这件事的记述让我们看到很多反映当时历史的东西。比如人们传统观念中猫跟巫术的关系、当时人们的家庭生活是怎样的、他们对待性的态度等,这些都可以从别的史料中得到佐证。这些关联属于一个系统结构,这个结构是个持续和稳定的东西,它规定每个故事的意义有多少种可能性。无论是口耳相传的民间故事也好,或者是希腊农民、非洲土人、泰国村民或新几内亚的高原人举行的仪式也好,具体的细节可以千变万化,但万变不离其宗。①

我觉得这样看问题不见得就是结构主义。结构主义既繁琐深奥,又已经过时。我们上面讲的这个例子涉及一系列相对的概念范畴:人与动物、老板与工人、驯化与野性、文化与自然等。在这样一个格局里,学徒工和家猫都属于中间范畴。学徒工们介于作坊铺子和外部世界之间,他们管开门关门这件事很有象征含义:开了门把工人们从外面的大街上放进来,表明他们处在里外之间。他们还替老板和老板娘当差,白天满城市到处跑,晚上却要回到铺子里睡觉。因为他们正处在从童年向成人过渡的阶段,老板和老板娘有时候把他们当孩子对

———————————

① 参阅 Vladimir Propp, *The Morphology of the Folktale* (Austin, Tex., 1968); and Albert B. Lord, *The Singer of Tales* (Cambridge, Mass., 1960)。

待,有时候当工人一样对待,这跟作为宠物的家猫有相像的地方。在某些方面,家猫也跟外面的世界藕断丝连,跟大街上的野猫在一起鬼混,有些野性不改的味道;可是另一方面它又住在室内,受到的待遇比

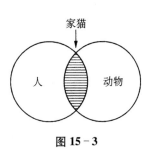

家猫

人　　动物

图 15 - 3

学徒们还好,还更人性。这种双重性使得老板娘的那只宠猫特别容易成为忌讳的对象。老板娘特别警告学徒们,别碰这只猫。孔塔用"谋杀"一词来描述学徒们弄死这只猫一事,说明这只宠猫所具有的多义性使它跟很多民族文化在举行仪式时使用的动物非常像(见图 15 - 3)。

　　学徒工们所处的地位跟猫很相似。事实上,他们跟猫过不去多少有点"争风吃醋"的味道。他们争食物(人吃猫食,猫吃人食),也从主人那里争宠幸。如果把这个故事加以抽象做成图表的话,就会看到图 15 - 4 上显示的情形。事实上,在享受主人恩宠方面家猫已经完全取代了学徒工们的位置。从前在印刷作坊里,学徒工们跟主人一家在同一张桌子上吃饭。如今,他们只能在厨房里就餐,而那只猫却可以大摇大摆地在餐厅里自由出入。这两者之间地位上的颠倒是导致"屠猫事件"发生的重要背景原因,学徒工们想通过把猫绞死(这本来是用在人身上的刑法)来恢复被颠倒的等级秩序。

主人—女主人　　　学徒　　　　　家猫　　　　　野猫

$$\frac{\text{人}}{\text{人吃的食物}} + \frac{\text{人}}{\text{动物吃的食物}} - \frac{\text{动物}}{\text{人吃的食物}} + \frac{\text{动物}}{\text{动物吃的食物}}$$

图 15 - 4

　　这件发生在一个印刷作坊里的"家庭纠纷"因为跟当时的劳资关系挂上了钩而具有了重要的象征意义。工人们也通过象征手段来强调这 *352* 件事的普遍性意义。孔塔在他的记述后面附上了一个词汇表,他列在上面的许多词汇都能在当时的作坊操作指南上看到。工人们用很多称呼动物的词汇称呼自己,比如印刷工人叫"熊"、排版工人叫"猴子";他们欢呼雀跃的时候要学山羊叫,打架的时候也要做出公羊顶角的姿势来。这一切都表明工人们尚未"驯化",属于野性的大街世界。而大街世界也是野猫出没的地方,这些野猫表现出动物最兽性的方面,它们毫无羞耻地叫春、公开交配,这都跟故事里的资产阶级家庭生活秩序形成对照。所以,屠猫这件事的意义实际上要靠启动一个相互关联的系统才能实现,这个系统可以用一个图表来显示(见图 15－5)。

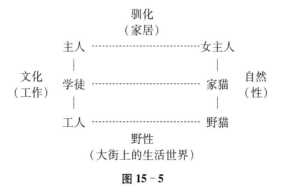

图 15－5

　　如果横着看这个图表,它显示的是相互接近的身份关系。但是竖着看的话,它显示的是一些对立的关系。学徒工和家猫还是在中间地带,但是他们所涵盖的对立范畴多起来了:驯化和居家相对于野性和大街, *353* 文化和工作相对于自然和性交。这个图表的四个角确定这些不同层面在哪里交汇。主人的位置处在工作和居家之间,女主人的位置处在居家和性行为的交叉点上,野猫的位置处在性行为和野性的交叉点上,工人们的位置处在工作和野性之间。因为公开造反太危险了,所以学徒们把他们对老板的怨恨以最迂回的方式表达出来,通过虐杀宠猫来整治老板娘,又通过整治老板娘来报复老板。在这个过程中他们调动了一切因素,不只是太岁头上动土,而且是搬演了一出虚拟的总暴动。整个事件里不但是学徒造老板的反,而且是野性、暴力、本能和自然造驯化、工作、文化和居家生活的反。

我知道,这个图表有些机械,上面的内容也似乎把人性简化到最低限度。但它的好处是能够显示骨架结构。如果要有血有肉的东西的话,我们可以再回到故事本身,去想象这场屠猫行动的真实情景,想象当初的鸡飞狗跳、血肉横飞、惨叫与怪笑等。但是这样一来,我们就只能靠自己的想象和孔塔的记述了。要想真正参透这个事件的含义,我们一定得由表及里、由浅入深、寻根探源,找到表象下面的文化框架。是这个文化框架赋予各个细节以意义。最后,我们还要结合民族志研究的成果对此加以正式的分析。就算我的努力失败了,至少我希望自己替别人做了铺路的工作。就算探究象征符号的努力完全是瞎子摸象的徒劳,从事这种研究的历史学家还是不吃亏,因为这种田野调查就像去斐济度了一次假。

译名对照表

图书在版编目（CIP）数据

　　拉莫莱特之吻：有关文化史的思考 / (美) 罗伯特·达恩顿著；
萧知纬译. — 上海：上海教育出版社，2022.10
　　（历史之眼）
　　ISBN 978-7-5720-1500-7

　　Ⅰ.①拉… Ⅱ.①罗… ②萧… Ⅲ.①世界史 – 文化史 – 文集
Ⅳ.①K103-53

中国版本图书馆CIP数据核字(2022)第105400号

上海市版权局著作权合同登记号图字09-2023-0625号

责任编辑　储德天
装帧设计　高静芳

历史之眼
拉莫莱特之吻：有关文化史的思考
[美] 罗伯特·达恩顿　著
萧知纬　译

出版发行　上海教育出版社有限公司
官　　网　www.seph.com.cn
地　　址　上海市闵行区号景路159弄C座
邮　　编　201101
印　　刷　上海颛辉印刷厂有限公司
开　　本　890×1240　1/32　印张 12.375
字　　数　309 千字
版　　次　2024年1月第1版
印　　次　2024年1月第1次印刷
书　　号　ISBN 978-7-5720-1500-7/K·0015
定　　价　79.80 元

如发现质量问题，读者可向本社调换　电话：021-64373213